Jean-Marc Regnault

La France

à l'opposé d'elle-même

Essais d'histoire politique de l'Océanie

1ᵉʳ volume

« Il y a un monde du Pacifique »
disait de Gaulle

ISBN-13: 978-1497430686
ISBN-10: 1497430682

1ère édition
© 2006 - Jean-Marc Regnault
2ère édition
© 2016 - Jean-Marc Regnault

© Maquette et composition graphique
'Api Tahiti

'Api Tahiti Editions et diffusion

À tous les passionnés d'histoire,

d'histoire de cette région du monde en particulier,
à mes anciens étudiants,
à tous les miens,
ces mots de l'historien Alphonse Dupront (1905-1990) :

*L'Histoire possède à un degré éminent une vertu de thérapie,
thérapie de la présence du passé dans notre présent.*

Introduction
(2006)

Un titre, un sous-titre et des sujets divers

Depuis une quinzaine d'années, nous avons publié des articles dans des revues ou ouvrages collectifs spécialisés qu'on ne trouve généralement que dans les bibliothèques universitaires. Ce qu'on appelle le « grand public » n'y a pas accès.

Certes, puisque ces articles concernaient les habitants de l'Océanie, nous avons essayé de faire connaître le fruit de nos recherches par divers moyens (conférences à Papeete, Taravao ou Punaauia, à Nouméa, à Wallis, à Paris, Bordeaux, Toulouse... et par des articles simplifiés dans diverses revues dont la principale est *Tahiti Pacifique Magazine*). Cela est resté trop confiné à des cercles restreints alors que plusieurs acquis de nos recherches devraient intéresser tous les habitants de la région et ceux que son histoire passionne. C'est pourquoi nous avons jugé que le temps était venu de publier une série d'articles en un ouvrage (composé de deux volumes). C'est une façon d'ouvrir le vaste chantier de la recherche historique et de susciter des vocations chez les jeunes Polynésiens pour qu'ils complètent cette Histoire dans laquelle il y a encore trop de zones d'ombre.

Les articles qui vont suivre ont été remaniés, quelquefois profondément, grâce aux archives nouvelles mises à notre disposition, grâce à d'autres travaux de nos collègues chercheurs en sciences humaines. Certains passages, voire quelques articles parmi les plus courts sont des originaux. L'ensemble a été mis en perspective et constitue une étude de l'Océanie. La Polynésie française occupe une place centrale dans cet ouvrage, sans oublier les autres terres françaises et les pays et territoires du Pacifique Sud.
Ce premier volume est essentiellement historique, même si l'approche politique est toujours présente. Le second sera davantage orienté sur la politique proprement dite.

Le titre peut surprendre. Il joue sur la position géographique respective de la France et de l'Océanie, mais surtout sur l'attitude de la France dans ses colonies ou ex-colonies. La France a-t-elle exporté sa devise républicaine outre-mer ? C'est bien là le problème. Elle prétend avoir vocation universaliste avec ses Droits de l'Homme. Et pourtant !

L'exemple de la Constitution de 1791 est frappant. Elle commence par la déclaration de ces fameux droits en proclamant qu'elle «abolit irrévocablement les institutions qui blessaient la liberté et l'égalité des droits ». Mais à la fin elle précise :

> « **Les Colonies et possessions françaises dans l'Asie, l'Afrique et l'Amérique, quoiqu'elles fassent partie de l'Empire français, ne sont pas comprises dans la présente Constitution.** »

Bien sûr, lorsque la France a colonisé les ÉFO et la Nouvelle-Calédonie, elle ne vivait pas sous des régimes démocratiques. La monarchie de Juillet et le Second Empire ne retenaient qu'une partie de l'héritage révolutionnaire. On ne pouvait guère attendre de ces régimes une attention aux droits de ces hommes lointains qu'on qualifiait du reste de « sauvages ». Plus problématique a été l'engagement colonial sous la Troisième république en général (certes, il y a eu des anticolonialistes farouches) et plus particulièrement l'engagement de personnalités connues par ailleurs pour leur défense des libertés et de l'éducation, comme Léon Gambetta et Jules Ferry pour ne citer qu'eux.

Dans un célèbre débat à la chambre des députés (25 juillet 1885), Jules Ferry affirma :

> « *Il faut le dire nettement : oui, les races supérieures ont un droit vis-à-vis des races inférieures. Comment justifier, sinon, notre présence aux colonies : elles ne nous demandent pas ! [...] Je répète qu'il y a pour les races supérieures un droit, parce qu'il y a pour elles un devoir, qui est de civiliser les races inférieures.* »

Autrement dit, on retrouve le même esprit que celui des guerres de religion quand était utilisé et réinterprété un verset de l'Évangile : «Contraint-les d'entrer [dans le Royaume de Dieu] ». C'est cette certitude de dispenser la vérité ou de répandre la «civilisation » qui habite parfois les hommes et les transforme d'humanistes en bourreaux.

Cette vision d'une division entre races supérieures et inférieures (appuyée parfois sur de pseudo travaux scientifiques) se situe dans une époque donnée qu'il est difficile de juger avec le recul que nous possédons. Elle est au moins surprenante, tant elle entre en contradiction avec l'universalisme dont la France se prévaut, un universalisme qui se révèle vite théorique ou abstrait. Le pays qui a aboli la notion de « sujet » chez elle la rétablit pour les « indigènes » des pays conquis. Ces « êtres inférieurs », pourra-t-on finalement les élever jusqu'à LA civilisation ? Rien n'est moins sûr, car tout se passe rapidement comme si le véritable être humain, celui qui est comme l'aboutissement de l'évolution, ne pourrait être que l'homme blanc. On comprend donc que certains colonisateurs (qu'ils soient français ou d'autres nationalités) n'aient guère eu de scrupules dans le traitement infligé aux populations colonisées : ils n'avaient pas en face d'eux de véritables êtres humains. On notera que la vision des « races inférieures » se double d'une échelle des valeurs. En Océanie, les Aborigènes et les Mélanésiens ont été considérés comme le dernier degré de l'échelle humaine[1].

Quelle que soit leur appartenance politique, des responsables de haut niveau ont gardé, dans la première moitié du XXème siècle, le même sentiment de supériorité. Ainsi, un futur ministre des colonies du Front populaire, Marius Moutet, avouait : « Si on veut faire œuvre pratique, il faut décidément renoncer à l'unité mystique (sic... sans doute a-t-il voulu dire mythique) des êtres humains qui

---

1 Voir les remarquables ouvrages de
- Dauphiné Joël, Canaques de la Nouvelle-Calédonie à Paris en 1931. De la case au zoo, Paris, L'Harmattan, 1998, 192 p.
- Manceron Gilles, Marianne et les colonies. Une introduction à l'histoire coloniale de la France, La Découverte, 2003, 320 p.

pourraient indifféremment recevoir les mêmes lois et s'y adapter ». L'être « supérieur » décide donc unilatéralement que l'indigène est trop peu avancé pour que les « excellentes » lois françaises soient étendues dans son pays arriéré. Quand l'indigène aura-t-il atteint un degré de développement suffisant pour devenir un « citoyen » ? Qui décidera ? C'est la Seconde guerre mondiale qui finalement décide : tous les indigènes de l'Empire deviennent citoyens... mais la Constitution prévoit que les conditions d'exercice de cette citoyenneté seront définies par la loi (article 80). Et la loi a parfois tardé, comme ce fut le cas en Nouvelle-Calédonie où le suffrage universel ne fut pleinement accordé aux Mélanésiens qu'en 1957.

La France, après 1945, allait-elle enfin devenir ce qu'elle proclame être ? Nous verrons, notamment dans le second volume, que les gouvernements centraux continueront, jusqu'à nos jours, à considérer que si le peuple vote, il faut « encadrer » le suffrage, soit avant le vote lui-même, soit après pour en atténuer les effets, soit les deux à la fois. Outre-mer, la métropole a tendance à vouloir «confisquer le pouvoir».

Entre promesses et reniements, la France – malgré des actions parfois remarquables, émanant souvent de particuliers[2] – n'a pas su donner d'elle-même l'image qu'elle prétendait faire rayonner. C'est la raison pour laquelle la plupart des leaders politiques des anciennes colonies ont combattu pour l'autonomie ou pour l'indépendance au nom des grands principes de la République.

Voilà pour la signification du titre.

L'Histoire peut-elle être une thérapie (c'est-à-dire une façon de soulager ou d'ôter la douleur, celle que ressentent les individus ou les peuples) comme l'indique la dédicace ? Qu'en est-il en Océanie ?

---

2 Bertrand Delanoë a donné au cours d'une émission télévisée une vision intéressante de la colonisation. Il distinguait les destins individuels et les destins collectifs. Les premiers, c'étaient des rencontres extraordinaires entre des êtres humains (des couples, des dévouements remarquables, des littératures poignantes...). Les seconds, c'étaient des peuples qui en dominaient d'autres, refusant l'égalité concrète. Enfant en Tunisie avant l'indépendance, le futur maire de Paris avait de jeunes amis tunisiens avec lesquels il jouait comme s'ils étaient ses égaux. Juridiquement, ses camarades n'avaient pas les mêmes droits que lui.

Les habitants des petites îles tropicales ont-ils seulement besoin d'Histoire, eux que l'on décrit volontiers comme ne vivant que de l'instant présent ? Quel rôle joue le passé dans leur quotidien ? Apportons un élément de réponse.

De nombreux observateurs ont noté que, dans les îles, le temps n'effaçait pas les problèmes, mais souvent, au contraire, les amplifiait.

Christian Huetz de Lemps[3], par exemple, étudie le rapport des insulaires avec le temps : l'insularité, les rythmes climatiques, la longueur quasi identique des jours se conjuguent pour donner l'impression d'un « temps immobile ». C'est ce qui expliquerait la complexité de l'attitude des autochtones à l'égard de l'étranger, à la fois perçu comme celui qui vient rompre la monotonie (d'où la chaleur de l'accueil qui donne tant d'illusions aux hauts commissaires en tournées) mais aussi qui vient rompre la sécurité que donne l'immobilité (d'où l'hostilité).

Ce « temps immobile » explique aussi l'extrême présence du passé (réel ou mythique) qui resurgit dans des conflits qu'on ne peut apparemment pas expliquer. Ce qui ailleurs (dans les grandes nations) ne serait que péripéties dans la longue durée, reste dans les îles des faits majeurs (exemple: l'affaire Pritchard). Le temps, donc, n'effacerait pas les conflits mais leur donnerait une résonance de plus en plus forte : peut-être est-ce une des conséquences de la tradition orale.

Il est certain – pour prendre cet exemple - que les réactions des Polynésiens aux essais français vont comme *crescendo*.

Une autre idée devrait être mise en évidence : dans des îles où il ne se passe pas grand-chose, la politique prend une place démesurée. Elle est tout à la fois un jeu, comme l'a souligné Bruno Saura[4], et une nécessité. Là où il n'y a guère de richesses, voire pas du tout, pas

---

3 Huetz de Lemps C., «L'Histoire et les îles...«, Hérodote, n° 74-75, 3è et 4è trimestres 1994, p. 32 à 44.
4 Saura B., Politique et religion à Tahiti, Polymages-Scoop, 1993, p. 89-90

ou peu de possibilité de s'enrichir, la politique (le clientélisme, la redistribution, l'aménagement d'un confort et d'une sécurité minima) permet non seulement de dépasser sa condition, mais aussi de « briller » en société. Ces phénomènes ne touchent pas seulement les petites îles d'Océanie. Le cas est similaire en Nouvelle-Zélande et en Australie. Un ancien ambassadeur de France à Canberra rapporte ceci :

> « En dehors du sport, il se passe vraiment très peu de choses en Australie. L'actualité, ce n'est pas grand-chose. Or, vous avez besoin qu'il se passe quelque chose et ça [les essais nucléaires français] a été un formidable support pour les médias, un moyen extraordinaire de vendre du papier et, pour les éditorialistes, un moyen de se rendre intéressants dans tous les sens du terme (référence dans le chapitre 2 de la deuxième partie). »

Quant au titre de ce premier volume, il fait allusion à une déclaration du général de Gaulle commentant la visite que Pierre Messmer avait faite dans la région. Le Général rappelle qu'il avait aussi effectué un voyage dans le Pacifique en 1956. Il avait compris *«qu'il y a un monde du Pacifique »*. Cela lui permet de comprendre pourquoi la France y est mal considérée :

> « Que dans ce monde-là, la France se lance dans une grande entreprise, ça a quelque chose d'incroyable. Les Anglo-Saxons tiennent [...] tout dans le Pacifique. Quand nous ne bougions pas, on ne disait rien. Mais que nous apparaissions, cela semble scandaleux[5]. »

L'ambassadeur de France cité plus haut a une vision des choses qui complète assez bien celle du Général :

> « Le nucléaire, c'est l'irruption de la France sous une forme radicalement différente à la fois dans la réalité et dans l'imaginaire australien [...] Les essais nucléaires qui ont été faits par les Anglais sur le sol australien, c'était une image un

---

5 Peyrefitte A., *C'était de Gaulle*, vol 2, Ed. de Fallois/Fayard, 1997, p. 120.

peu apocalyptique, mais c'était aussi une image de puissance, une image de puissance qui n'est pas associée à l'image de la France. La France, dans l'imaginaire australien, c'était l'autre puissance européenne qui n'est pas venue, qui n'a pas colonisé l'Australie [...] La France n'est pas venue, donc la France n'est pas la puissance. Donc, la France qui manifeste et se manifeste dans une action de puissance, c'est bizarre... C'est quelque chose qui est étrange et si c'est à proximité de l'Australie, c'est quelque chose qui est non seulement insolite, mais qui devient extrêmement désagréable. »

Au travers des articles de cet ouvrage, nous tentons de mettre en évidence ce côté particulier de l'Océanie qu'il faut étudier avec d'autres critères que ceux qu'on utilise ailleurs. Il y a bien « un monde du Pacifique ». Ce monde, quand il aura été compris des natifs de la région et de ceux qui s'y installent, quand son Histoire aura été débarrassée des zones d'ombre, il pourra se réconcilier avec lui-même et avec les « autres mondes » qui sont venus les «perturber».

Telle est la tâche que nous assignons, nous aussi, à l'Histoire.

Note de 2014 : *Les zones d'ombre de l'Histoire de l'Océanie se dissipent peu à peu comme nous avons eu l'occasion de le montrer dans diverses publications grâce à la dé classification des archives intervenues depuis.*

Cette nouvelle édition de 2014 comportera une actualisation des études qui suivent chaque fois que nos recherches ont progressé.

Première partie

AUX ORIGINES DU GAULLISME EN OCÉANIE

Dans les trois territoires français d'Océanie, des grands partis et des grands leaders se réclament du gaullisme et sont plus ou moins affilés au parti gaulliste métropolitain sous ses diverses appellations (UNR, UD-Vème, UDR, RPR et enfin UMP). Il est vrai qu'en Océanie, on a « une certaine idée de la France » comme disait de Gaulle, mais il n'est pas sûr que cette idée soit la même que celle que se faisait le Général. Ce dernier ne cachait d'ailleurs pas quelques réticences envers ceux qui se réclamaient de lui. Il considérait que les « blancs » de Nouvelle-Calédonie avaient une attitude franchement « raciste » si l'on en croit divers passages des mémoires de Jacques Foccart. Sa confiance était limitée à l'égard des responsables politiques de Polynésie de quelque bord qu'ils fussent.

Le gaullisme en Océanie recèle donc de nombreuses ambiguïtés que les études qui vont suivre tentent de souligner.

Sans doute est-il utile de préciser la genèse de ces études. Comme nous l'avons déjà écrit par ailleurs, nous envisagions un ouvrage consacré au *Tahoera'a* et à son chef que nous souhaitions intituler *Gaston Flosse et le Tahoera'a, une certaine idée de la France et de Tahiti nui*. Le fait que le projet soit resté dans les cartons a fait fantasmer quelques fanatiques du parti orange (du refus de collaboration de Gaston Flosse serait née notre « rage » contre lui). Nous souhaiterions remettre les pendules à l'heure.

Après un entretien très fructueux (11 janvier 1997), l'ancien président ne nous avait plus fixé de rendez-vous, remettant sans cesse à plus tard une seconde rencontre. Nous avions toujours la possibilité, en attendant, de travailler sur les archives du parti qui nous avait fort aimablement proposé de consulter sa documentation. Il se trouve que notre travail d'universitaire nous sollicitait sur d'autres thèmes ou des thèmes qui pouvaient avoir un rapport plus ou moins lointain avec notre projet. Nous fûmes invité en 1997 au colloque de Bordeaux sur le RPF, le parti fondé par de Gaulle (et qui a existé à partir de 1947 et a connu un vif succès puis s'est étiolé rapidement). Il nous fut demandé de travailler sur les fédérations de ce parti dans les Territoires du Pacifique (voir le chapitre sur le RPF plus loin). C'est alors que nous pensâmes à travailler sur les origines du gaullisme en Océanie avant de «réattaquer » les partis actuels. Les recherches sur le RPF nous amenèrent tout naturellement à étudier ce qui s'était passé pendant la guerre et comment fut reçu l'appel du 18 juin 1940. Le lecteur trouvera les études sur les ralliements des ÉFO, de la Nouvelle-Calédonie et de Wallis et Futuna.

Les recherches demandèrent du temps. De nouvelles archives, de nouveaux témoignages nous amenèrent à remodeler sans cesse nos travaux.

Entre temps, quelques-unes de nos interviews sur la situation politique locale déplurent à Gaston Flosse qui nous le fit savoir par courrier. Nous n'avons jamais livré d'attaques personnelles et simplement tenté d'analyser la vie politique. Il semblerait qu'à partir du moment où le message n'allait pas dans le sens du pouvoir de l'époque, nous étions rejeté – comme les autres – dans la nébuleuse des opposants qui n'avaient rien compris. Sans doute avons-nous du coup pressenti ou ressenti qu'il y avait bien un « système Flosse ». Cela ne nous décourageait pas vraiment, mais d'autres facteurs intervinrent comme par exemple la destruction d'une partie des archives du *Tahoera'a*, vraisemblablement volontairement. Certes, nous étions étranger à cette disparition : d'autres menaces que la nôtre l'expliquent certainement. Désormais, l'étude du parti ne pourra plus se faire avec la même facilité que celle des autres partis que nous avions étudiés grâce à la mise à notre disposition d'une documentation abondante et non sélective.

Dans nos divers écrits, nous avons donc utilisé – à chaque fois qu'il a été question de Gaston Flosse et de son parti – les matériaux à notre disposition (diverses revues, journaux, interviews, rapports officiels ou officieux, témoignages et archives glanées ici et là). Ces matériaux, quoique certainement incomplets, apportent un éclairage suffisamment solide pour que la question soit traitée avec sérieux. D'autres sources viennent peu à peu apporter des compléments qui appuient ce que nous avions écrit : rapports de la

Chambre territoriale des comptes et procès de diverses personnalités. Nous reparlerons de ces aspects dans le second volume de cet ouvrage.

Revenons pour l'instant au sujet des chapitres qui suivent : sans ces études historiques, il est difficile de comprendre pourquoi la référence à de Gaulle et au gaullisme a pu suffire à créer de puissants courants politiques en Océanie, alors que la référence à Jaurès, à Blum ou à Mitterrand n'a jamais permis l'émergence d'une force politique, même embryonnaire.

Chapitre 1

ENTRE LÉGENDE GAULLISTE, ENJEUX STRATÉGIQUES MONDIAUX ET RIVALITÉS LONDRES/VICHY:

LES RALLIEMENTS DU PACIFIQUE EN 1940

Toujours, quand les événements se précipitent,
les natures qui savent se jeter à l'eau sans hésiter
ont l'avantage sur les autres.
Stefan Zweig

Le chapitre qui va suivre est la reprise partielle d'un article écrit en collaboration avec Ismet Kurtovitch, directeur du service des archives de Nouvelle-Calédonie : « Entre légende gaulliste, enjeux stratégiques mondiaux et rivalités Londres/Vichy : les ralliements du Pacifique en 1940 », *Revue d'Histoire moderne et contemporaine*, n° 49-4, 2002, p. 71 à 90.

Au moment où nous préparions ce travail, nous avons rencontré Henri Weill qui préparait un livre sur Tahiti en 1940. La collaboration fut parfaite et ouvrit des relations fructueuses pour nos recherches respectives. Nous convînmes de publier nos travaux sous des formes différentes, empruntant les uns aux autres. Voici la référence du livre d'Henri Weill :*Tahiti-France libre, Le ralliement des EFO au général de Gaulle*, Lavauzelle, 2002, 188 p.

Nous n'oublierons pas ce que nous devons au livre témoignage de celui qui fut gouverneur des EFO après le ralliement : Émile de Curton, *Tahiti 40*, Société des Océanistes, n° 31, 1973, 178 p.

En juin 2004, nous fûmes invités au colloque tenu à l'Assemblée nationale sur le thème de la France libre. Ce fut pour nous l'occasion de rencontrer des personnalités éminentes (l'amiral Philippe de Gaulle, le général de Boissieu, Pierre Messmer, Jacques Baumel, Yves Guéna, le prix Nobel de médecine François Jacob...). Leurs interventions au colloque ont enrichi notre connaissance de cette période de l'histoire. De notre côté nous avons pu mettre en avant l'importance du rôle des colonies dans la constitution de la France libre. Le colloque a donné lieu à une publication qui reprend notre propre communication : «Les premiers ralliements des colonies à la France libre », un ouvrage collectif *La France Libre*, La Vauzelle, 2005, p. 193 à 210.

Nous avons eu en 2005 l'occasion d'accéder à un nouveau fonds documentaire aux Archives nationales qui nous a permis de compléter nos recherches précédentes.

Le chapitre qui suit est le fruit de ces différentes recherches et rencontres. Il explique l'attachement à de Gaulle et en même temps montre que la méfiance envers les représentants de la France a monté d'un cran. C'est toute l'ambiguïté des relations entre la France et les Territoires du Pacifique qui s'amorce dans les multiples représentations de la France que se forgent les populations locales.

A-t-on assez mis en valeur le rôle des colonies dans l'émergence du gaullisme ? Il est capital de considérer que, si de Gaulle représentent peu de choses en juin 1940, il place ses espoirs dans l'Empire.

Parmi les raisons invoquées par de Gaulle pour conserver cet espoir, dès le 18 juin, il y a l'Empire, « un vaste Empire ». Dans ses messages à la radio de Londres, le Général ne cesse d'y faire allusion. « La France sent que, dans son vaste Empire, des forces puissantes de résistance sont debout pour sauver son honneur » lance-t-il le 24 juin. En réponse à Pétain qui justifiait l'armistice, il accuse : « vous avez tenu pour absurde toute prolongation de la résistance dans l'Empire ». Le ton monte encore les jours suivants quand il évoque les « abominables armistices de juin », allusion à l'armistice signé entre la France et l'Allemagne le 22 juin ainsi qu'à celui signé entre la France et l'Italie le 24 juin. Ces armistices sont « totalement injustifiables, inexcusables, pour ce qui concerne l'Empire » (30 juillet). «J'affirme, au nom de la France, que l'Empire ne doit pas se soumettre [aux hommes qui se soignent à Vichy] » martèle-t-il.

Dès le 28 juin, de Gaulle appelle les hauts responsables de l'Empire à le suivre : « Généraux ! Commandants supérieurs ! Gouverneurs dans l'Empire ! mettez-vous en rapport avec moi pour unir nos efforts et sauver les terres françaises ». Le 30 juillet, il rappelle aux chefs des colonies leur devoir. « Au besoin, j'en appelle aux populations », dit-il.
Tandis que les commissions d'armistice tentent d'opérer à travers l'Empire, de Gaulle affirme que l'Empire « saura vivre en combattant pour la liberté ». Lorsqu'il annonce le ralliement du Tchad, intervenu le 26 août, de Gaulle exulte :

> « L'ennemi a cru que par l'abominable armistice, il en avait fini avec la France [...] Mais quoi ? La France est la France [...] La France, écrasée, humiliée, livrée, commence à remonter la pente de l'abîme.
> Les Français du Tchad viennent d'en donner la preuve... »

Après le ralliement de la quasi-totalité de l'Afrique-équatoriale française, il dénonce à nouveau le « crime de l'armistice » qui a méconnu « les forces immenses et intactes que nous gardions dans l'Empire ». Désormais, de Gaulle peut affirmer : « la guerre continue par l'Empire français »[6].

Les Britanniques tentent de leur côté d'arracher les colonies à Vichy. Le lendemain de l'armistice du 22 juin, Lord Halifax, secrétaire d'Etat aux Affaires étrangères, promet aux responsables des colonies : « Nous garantissons que ces territoires coloniaux [qui se seront rangés derrière l'Empire britannique] seront pourvus de fonds suffisants pour payer les salaires et les pensions de tous les fonctionnaires civils et militaires »[7]. Churchill considère fin juillet que « tout nouveau ralliement de colonie française a maintenant de l'importance »[8].

Peu à peu également, alors que de Gaulle devient un personnage connu, des hommes, des groupes, se rangent derrière l'homme de Londres et tentent d'orienter les volontés locales de continuer la lutte, ce qui est particulièrement vrai dans le Pacifique. Cependant, les territoires français qui y sont situés sont généralement négligés par l'historiographie. Pourtant, pendant la Seconde Guerre mondiale, ils ont pris une valeur stratégique et politique. Les Nouvelles-Hébrides, la Nouvelle-Calédonie et dans une moindre mesure les Établissements français de l'Océanie (les ÉFO) ont été d'abord des digues protégeant Australie et Nouvelle-Zélande de l'offensive japonaise, puis des bases de reconquête du Pacifique par les Américains.

Les Néo-Zélandais, bien que ne considérant pas que Tahiti revête une grande importance stratégique, s'intéressent à la défense de l'île[9]. Les Australiens décident d'établir en Nouvelle-Calédonie «une

---

6 Toutes les citations qui précèdent sont extraites des Discours et messages, tome 1, Plon, 1970.
7 Cité in Histoire de la France libre, éditions de Saint-Clair, Neuilly-sur-Seine, 1975, vol 1.
8 Lettre au général Ismay, 31 juillet 1940, citée par J.-L. Crémieux-Brilhac, La France Libre. De l'Appel du 18 juin à la Libération, Paris, Gallimard, 1996, p. 66.
9 Fonds du général de Gaulle, Archives nationales, 3AG 1/196, 31 mars 1941.

base aérienne avancée d'opérations, y compris un aérodrome, ainsi qu'une base aéronautique navale »[10].

Dès la fin du mois d'août 1941, soit bien avant Pearl Harbour, les Américains demandent de pouvoir utiliser « une chaîne de terrains d'atterrissage pour bombardiers lourds entre Honolulu et la Nouvelle-Zélande »[11]. En novembre 1941, ils projettent une route qui joindrait les îles Hawaii aux Philippines en passant par l'Australie (Rockhampton et Darwin) avec des bases en Nouvelle-Calédonie et aux Nouvelles-Hébrides, avec la volonté d'aller vite en raison de « l'accentuation de la menace japonaise »[12].

En Nouvelle-Calédonie, les Américains ont eu jusqu'à cent cinquante mille hommes. Aux Nouvelles-Hébrides, ils ont installé des infrastructures très importantes et le concept de « Maintenance Fleet » leur a permis de contrer les Japonais : avec des docks flottants facilement remorquables, ils peuvent soutenir les forces combattantes en restant à proximité des lieux de combats. L'île de Bora Bora n'a finalement pas eu la même importance stratégique, mais les Américains s'y sont installés en février 1942 pour contrer une éventuelle avancée japonaise.

Certes, ces îles ne sont pas les seules à avoir intéressé les Américains, mais leurs relations traditionnelles avec le Commonwealth ont facilité leur installation dans plusieurs d'entre elles, par exemple aux îles Fidji. Néanmoins, c'est grâce à ce besoin des terres françaises en Océanie que les pays anglo-saxons finissent par reconnaître l'autorité de la France libre sur les colonies du Pacifique[13].

Dès le début de la guerre, la Nouvelle-Zélande a démenti les rumeurs selon lesquelles les EFO deviendraient de fait un protectorat britannique sous sa surveillance. Le Premier ministre a tenu à contredire certains journaux de son pays.

10 Fonds du général de Gaulle, 3AG 1/196, 3 mai 1941.

11 MAE, GU 39-45, Londres, Vol. 74, Bora Bora.

12 Fonds du général de Gaulle, 3AG 1/196, 3 novembre 1941.

13 Cet aspect des relations difficiles entre de Gaulle et les Américains est évoqué dans les articles et ouvrages suivants :

Kim Munholland, «The trials of the Free French in New Caledonia, 1940-1942«, French Historical Studies, vol. 14, n° 4, Fall, 1988, p. 547-579 et Rock of Contention. Free French and Americans at War in New Caledonia, 1940-1945, Berghahn Books, New-York, Oxford, 2005, 252 p.

Stephan Henningham, «The French administration, the local population, and the American presence in New Caledonia, 1943-1944«, JSO., n° 98, 1994-1, p. 21 à 41.

Jean-Louis Crémieux-Brilhac, La France Libre. De l'Appel du 18 juin à la Libération, Paris, Gallimard, 1996, 975 p. L'auteur écrit (p. 298-299) que le Général a vu dans la déclaration du

De Gaulle emporte donc une victoire sur Vichy, mais une victoire insuffisante[14] car il n'est pas sûr que les Anglo-Saxons reconnaîtront toujours la souveraineté de la France sur ses terres océaniennes après la guerre. En Nouvelle-Calédonie, la rivalité s'exacerbe avec les Américains. Le Général révèle alors sa vision de l'avenir de la France dans ces circonstances difficiles. Très déçu de l'attitude des Américains, après d'autres incidents avec les Anglais, comme ceux de Madagascar, il craint ce qu'il appelle la « liquidation » de la France libre. Mais il estime que l'avenir même de la France est compromis. Il écrit :

> « Si nous liquidons, cette liquidation équivaudra à la dislocation de la France. En admettant que les alliés gagnent la guerre, le régime français antérieur et ses hommes n'ont plus ni l'autorité ni le prestige nécessaires pour gouverner. Vichy, de son côté, sera balayé et il n'y aura plus rien qu'une France anarchique, divisée et sans foi. Quant à faire du gaullisme sans de Gaulle, j'y suis pour ma part tout prêt. Mais je suis convaincu malheureusement que ce sera la fin de tout[15]. »

Il ne faut pas négliger non plus, ni le rôle joué par les quelques centaines de volontaires qui participent aux combats de Bir-Hakeim, d'El Alamein, de la campagne d'Italie, de la libération de Toulon, ni l'engagement dans d'autres unités combattantes de Tahitiens et de Calédoniens[16]. S'ils n'ont pas changé le cours de la guerre, leurs faits

---

Département d'État du 23 février 1942, reconnaissant l'autorité exclusive du Comité national sur les colonies du Pacifique, un tournant de la politique américaine.

André Béziat, Franklin Roosevelt et la France (1939-1945) : la diplomatie de l'entêtement, L'Harmattan, 1997, 512 p.

14 Certes, pour autant, les relations entre de Gaulle et les pays anglo-saxons demeurent difficiles. La position de ces derniers à l'égard de la France libre reste ambiguë. Ce n'est qu'en mai 1942 que la Nouvelle-Zélande accepte la représentation de la France libre, tout en gardant un consulat de Vichy (MAE, GU 39-45, Vichy, vol. 378, fol. 27). Les relations de de Gaulle avec la Nouvelle-Zélande en restent affectées (Alain PEYREFITTE, C'était de Gaulle, vol. 2, De Fallois/Fayard, 1997, p. 121 à 123).

15 MAE, Londres, vol. 82, télégr. à Adrien Tixier, délégué du CNF aux États-Unis, 9 mai 1942.

Voir la citation également dans J.-L. Crémieux-Brilhac, op. cit., p. 305-306.

16 Trois cents Tahitiens de diverses origines se sont embarqués avec le Bataillon du Pacifique en 1941. Soixante-quinze d'entre eux sont tombés au combat. D'autres encore sont morts pour la France dans diverses unités combattantes.

Pour la Nouvelle-Calédonie et les Nouvelles-Hébrides, 394 «Blancs« et 60 «Canaques« ont été enrôlés dans le Bataillon du Pacifique. Il y a eu aussi 61 Européens et 71 Mélanésiens qui ont

d'armes sont hautement symboliques. Pourtant, lorsque sont évoqués les événements (les ralliements de 1940, la participation à la guerre), les enjeux stratégiques et politiques occultent les populations, leurs sentiments et leurs motivations.

Ainsi, le général de Gaulle a plutôt entretenu la légende de ralliements patriotiques, d'attachement à sa personne, sans chercher à mesurer les conditions dans lesquelles ces ralliements s'étaient effectués. D'après ses *Mémoires de guerre*, - dans lesquels, il est vrai, il ne leur consacre que quelques lignes - il les avait accueillis comme de « bonnes nouvelles ». Il parle même de « l'appui enthousiaste de la population » de Nouvelle-Calédonie. Le 27 septembre 1940, il fait parvenir un message dans lequel il « remarque avec plaisir que les possessions françaises du Pacifique ont le plus grand désir de maintenir la tradition d'honneur et de courage du fameux Bataillon du Pacifique qui se distingua sur le front français au cours de la Grande Guerre de 1914-1918 » [17].

Lors de son voyage dans le Pacifique, en 1956, il entretient encore la légende par des paroles fortes. À Papeete, le 30 août 1956, il proclame :

> « Tahiti, quand la France roulait à l'abîme, Tahiti n'a pas cessé de croire en elle. Vous étiez dans cet océan aux antipodes de moi-même qui me trouvais comme un naufragé du désastre sur le rivage de l'Angleterre et en même temps, vous tous et moi, nous avons pensé et nous avons voulu la même chose... »

À Nouméa, le 11 septembre 1956, tout en laissant entendre qu'il se souvient des problèmes nés de la présence de Georges Thierry

---

été marins dans les Forces navales françaises libres ou FNFL. Sur le monument aux morts de Nouméa, figurent 74 noms de Calédoniens et de Néo-Hébridais. Ces noms indiquent des origines très diverses. Mais on ne reconnaît que deux ou trois noms d'origine mélanésienne. Les Mélanésiens auraient-ils donc été épargnés dans les combats ou leur mort n'a-t-elle pas laissé de trace, volontairement ou non ?

Voir aussi l'engagement dans les Forces navales françaises libres dans l'article du commandant Lefebvre, « Les FNFL du Pacifique, 1940-1945 », BSEO, n° 300, mars 2004, p. 72 à 111.

17 Message transmis par l'intermédiaire du Consul anglais au gouverneur Mansard dans les ÉFO, archives de l'archevêché de Papeete, 829 P 4-13.

d'Argenlieu envoyé par de Gaulle pour rétablir l'autorité de la France libre[18], il magnifie le ralliement, « un grand geste de la France ».

Un grand geste de la France

Décrivons brièvement les conditions et les processus selon lesquels se sont effectués les ralliements (voir chronologie et ci-dessous).

Si on excepte Wallis et Futuna où la mission catholique s'est déclarée en faveur de Pétain et a maintenu les îles dans un isolement presque total jusqu'en 1942 (*voir l'étude suivante sur le cas de cet archipel*), les autres colonies se rallient assez vite à de Gaulle. Aux Nouvelles-Hébrides, le commissaire-résident Henri Sautot dénonce, dès le 25 juin, « la trahison du gouvernement du maréchal Pétain » [19]. Il réunit les colons, le 20 juillet 1940 et, ensemble, ils décident le ralliement[20]. Ainsi, les Nouvelles-Hébrides sont la première colonie à rejoindre de Gaulle qui, malgré les évolutions du personnage, garde envers Sautot une vive reconnaissance[21]. En Nouvelle-Calédonie, dès le 24 juin, le Conseil général avait décidé par un vote unanime de refuser l'armistice et de continuer la guerre aux côtés de l'empire britannique. Cette décision est un exemple

---

18 Les rapports entre Thierry d'Argenlieu et une bonne partie des Calédoniens d'origine européenne ont été orageux.
Voir Ismet Kurtovitch, La vie politique en Nouvelle-Calédonie, 1940-1953, thèse de doctorat de 1998, Presses universitaires du Septentrion, 2000, 689 p.
19 Le Néo-Hébridais, n° 268, août 1940 (collection privée).
20 René Cassin écrit : «j'avais eu la joie d'ouvrir le câble expédié des antipodes franco-britanniques des Nouvelles-Hébrides, [qui] nous annonçait le premier ralliement territorial, apport matériel modeste sans doute, mais de valeur morale incontestable« (Les hommes partis de rien, le réveil de la France abattue, 1940-1941, Paris, Plon, 1975, p. 192).
21 Henri Sautot (1885-1963). Il a occupé avant la guerre les fonctions de résident aux Nouvelles-Hébrides, puis a été gouverneur par intérim des ÉFO avant de retourner dans le condominium. De Gaulle en a fait un membre du Conseil de Défense de l'Empire (27 octobre 1940) et un Compagnon de la Libération. Le 8 avril 1942, de Gaulle télégraphie à Thierry d'Argenlieu pour lui demander d'avoir des égards envers Sautot malgré ses prises de position : «ni vous ni nous n'oublions que le gouverneur Sautot a rallié à la France libre les Nouvelles-Hébrides et la Nouvelle-Calédonie et qu'en le faisant il a prouvé son mérite et son courage« (Lettres, notes et carnets, juillet 1941-mai 1943, Plon, p. 243). Sur le rôle de Sautot dans les ralliements, voir :
Caroline Lauvray, Henri Sautot, premier gouverneur de la France libre, mémoire de maîtrise de Bordeaux III, 1999-2000, 205 p.

unique dans les colonies. De là à rallier de Gaulle, il y a encore un pas à franchir. Deux mouvements d'abord distincts - celui dit du « Manifeste à la population » et l'ensemble des « comités de Gaulle » - se réunissent et permettent le succès du ralliement, malgré les résistances du gouverneur et d'une partie de l'armée. Sur ordre de de Gaulle, Henri Sautot débarque en Nouvelle-Calédonie le 19 septembre, à bord d'un bâtiment de guerre australien. Il est accueilli par une manifestation populaire de soutien. Le gouverneur vichyste est arrêté et Henri Sautot prend « possession du gouvernement de la Nouvelle-Calédonie ». Entre-temps, dans les ÉFO, un « comité de la France libre « se constitue le 27 août, rassemblant des personnalités locales et quelques fonctionnaires expatriés, dont le médecin militaire de Curton.

Devant les hésitations du gouverneur Chastenet de Géry, le groupe favorable à de Gaulle réussit à organiser un référendum, le 1er septembre. Son déroulement ne s'effectue certes pas selon toutes les règles en usage, mais l'administration s'étant refusée à l'organiser, il a fallu improviser. Des registres ont été ouverts à la mairie de Papeete ou ont circulé dans les districts. Il fallait signer sur une page pour soutenir le ralliement ou sur une autre pour affirmer sa fidélité à Vichy, sans passer par un isoloir et sans justifier de son identité. La quasi-unanimité des votants se prononçant pour le ralliement et la foule se pressant devant la résidence du gouverneur, ce dernier s'incline « devant la force » et un gouvernement provisoire avertit le Général de la nouvelle situation. « À Tahiti, écrit de Curton que de Gaulle nomme bientôt gouverneur, le mouvement de ralliement s'est fait sans contacts et sans appuis extérieurs, en vase clos pourrait-on dire » [22].

Le général de Gaulle trouve également des relais en Australie et en Nouvelle-Zélande, où des « comités de Gaulle » regroupant essentiellement des Français établis dans ces pays et quelques Australiens et Néo-Zélandais tentent de faire apprécier la France

---

22 Émile de Curton, Tahiti 40, Société des Océanistes, n° 31, 1973, p. 103.
Voir en annexe 11 de son livre le texte du télégramme envoyé à de Gaulle et aux pages 88-89 la description des modalités du référendum.

libre et de convaincre les gouvernements d'abandonner leurs relations avec Vichy[23].

	EFO Colonie depuis 1880	Nouvelle- Calédonie Colonie depuis 1853	Nouvelles- Hébrides Condominium depuis 1906	Wallis et Futuna Protectorat depuis 1887
Population en 1940	51 000	53 250 dont environ 30 000 Mélanésiens	1 400 environ citoyens français uniquement	6 000 environ

Les possessions françaises en Océanie sont très dispersées et peu peuplées

23 Voir mémoire de maîtrise de Teiva Roe : L'attitude des Français d'Australie pendant la seconde guerre mondiale au travers des sources françaises, Montpellier III, 2002.

Chronologie des ralliements

25 juin 1940	Aux Nouvelles-Hébrides, Sautot dénonce la « trahison » de Pétain
20 juillet	Les Français des N-H décident le ralliement à de Gaulle Il s'agit du 1er ralliement de toutes les colonies
30 juillet	Appel solennel de de Gaulle aux territoires de l'Empire pour qu'ils se rallient à lui
7 août	Accords entre de Gaulle et le Royaume-Uni sur les ralliements des colonies
10 août	Sautot reçoit l'ordre de préparer le ralliement de la Nouvelle-Calédonie
mi-août	Création d'un mouvement en faveur du ralliement en NC
21 août	Le gouverneur des EFO promulgue les lois répressives de Vichy
26 août	Ralliement du Tchad avec Félix Eboué
27 août	Création d'un Comité France libre à Papeete
1er septembre	Référendum dans les EFO en faveur de la France libre
2 septembre	Proclamation d'un gouvernement provisoire à Papeete
10 septembre	Mansard nommé gouverneur des EFO
19 septembre	Sautot, appuyé par la marine australienne arrive à Nouméa, attendu par les partisans du ralliement Sautot prend le contrôle de la NC et en devient gouverneur
27 octobre	Création du Conseil de Défense de l'Empire dont Sautot est membre
6 novembre	De Curton nommé gouverneur des EFO

La légende gaulliste : « un ardent patriotisme »?

Le général n'est pas le seul à avoir entretenu la légende. Le gouverneur Sautot s'interrogeant sur les motifs du ralliement « de la grosse majorité des Français résidant dans ces territoires » trouve une réponse simple : « d'abord et avant tout, leur ardent patriotisme »[24].

De nombreux documents et témoignages soulignent l'esprit patriotique d'hommes et de femmes d'ethnies différentes que les malheurs de la France ont émus ou indignés[25]. On trouve des discours de personnalités diverses qui vont en ce sens. L'engagement de jeunes gens dans le Bataillon du Pacifique ou d'autres corps d'armées doit être mis au compte d'un patriotisme certain, mais les entretiens avec d'anciens combattants apportent des nuances[26]. Il ne faut pas négliger le besoin d'aventures, l'influence des pères, eux-mêmes anciens combattants... De plus, il faut tenir compte du fait que les hommes qui sont partis sans trop analyser leurs motivations sont devenus, au fil des combats, fiers de leur engagement et d'ardents gaullistes et sans doute d'ardents patriotes. Mais il est évident que les motivations profondes qui animent les hommes sont généralement multiples. Il ne faut pas perdre de vue non plus, comme l'a souligné Marc Michel, que dans un premier temps, dans les colonies, la volonté de continuer la lutte, c'est pour être aux côtés de la Grande-Bretagne et pas forcément pour soutenir le général de Gaulle[27]. Le témoignage du fils d'un pasteur de Tahiti va dans ce sens : « [volontaires européens et indigènes] considèrent

---

24 Henri Sautot, Grandeur et décadence du gaullisme dans le Pacifique, F.W. Cheschire, Melbourne et Londres, 1949, p. 9.
25 Voir le courrier adressé à de Gaulle par des Calédoniens, MAE, GU 39-45, vol. 79.
26 Entretiens divers avec John Martin, Jacques-Denis Drollet et le colonel Hervé qui était Compagnon de la Libération.
De même dans l'ouvrage d'Henri Weil, Les Compagnons de la Libération. Résister à 20 ans, Privat, 2006, 336 p., les témoignages des Compagnons sur leur engagement révèlent la complexité de la motivation.
27 Marc Michel, «Les ralliements des colonies françaises à la France libre (1940)«, in Actes du colloque sur les ralliements, 9 au 11 février 1995, publication du CROCEMC-Bordeaux 3, 1997, p. 239 à 261.

l'armistice comme déshonorant pour la France et veulent rester fidèles à l'alliance avec l'Angleterre» [28].

Le patriotisme des populations océaniennes a été mis en doute dans quelques ouvrages et nous les évoquerons plus loin. Nous cherchons, quant à nous, à évoquer les différents aspects des ralliements, en essayant de comprendre les réactions des contemporains, en tenant compte davantage de la réalité dans laquelle vivent les populations océaniennes (qui sont diverses : Mélanésiens, Polynésiens, « Blancs » et métis), hors de tout mythe, en les inscrivant dans le temps long des relations entre les habitants de ces Territoires (autochtones et résidents d'origine européenne) et les représentants du pouvoir central. Autrement dit, si l'histoire séculaire de ces relations explique les conditions des ralliements, c'est en mesurant la nature réelle de ceux-ci - donc en donnant une orientation anthropologique à cette recherche - que l'on pourra comprendre l'évolution politique ultérieure des Territoires, expliquer pourquoi l'immense popularité dont jouit le général de Gaulle ne trouve aucune traduction politique en Océanie jusqu'en 1958 au moins[29] et pourquoi l'implantation du centre d'essais nucléaires, en 1964, se heurte à une forte hostilité des populations des territoires français et des pays et territoires anglo-saxons[30].

Les problèmes politiques liés à la revendication d'autonomie

La revendication de l'autonomie, surtout administrative et financière, jusqu'en 1940, est davantage le fait des populations européennes installées que des autochtones[31]. Cette revendication n'expliquerait-elle pas le fait que les habitants aient perçu la guerre comme l'occasion propice de s'émanciper de la tutelle

---

28 Cité par Henri Weill.
29 Voir plus loin : «L'échec d'une traduction politique du gaullisme dans l'Océanie française après la Seconde Guerre mondiale«.
30 J.-M. Regnault, «La France à la recherche de sites nucléaires : 1957-1963«, Cahiers du Centre d'Étude d'Histoire de la Défense, n° 12, 2000, p. 29 à 54..
Isabelle Cordonnier, La France dans le Pacifique sud, approche géostratégique, Publisud, 1995, 216 p.
31 «À l'origine des mouvements autonomistes, il y a les intérêts particuliers des colons« dit à propos des Antilles Aimé Césaire interrogé par Yves Lacoste, revue Hérodote, n° 37/38, avril-septembre 1985, p. 91.

métropolitaine ? En Nouvelle-Calédonie, par exemple, la population « blanche » exprime aussi une revendication de dignité, laquelle aurait été bafouée par le fait que, jusque-là, la colonie ne pouvait désigner ni député, ni sénateur. Par conséquent, cette population estime ne pas être liée « par les signatures de reddition d'un parlement ou d'un gouvernement quelconque » [32]. C'est pourquoi la volonté autonomiste ne débouche pas immédiatement sur un appui au général de Gaulle. La force des partisans du Général a été de montrer qu'il n'y avait pas d'autre issue au désir d'émancipation que de se tourner vers Londres.

Dans les ÉFO, le mouvement est le même. Un plan d'action anonyme en faveur du ralliement note : « les Tahitiens ont toujours désiré avoir un gouvernement autonome sous la protection de la France... » [33].

Dans les deux territoires, il est fait mention également de velléités de rattachement à un pays anglo-saxon. Mais c'est généralement le fait de détracteurs, de fonctionnaires de passage qui comprennent mal l'environnement géopolitique du Pacifique. Ainsi, Toussaint de Quiévrecourt, commandant de l'aviso *Dumont d'Urville* télégraphie à Vichy : « ai certitude but réel meneurs est rattachement Australie » [34]. Mais la veille, il télégraphiait que ce « but » était le rattachement à de Gaulle. Le gouverneur de Tahiti, Chastenet de Géry, s'en prend, dans ses souvenirs, aux gaullistes qui seraient en réalité anti-français et influencés par les Anglo-Saxons, argument traditionnel des partisans de Vichy[35]. Le fait que le Général soit à Londres serait pour les « gaullistes » une « divine surprise » . Il est vrai que le passé missionnaire anglais et la présence de descendants de colons anglo-

---

32 Manifeste à la population, dit «Manifeste Vergès-Prinet-Moulédous«, Le Bulletin du Commerce, Nouméa, 27 juillet 1940.

33 MAE, Londres, vol. 152, fol. 14 et 15.

34 MAE, Vichy, vol. 372, télégramme 32, 29 août 1940.

35 Jean Chasteney de Géry, Les derniers jours de la Troisième République à Tahiti, 1938-1940, Société des Océanistes, Musée de l'Homme, 1975, p. 383 à 460, citation p. 392. Même idée chez l'amiral Decoux :

- À la barre de l'Indochine (1940-1945), Paris, Plon, 1949.

- Sillages dans les mers du Sud, Paris, Plon, 1953, 402 p.

saxons resurgissent régulièrement pour expliquer certaines attitudes[36].

Problèmes politiques et idéologiques

Henri Sautot prononce à Santo, aux Nouvelles-Hébrides, à l'occasion du scrutin, un discours soulignant avec netteté les motifs du ralliement : « volonté de poursuivre la lutte aux côté de la Grande-Bretagne et de restaurer la France dans son intégrité territoriale et dans son indépendance » [37]. Henri Sautot aurait dit : « d'abord et par-dessus tout, assurer la résurrection et le sauvetage de notre Patrie actuellement écrasée sous la botte allemande ». Il aurait ajouté : « [le général de Gaulle] représente la volonté de restaurer notre Patrie dans son intégrité territoriale et dans son indépendance... alors que l'obéissance au gouvernement du maréchal Pétain ne nous laisse aucun espoir de sauver l'Empire Colonial Français et de libérer la France, le ralliement au général de Gaulle nous donne l'assurance d'atteindre ce double but ».

Néanmoins, le discours tenu aux Nouvelles-Hébrides était ambigu. Sautot disait que la faute de Pétain était seulement de ne plus être libre de décider, mais qu'au fond de lui, le Maréchal invitait les habitants de l'Empire à poursuivre le combat[38].

Le patriotisme d'Henri Sautot a été mis en doute. Il aurait été acheté par les Anglais et les Américains[39]. L'amiral Decoux – gouverneur pétainiste de l'Indochine - voit dans le ralliement d'Henri Sautot la crainte que les Anglais dénoncent le régime du condominium des Nouvelles-Hébrides pour en prendre le contrôle total[40]. Il est vrai que les colons ont un comportement particulier et

---

36 Le docteur Cassiau évoque par exemple ces «nombreuses familles anglophiles ou descendant de Britanniques« qui se rallient à l'Angleterre et à de Gaulle (Mémorial Polynésien, vol VI, Papeete, Éditions Hibiscus, 1979, p. 64).

37 MAE, GU 39-45, Londres, vol. 149, fol. 7 à 9.

38 Le Néo-Hébridais, n° 268, août 1940.

39 H. Sautot, op. cit., p. 71, où il est fait allusion à l'ouvrage d'un ancien juge des Nouvelles-Hébrides :

Charles-André Doley, Sterling et dissidence ; l'aventure des Nouvelles-Hébrides, juillet-août 1940, Ideo, Imprimerie d'Extrême-Orient, 1942, p. 38 et suivantes.

40 MAE, GU 39-45, Vichy, vol. 372, télégramme 2107 de Decoux au ministre des colonies, 15 août 1940.

il est probable que leurs motivations sont particulièrement intéressées. Éric Wittersheim, dans un livre récent, dresse un portrait de ces colons qui n'est guère flatteur[41].

Un tract montre la nature très idéologique - anti-fasciste - de la pensée de son auteur qui vit à Tahiti. Il s'agit d'un « Appel aux Français libres, Tahitiens, Républicains, Anciens Combattants, Travailleurs » : « Un mouvement fasciste vient de se prononcer à Papeete sous l'instigation de pro-hitlériens français... »[42] Un autre tract dénonce « un comité nazi qui vient de se former en vue d'appliquer les mesures hitlériennes en Océanie ». Il y aurait soixante-six personnes dans ce comité[43].

Dans la tradition de certains milieux de la Troisième République, on a vite cru deviner dans les ralliements, un « complot », maçonnique parfois, ou encore communiste, avec l'appui de « l'étranger » et plus généralement une idéologie révolutionnaire. Nous verrons plus loin que l'évêque de Papeete soutient ce point de vue. Le gouverneur Chastenet de Géry écrit au Consul anglais, le 3 septembre 1940 : « tous les abus ont été commis avec toutes les caractéristiques d'un mouvement révolutionnaire plus anxieux de forcer le sentiment populaire que de le représenter »[44].

Quant à attribuer un rôle aux communistes, il n'y a qu'un pas, mais que certains ralliés eux-mêmes franchissent, sans doute par méconnaissance des réalités locales et des données politiques nationales et internationales. Ainsi le gouverneur de Curton (p. 133 et 134) se méprend sur le « groupe » qui entoure Étienne Davio, arrivé à Tahiti en 1912, et qui, après la Première Guerre, s'est proclamé militant communiste (sans qu'on sache s'il entretenait des

---

41 Éric Wittersheim, *Après l'indépendance. Le Vanuatu, une démocratie dans le Pacifique*, Aux lieux d'être, 2006, 200 p.
42 MAE, GU 39-45, Londres, vol. 152, fol. 2 et 3. Parmi les noms cités par le tract, on relève celui d'Alain Gerbault, le célèbre navigateur. L'auteur de ce document semble être Jean Bouit, un kinésithérapeute venu s'établir à Tahiti peu avant la guerre. Aucune indication n'est donnée sur l'ampleur de la diffusion de ce tract, ni sur son influence.
43 J. Chastenet de Géry, *op. cit.*, voir le document publié p. 435.
44 MAE, GU 39-45, Londres, vol. 152, fol. 139-140.

relations avec le parti communiste français) et a été assez actif. Son « groupe », qualifié de communiste, comporte quelques hommes qui ont sans doute été proches du parti communiste, mais qui, par la suite, ne s'en sont pas révélés membres. De toute façon, il serait contraire à la réalité historique d'imaginer des communistes agissant en tant que tels, en août 1940. A cette date, le PCF est encore marqué par le pacte germano-soviétique et, s'il combat Vichy, il ne propose pas un ralliement à de Gaulle. Quant au combat contre l'occupant nazi, il n'est encore le fait que de marginaux au sein du parti. C'est bien dans ce contexte où les communistes agissent de façon isolée et sans mot d'ordre de leur direction qu'il faut comprendre la lettre que Davio envoie à de Curton : « nous avons spontanément adhéré au mouvement de Gaulle à Tahiti sans qu'ait été agitée la question des préférences politiques de chacun».

Il faudra s'interroger sur le fait de savoir si oui ou non, le ralliement a été le fruit de la volonté d'une minorité politisée. De Curton, par exemple, reconnaît qu'à l'origine « le mouvement patriotique qui a rallié Tahiti à la France libre, le 2 septembre 1940, a été organisé et exécuté par une petite équipe enthousiaste, sincère et désintéressée »[45]. Mais la nature de l'engagement politique des artisans du ralliement est difficile à cerner. Nous avons évoqué le cas des « communistes ». À la lecture du livre de De Curton, on croit deviner chez l'auteur des sympathies radicales et anticléricales[46]. Parmi les ralliés, il y a le fils d'un député radical-socialiste du Gers, il y a Robert Charron, franc-maçon, président de la Ligue des Droits de l'Homme, le maire de Papeete, Georges Bambridge, président de « la loge maçonnique », mais dont de Curton dit qu'il ne se prononcerait pour la France libre « que lorsque la balance pencherait sérieusement » en faveur du mouvement. Chastenet de Géry, quant à lui, minimise le rôle de la franc-maçonnerie, « depuis longtemps en léthargie » (p. 404-405). Pourtant, un autre

---

45 Rapport du médecin-capitaine de Curton, gouverneur de la France libre dans les ÉFO à M. le Général de Gaulle, chef des Français libres, au sujet de la mission du gouverneur général Brunot en Océanie (p. 40). Archives territoriales de Polynésie française.
46 Apprenant «que Pétain et Weygand entraient au gouvernement«, de Curton note : «cette nouvelle nous avait atterrés comme étant le premier signe de cet assaut contre le régime républicain qui allait être lancé« (É. de Curton, op. cit., p. 49).

métropolitain, Noël Ilari, connu pour ses opinions d'extrême-droite, fait remarquer :

> « C'est le lendemain du jour où le gouverneur Chastenet de Géry, en exécution des ordres de Vichy, a prié le « vénérable » de mettre sa loge en sommeil que les ÉFO rejoignent les dissidents, aidés, dans leur action révolutionnaire et séparatiste, par des fonctionnaires connus pour les idéaux progressistes, des communistes, des familles de souche anglosaxonne et des purs (sic) Anglais [47]. »

D'autres artisans du ralliement ne semblent pas partager ces tendances. Henri Sautot écrit au général de Gaulle, le 3 août 1940, en dévoilant ses opinions par contraste. Il parle du « gouvernement du Front populaire de sinistre mémoire... » et d'un « bien vilain maître, le ministre Marius Moutet, du cabinet Blum, dont l'œuvre à Tahiti a été néfaste à cette colonie... »

Référence également, mais sur un autre registre, au Front populaire, puisque de Curton est accusé de ramener ce régime à Tahiti, comme le soutient cette lettre du 19 mai 1941, adressée à de Gaulle, par une descendante du roi Pomare V, la princesse Terenui :

> « [Je vous demande] comme une faveur l'envoi d'un gouverneur énergique, impartial qui ne soit inféodé à personne ni à aucun parti pris sauf le vôtre, pour remplacer le gouvernement de Curton dont les mesures prises étant (sic) loin de donner satisfaction à la population. C'est l'instauration du régime « Front populaire » qui a tant fait de mal à la France qu'on veut pratiquer ici [...]
> Le Comité France Libre [...] comporte parmi ses membres les plus agissants des communistes notoires et des représentants de la franc-maçonnerie [...] politique des camarades et de l'assiette au beurre...[48]. »

---

47 Noël Ilari, *Secrets Tahitiens, Journal d'un popaa farani*, 1934-1963, Nouvelles Editions Debresse, 1965, p.150. Noël Ilari a été président de l'assemblée territoriale des EFO de 1953 à 1955.
48 MAE, GU 39-45, Londres, vol. 152, fol. 107. Document cité par Jean-Baptiste Duroselle, *Politique étrangère de la France. L'abîme*, 1939-1944, Points Histoire, Le Seuil, 1990, p. 305.

Si dans les premiers mois de la France libre, les ambiguïtés ne manquent pas sur le plan politique, à Londres même[49], il ne faut pas s'étonner des errements et des ambiguïtés aux antipodes. Cependant l'idéologie des opposants au ralliement est clairement établie, à Tahiti principalement. Le « Comité des Français d'Océanie », publie un tract et un programme d'action, le 18 août 1940, dont la violence des propos contre les « bolchevistes », les « Métèques », les francs-maçons et le soutien aux idées de Pétain sont significatifs[50]. Quelle était l'audience de ce groupe dont était membre Alain Gerbault ? De Curton écrit que la notoriété de ce dernier donnait une certaine « résonance » à ses revendications mais, ajoute-t-il, « hors de mesure avec la pitoyable épave qu'il était devenu » (p. 73). Une manifestation, prévue par le groupe, le 19 août, aurait avorté, toujours selon de Curton (p. 75). Les adversaires du ralliement n'ont recueilli que dix-huit voix lors du plébiscite du 2 septembre. Mais on ignore les conditions exactes de la tenue de ce référendum et si les membres du Comité des Français d'Océanie ont cherché à y participer. On ne peut donc pas, au vu des documents actuellement connus, dire que l'idéologie ait dépassé, dans quelque camp que ce soit, le stade d'une minorité. Notons quand même qu'à Tahiti, l'une des premières mesures du gouvernement provisoire est de prendre un arrêté annulant les actes constitutionnels du 11 juillet, la loi du 15 août 1940 sur l'interdiction des sociétés clandestines ou secrètes et l'arrêté promulguant dans la colonie le décret du 19 août constatant la nullité de certaines associations[51]. Cela explique certainement que d'aucuns ont vu, dans ces mesures, la marque du « Front populaire».

Attitude des autorités civiles et militaires

Pétain avait tenté de convaincre fonctionnaires et militaires de rester derrière lui par un télégramme du 4 septembre 1940 :

Le général de Gaulle semble accorder du crédit à la princesse qui – d'après lui – « exerce une très grande influence sur la population indigène » (Fonds de Gaulle, 13 avril 1941).
49 J.-L. Crémieux-Brilhac, op. cit., p. 195.
50 MAE, GU 39-45, Londres, vol. 152, fol. 4 et 6.
51 Archives de l'archevêché de Papeete, 829, P 4-12.

« l'Empire, ce plus beau fleuron de la couronne française, saura rester présent »[52].

L'attitude des gouverneurs du Pacifique est connue grâce à leurs témoignages ou aux documents d'archives[53]. À Tahiti, le gouverneur Chastenet de Géry a une curieuse attitude. Il semble dans un premier temps faire preuve d'une grande détermination contre les dangers du nazisme. Il fait diffuser une affiche en français et en langue tahitienne, fin juin 1940, dont ces extraits sont sans équivoque :

> « La France traverse des épreuves graves ; Paris est souillé par la présence de nos ennemis [...]
> La vaniteuse ambition de deux aventuriers parvenus à la dictature met l'avenir du monde en péril [...] Leur association menace tous les peuples du même asservissement et prépare la disparition de toute culture [...][54]. »

Dans ses Mémoires, il ne fait pas allusion à cette affiche et tente de montrer qu'il refuse tout autant l'attitude des pro-gaullistes qu'il qualifie « d'éternels insatisfaits » que celle du groupe « des Français d'Océanie », « tous manquant de pondération, plusieurs de moralité douteuse, certains quelque peu déséquilibrés ». Il réfute les arguments des uns et des autres et tente d'accréditer une invraisemblable position. En accord avec Vichy, les ÉFO « sortiraient » de la guerre, abandonneraient la Grande-Bretagne et les puissances anglo-saxonnes du Pacifique, mais par un *gentleman agreement*, celles-ci continueraient à ravitailler la colonie. Mais par ailleurs, il révèle ses véritables intentions, comme lorsqu'il publie sans tarder les lois d'exception sur les sociétés secrètes (loi du 13 août 1940) puisque le texte reçu le 18 août est promulgué au *JO des EFO* dès le 20 du même mois.

---

52 Cité par H. Weill.
53 J. Chastenet de Géry, op. cit., p. 383 à 460 et Mémoires de celui qui le remplaça peu après, Émile de Curton (op. cit.).
En Nouvelle-Calédonie : nombreuses correspondances du gouverneur Pélicier dans les archives et témoignage d'Henri Sautot.
54 Archives de l'Archevêché de Papeete, 829-P 4.

Le gouverneur pose lui-même la question : « pourquoi, investi de l'autorité n'ai-je pas usé de la force publique ? » Là encore, il fournit des réponses alambiquées. Il aurait été trompé par un télégramme du Foreign Office laissant entendre que le gouvernement anglais n'avait pas « perdu espoir » d'entretenir des relations avec Vichy et que de Gaulle ne pourrait rallier que des volontaires et non administrer des territoires lointains. Surtout, il considère qu'il a été « lâché » par les chefs militaires.

En Nouvelle-Calédonie, le gouverneur suit lui aussi « une politique équivoque, sans fermeté, n'ordonnant l'exécution des mesures prescrites par le ministre des colonies que dans la mesure où elles ne contrecarraient pas l'opinion de ses administrés » [55]. Les atermoiements du gouverneur Pélicier[56] déçoivent de plus en plus de Calédoniens qui se rapprochent de de Gaulle, mais aussi le gouvernement de Vichy qui le remplace, le 28 août, par le lieutenant-colonel Denis. À son tour, ce dernier reste dans l'expectative. Et, quand il cherche à s'opposer à Henri Sautot, la foule menace « de le pendre à la grille du parc ». Il s'incline alors, déclarant « céder devant la force ».

Les ralliements auraient certainement échoué si les chefs militaires s'y étaient opposés avec détermination.

À Tahiti, le commandant de la Marine, Marcel Grange, publie le 23 juin, un ordre du jour dans lequel il affirme que « la section de surveillance de Tahiti et la Marine dans les ÉFO ne seront jamais sous la botte allemande » et que « la Marine française aura un beau

---

55 Cité par I. Kurtovitch, op. cit., p. 414. Le 21 juillet, le gouverneur écrivait à Vichy qu'il faisait appel à l'Australie et qu'il ferait tout pour «pour garder la Nouvelle-Calédonie à la France». Lémery lui répond par de vifs reproches (MAE, GU 39-45, Vichy, vol 372). Le gouverneur Pélicier finit par reconnaître qu'il ne peut «gouverner contre la volonté de la population« et que, seul, son départ «peut permettre de retarder l'émeute«.

56 Le gouverneur a eu une position ambiguë qu'on peut résumer par ce message du capitaine Toussaint de Quiévrecourt à Darlan : «il a suivi, après l'armistice, une politique équivoque, sans fermeté, n'ordonnant l'exécution des mesures prescrites par le ministère des colonies que dans la mesure où elle ne contrecarrait pas l'opinion de ses administrés... C'est ainsi que, tout en cherchant à influencer les décisions du conseil général, il n'a pas annulé celles qui étaient favorables au mouvement [de Gaulle], alors qu'il en avait le pouvoir« (François Broche, Le bataillon des guitaristes, l'épopée inconnue des FFL de Tahiti à Bir-Hakeim, 1940-1942, Fayard, 1970, p. 127).

rôle à jouer pour la libération de notre France douloureusement meurtrie » (de Curton, p. 67). Mais il semble versatile et tiraillé entre ses deux adjoints qui défendent chacun des camps opposés. « Moi, dit-il à de Curton, si l'Algérie marche, je me rallie ; sinon, je ne bouge pas » (p. 86). Le 1er septembre 1940, il envoie un télégramme à Vichy dans lequel il avoue son impuissance : « troupe et marine grossissent majorité favorable à ce mouvement malgré intervention personnelle ; il ne reste aucun moyen pour enrayer ce mouvement »[57]. Effectivement, il n'a pas cherché à s'opposer à l'action du Comité de Gaulle au moment du plébiscite « pour éviter toute effusion de sang entre Français », écrit-il. Mais, comme le gouverneur, il se déclare prisonnier du gouvernement provisoire de Papeete. Toujours d'après de Curton, il y aurait, parmi les militaires non ralliés, un médecin capitaine et neuf officiers de réserve[58].

À la tête de la compagnie autonome d'Infanterie coloniale, le capitaine Broche (futur chef du Bataillon du Pacifique, tué à Bir Hakeim) est lui aussi indécis et pose sept conditions avant d'adhérer au ralliement[59]. D'autres chefs militaires ont pris nettement parti pour Vichy[60]. C'est le cas du docteur Alain, chef du service de santé (É. de Curton, p. 117 et suivantes) qui est expulsé de Tahiti.

À Tahiti d'abord, puis en Nouvelle-Calédonie, Toussaint de Quiévrecourt se révèle partisan de Vichy[61]. Mais incapable, lui aussi

---

57 MAE, GU 39-45, Vichy, vol. 382.
58 MAE, GU 39-45, Londres, vol. 152, fol. 137
59 dont celles-ci :
* Aucune violence ne sera exercée contre la personne de Monsieur le gouverneur, de Monsieur le capitaine de corvette Commandant de la Marine, des Officiers et de toutes autres personnes qui n'ont pas adhéré au mouvement.
* Le corps expéditionnaire, unité française, sous le drapeau français, commandé par des cadres français, sera employé uniquement contre les ennemis de notre pays, en collaboration et suivant les ordres, éventuellement, des autorités militaires britanniques (É. de Curton, annexe 13).
60 MAE, GU 39-45, Londres, vol. 152, fol. 197 et fol. 231.
61 MAE, GU 39-45, Vichy, vol. 372
É. de Curton, op. cit., p. 68-69
H. Sautot, op. cit., p. 49 et suivantes.
Bernard Brou, *Espoirs et réalités. La Nouvelle-Calédonie de 1925 à 1945*, Publications de la Société d'Études historiques de la Nouvelle-Calédonie, n° 9, Nouméa, 1975, p. 163 et

de s'opposer au ralliement sans effusion de sang, il préfère laisser faire, d'autant que ses instructions étaient de ne recourir à la force que s'il était « assuré d'avoir le dernier mot »[62]. D'après Henri Sautot (p. 52 à 62), parmi les sous-officiers, seuls, deux sur quatre-vingts se rangent à ses côtés.

Rôle des groupes de pression : Églises et Anciens Combattants

Émile de Curton a rappelé l'opposition traditionnelle entre catholiques et protestants dans les ÉFO. Elle se retrouverait, dit-il, à propos du ralliement :

> « Si le clan protestant était fortement représenté parmi les animateurs du mouvement, il ne s'y trouvait par contre aucun catholique notable [...]
> Au jour du plébiscite, l'action des catéchistes en milieu tahitien avait été très discrète, tandis que les diacres avaient assuré une participation massive de leur clientèle (p. 106-107). »

Le rôle actif des protestants dans le mouvement en faveur de de Gaulle - comme dans la plupart des colonies - est confirmé par de nombreux documents, comme cette motion du Conseil Supérieur des Églises protestantes :

> « Le Conseil affirme plus que jamais son attachement inébranlable à la France meurtrie par la défaite et garde l'assurance que le génie et la force de la France, représentée par le mouvement actuel de la France libre, aux côtés de sa fidèle alliée, la Grande-Bretagne, rayonneront à nouveau dans le monde[63]. »

---

suivantes : le commandant fait paraître des «affiches« qui montrent son attachement à Vichy et son hostilité envers l'Angleterre et l'Australie.
62 Télég. de l'Amirauté française à Dumont d'Urville, n° 6601 (coll. privée Ismet Kurtovitch). D'après SHAT 15 H 127, dossier 8, Toussaint de Quiévrecourt aurait tenté de faire route vers Tahiti avec le Dumont d'Urville dans le but de «se rendre maître de Papeete«. Il est averti qu'il serait arrêté par les croiseurs anglais qui surveillaient les Fidji.
63 MAE, GU 39-45, Londres, vol. 152, fol. 212, (03-09-1941).
Le pasteur Charles Vernier écrit aussi que parmi les volontaires engagés dans le Bataillon du Pacifique, «la plus grande partie d'entre eux était des protestants« (Charles VERNIER, Tahitiens d'hier et d'aujourd'hui, Société des Missions évangéliques de Paris, éd. de 1948, p. 278).

À Papeete, en effet, Monseigneur Mazé est très hostile au ralliement bien que certains témoignages recueillis affirment le contraire ou nuancent le fait[64]. Non seulement Émile de Curton le souligne - toutefois sans accabler le prélat - mais les archives du diocèse montrent un évêque très pétainiste. Dans une lettre circulaire, il écrit, la veille du référendum :

> « Ce mouvement [la préparation du ralliement] fomenté et envenimé par la Franc-Maçonnerie et la Juiverie internationale,[...] tend à provoquer à Tahiti un mouvement séparatiste en faveur de l'Angleterre [...]
>
> Le but de la Franc-Maçonnerie est clair pour nous. Le gouvernement Pétain leur (sic) donne la chair de poule. Ah ! s'ils pouvaient, avant que le vieux et énergique Maréchal n'ait pu mettre de l'ordre, [...] faire proclamer le protectorat anglais à Tahiti, la Loge en serait aux Anges, sûre d'échapper à la dissolution décrétée et à la confiscation.
>
> [...] Mettons-nous en garde contre le piège de la Franc-Maçonnerie[...] Le gouvernement local cherche une solution au problème. Faisons lui confiance. S'il est indigne de cette confiance, le Chef de l'État saura agir comme il l'a fait ailleurs[65]. »

Sur les problèmes du protestantisme face au nazisme, voir Jean Baubérot, «Les Églises et les relations internationales. Les Églises protestantes«, in Histoire du Christianisme, vol. 12, Desclée/Fayard, 1990, p. 259 à 297.

64 Le père Hodée, ancien vicaire général du diocèse, a tenté de justifier l'attitude de l'évêque : «Sans informations précises et conscient de sa responsabilité ecclésiale, il était pris entre son sentiment patriotique ardent et son devoir de respecter les autorités légitimes de l'État. Il navigue avec prudence en ce début de son épiscopat, difficile et imprévu sur le plan politique«.
Paul Hodée, Tahiti 1834-1984 : 150 ans de vie chrétienne en Église, Paris-Fribourg, Éditions Saint-Paul, 1983, p. 187.

65 Archives de l'archevêché de Papeete B 26 11 (lettres pastorales), 1er septembre 1940. Le témoignage de Chastenet de Géry nous révèle peut-être la pensée de Monseigneur Mazé en rapportant l'anecdote qui suit. Alors que le gouverneur s'inquiète, à la mi-1940, de la façon dont on va ravitailler les archipels éloignés, l'évêque lui répond :
«S'ils [les Polynésiens] n'avaient que du coco ou que du pahua (un mollusque : le bénitier), ce pourrait être inquiétant. Mais un peu de coco et un peu de pahua, ils s'en tireront. Et puis ils ont le lagon et la pêche«.
Peut-être faut-il voir dans ces propos une version océanienne du retour à la terre prôné par le maréchal Pétain.
Un dossier fourni à l'évêque par le procureur de la République par interim, dans lequel figure des pièces datées de 1941 est commenté ainsi sur le dos d'une enveloppe de la main du prélat

Plusieurs sources et témoignages tendent à montrer que tout le clergé ne suit pas l'évêque[66].

Monseigneur Bresson, à Nouméa, a prétendu avoir pris position « dès le début en faveur du mouvement de Gaulle »; du moins est-ce ce qui ressort de son entretien avec l'amiral Thierry d'Argenlieu, le 20 novembre 1941[67]. Pourtant, le 19 septembre 1940, le jour où la Nouvelle-Calédonie se rallie, il publie une déclaration équivoque citée par G. Delbos :

> « En présence du conflit très douloureux qui divise actuellement nos compatriotes, nous ne pouvons que prier pour tous et pour le relèvement de la France tout court. Ministres du Dieu de paix et d'amour, [...] nous devons rester au-dessus et en dehors de tous les partis[...] Nous continuons à prier pour que la Nouvelle-Calédonie providentiellement rattachée à la France le 24 septembre 1853 reste terre française.»

Aux Nouvelles-Hébrides, l'attitude du vicaire apostolique, Mgr Halbert, semble avoir été différente, puisqu'il aurait au moins mis à la disposition du Résident Sautot, la salle dans laquelle il réunit la population en vue de la rallier à de Gaulle. (Sautot, p. 22).

Ainsi, les quatre évêques français du Pacifique ont pris des positions différentes,, attitudes qui reflètent assez bien celles de leurs collègues métropolitains[68] et qui reflètent surtout des situations locales différentes, suivant la marge de manœuvre politique de chacun[69].

: «M. Senesse, procureur, arrêté comme vichyste ainsi que les docteurs et d'autres innocents«. Il semble donc que contrairement à quelques témoignages, Mgr Mazé soit resté pétainiste.

66 H. Weill, op. cit., p. 82-83.

67 Georges Delbos, L'Église catholique en Nouvelle-Calédonie. Un siècle et demi d'histoire, Paris, Desclée, 1993, p. 373.

68 Sur l'attitude de la hiérarchie catholique française, voir par exemple : Étienne Fouilloux, Les Chrétiens français entre crise et Libération, 1937-1947, Paris, Le Seuil, 1997, 300 p. Il s'est produit, écrit l'auteur, une véritable osmose entre l'Église catholique et Vichy. Les évêques font confiance au Maréchal, jusqu'à ce que des comportements peu compatibles avec l'Évangile soient flagrants. Mais tous les prélats n'ont pas pris leurs distances avec le régime.

69 Notons le cas d'un père mariste missionnaire aux Salomon, Jean Poidevigne, qui rejoint la Nouvelle-Calédonie afin de rallier de Gaulle. Il devient l'aumônier catholique du Bataillon du Pacifique (SHAT 15 H 127, dossier 15).

Quant au rôle des fidèles catholiques, il est plus difficile à cerner, mais semble, là encore, dépendre du contexte local. Traditionnellement, il y a volonté de rester proche des Anglais aux Hébrides, obéissance à l'évêque à Wallis parce que telle est la tradition, méfiance à l'égard du protestantisme supposé trop favorable à l'Angleterre dans les ÉFO et hostilité quasi générale des catholiques européens au gouvernement français en Nouvelle-Calédonie.

En dehors des Églises, d'autres groupes de pression sont susceptibles d'agir sur l'opinion publique. À Papeete et Nouméa, il y a des associations d'Anciens Combattants de la Première Guerre mondiale. D'après quelques témoignages, ces derniers auraient souvent poussé leurs enfants à partir dans le Bataillon du Pacifique (comme le futur député nationaliste Pouvanaa a Oopa) et favorisé la propagande en faveur de la poursuite de la guerre, envoyant des messages à la presse calédonienne par exemple, pour faire connaître leur soutien au mouvement hostile à l'armistice. Dans les ÉFO, de Curton note le rôle joué par Pouvanaa a Oopa, en parlant de son « obstination » et rapportant ses propos : « quand on fait la guerre on ne doit pas penser à autre chose ; moi, tant qu'il y aura la guerre, je ne penserai pas à autre chose » (p. 102 et 134).

Mais il faut aussi constater que certains Anciens Combattants ont rejoint l'autre camp. C'est le cas de Raymond Lainey, président de l'association tahitienne. C'est pourquoi il a sans doute été nécessaire d'utiliser des arguments qui ne sont pas forcément de haute valeur patriotique. Ainsi, un document non signé propose un plan pour rallier les ÉFO : « les Anciens Combattants, pères de la plupart des conscrits étant un facteur moral décisif en l'occurrence, pourraient être satisfaits par l'assurance que leur pension serait continuée (sic) » [70].

---

[70] MAE, Londres, vol. 152, fol. 14 et 15

Les arguments patriotiques ne sont, en effet, pas les seuls qui portent et il nous semble qu'il faille chercher aux ralliements des motivations plus proches des réalités.

Problèmes économiques et ravitaillement comme sources essentielles des ralliements

En Nouvelle-Calédonie, la guerre rend les échanges difficiles (43 % des importations viennent de l'ensemble français qui achète la plus grande partie des produits d'exportation), comme le montrent la correspondance du gouverneur et la série de télégrammes envoyés de Nouméa par le commandant du *Dumont d'Urville* (entre le 25 et le 28 août 1940) :

> « Situation politique très tendue liée à situation économique. Marché coprah et café fermé... Fonctionnement normal (usinage) nickel assuré avec charbon Australie. Arrêt usine entraînerait chômage 5 000 ouvriers[71]. »

La même situation se retrouve dans les ÉFO où « la vie économique de la colonie est déjà totalement arrêtée... », écrit le gouverneur Chastenet de Géry au Consul anglais, le 4 juillet 1940. La dépendance à l'égard de l'Australie s'accentue.

La situation est telle que les gouverneurs de Nouvelle-Calédonie et des ÉFO tentent une série de manœuvres pour rester en contact avec Vichy sans rompre les relations avec les Anglo-Saxons. Même le gouvernement de Vichy intervient auprès des Allemands (qui demandent à la France de cesser toute relation commerciale avec la

---

71 MAE, Vichy, vol. 372. Voir aussi cet article du journal The Times du 24 juillet 1940 :
«M. Paul Vois, managing director of a large nickelmining company in the French colony of New-Caledonia has arrived to consult the Australian Government on the economic future of the colony... now that the Continental markets for chromium and nickel are closed. He says that the position in New-Caledonia is not clearly definable and that the Administrators are awaiting the course of events« (MAE, GU 39-45, Londres, vol. 79, fol. 4).

Grande-Bretagne, ses colonies et ses dominions) pour éviter la catastrophe économique des territoires du Pacifique[72].

Les arguments économiques sont utilisés par ceux qui souhaitent les ralliements, comme le gouverneur Sautot expliquant aux colons des Nouvelles-Hébrides qu'il faut avoir le « souci de sauvegarder la prospérité économique de la colonie »[73]. Il a dit aussi :

> « Le gouvernement de S.M. britannique a déclaré[74] à plusieurs reprises qu'il assurerait l'appui politique économique et financier à toutes les colonies françaises qui décideraient de continuer la lutte jusqu'au bout aux côtés de l'Angleterre[75]. »

L'argument d'un ravitaillement plus facile, si l'on se ralliait aux Anglo-Saxons ou à de Gaulle, a été beaucoup employé. Le docteur Cassiau, qui a été exilé pour activités pro-vichystes, raconte dans le *Mémorial Polynésien* (vol. VI, p. 64) que la propagande gaulliste affirmait : « Pétain = famine, de Gaulle = farine... » Un colon des Nouvelles-Hébrides affirme :

> « pour être ravitaillé, il fallait être du bon bord. Enfin, je ne veux pas mettre en doute les sentiments des uns et des autres, mais en toute honnêteté, je crois qu'il faut admettre que cela a influencé la décision des trois-quarts de la population. Quand on dit que nous sommes les premiers à nous être ralliés, c'est exact, mais un peu par force[76]. »

---

72 Note de la direction des Affaires politiques et économiques de Vichy (MAE, GU 39-45, Vichy, vol 372, note du 17 août 1940).

73 MAE, GU 39-45, Londres, vol. 149, fol. 7 à 9.

74 «Le 23 juin, le gouvernement britannique lançait un communiqué constatant la volonté de résistance manifestée par plusieurs hautes autorités de l'Empire français et leur proposant son concours« (De Gaulle, Mémoires de Guerre).

«Si l'Inde française désire avoir avec nous des relations commerciales, il faut qu'elle se rallie au général de Gaulle. Sinon, pas de commerce ! Dans une affaire comme celle-ci, il ne s'agit pas de se montrer coulant... Tout nouveau ralliement de colonie française a maintenant de l'importance« (de Winston Churchill au général Ismay, 31 juillet 1940, cité par J.-L. Crémieux-Brilhac, p. 66).

75 MAE, GU 39-45, Londres, vol. 85, fol. 12 et suivants.

76 Cité par C. Lauvray, op. cit., p. 27

Le gouverneur Pélicier considère qu'aux Nouvelles-Hébrides et en Nouvelle-Calédonie « les questions économiques ont primé toutes les autres et de loin »[77]. Pour lui, la « France lointaine » ne pourrait rien acheter alors que les Anglais proposent d'écouler le coprah, le café, le cacao...

Le Général lui-même conseille d'utiliser l'argument. Il télégraphie à Sautot, le 2 septembre 1940 : « votre représentant pourrait faire ressortir à population les avantages économiques et financiers qui résulteront de ce rattachement en se basant sur récente déclaration Churchill du 27 août »[78].

Après une période d'hésitation, pendant laquelle l'Australie n'appuie pas le mouvement en faveur de de Gaulle à Nouméa, ce pays entre dans le jeu. Le Haut-Commissariat anglais écrit le 9 septembre 1940 :

> « Sautot pense que si le Comité de Gaulle [en Nouvelle-Calédonie] annonçait que l'aide économique, particulièrement en ce qui concerne le charbon, était arrêtée jusqu'à ce que la colonie se soit formellement déclarée en faveur d'une coopération britannique pour la poursuite de la guerre, la position de De Gaulle serait renforcée et l'administration de Pétain serait forcée de capituler[79]. »

Un rapport n'hésite pas à montrer les avantages du ralliement :

> « En vertu d'un accord passé avec la Trésorerie Britannique, le franc bénéficie de l'appui du sterling, sa parité par rapport à la Livre étant maintenue à 176-7/8. [Les territoires ralliés] se trouvent dans une situation économique nettement plus favorable que les territoires demeurés sous l'obédience du gouvernement de Vichy. »

---

77 Cité par C. Lauvray, op. cit., p. 27.
78 MAE, GU 39-45, Londres, vol. 152, fol. 12
79 MAE, GU 39-45, Londres, vol. 85, fol. 37.

Le rapport montre la différence avec les territoires non ralliés : blocus britannique, situation d'isolement économique qui rend très précaires les conditions d'existence de ces populations[80].

Les partisans de Vichy tentent eux aussi d'utiliser l'argument économique. Le commandant du *Dumont d'Urville* (entre le 25 et le 28 août 1940) télégraphie : « Libérer colonie si possible au plus tôt de tutelle économique anglaise en réalisant exportation nickel, coprah, café au Japon ou Amérique contre charbon, vivres »[81]. Henri Sautot comprend bien ce problème et il insiste auprès de De Gaulle pour « hâter les mesures économiques pour aider les colonies françaises libres du Pacifique promises par le Premier ministre de Sa Majesté»[82]. Le gouverneur s'inquiète de l'écoulement des conserves de viande de l'usine de Ouaco en Nouvelle-Calédonie. L'écoulement du nickel revient souvent dans sa correspondance. Il en va de même en ce qui concerne les EFO : comment exporter le coprah (la principale richesse), les coquillages ou la vanille ?

Ainsi, les arguments économiques et le problème du ravitaillement sont-ils suffisants pour expliquer les ralliements ? Les populations comprennent sans doute dès août et septembre 1940, que leur situation va être difficile, mais qu'elle le serait encore davantage hors de l'environnement de la France libre et de ses alliés, l'accord Vichy/Tokyo (le 30 août 1940) achevant certainement de dissiper les doutes[83]. Cet accord présenterait, certes, l'avantage d'assurer l'écoulement des minerais de la Nouvelle-Calédonie, des phosphates et du coprah des ÉFO, mais la situation se tendrait alors dans le Pacifique, les Australiens ne supportant pas que les Japonais

---

80 MAE, GU 39-45, Londres, vol. 149, fol. 7 à 9, non daté.
81 MAE, GU 39-45, Vichy, vol 372.
82 Fonds de Gaulle, 20 octobre 1940.
83 Le 3 septembre 1940, le gouverneur informe le conseil général que Vichy s'est engagé à livrer au Japon toute la production minière et métallurgique du territoire et à permettre la venue de travailleurs et de matériels japonais, pour l'exploitation des mines (I. Kurtovitch, op. cit., p. 426). Le gouverneur Sautot avait un moment envisagé d'exporter le nickel vers le Japon, tant la situation des petits mineurs était désespérée. De Gaulle répond que « l'interdiction complète des exportations vers le Japon est d'une importance capitale pour les Alliés », néanmoins il s'inquiète des répercussions locales de cette mesure (Fonds de Gaulle, 10 décembre 1940).

contrôlent la région[84]. Cependant, le gouvernement australien ne prend que fin 1940 les mesures concrètes pour aider les colonies françaises du Pacifique à écouler leurs produits[85]. Le gouvernement néo-zélandais répugne «à acheter du coprah pour le détruire »[86]. L'aide n'en est d'ailleurs véritablement une qu'après la consolidation (toute relative) des alliances, notamment après la rencontre entre de Gaulle et le Premier ministre australien, le 7 mars 1941. Ce sont finalement les interventions américaine et anglaise qui règlent le problème de l'écoulement des produits[87].

L'argument économique doit être manié avec précaution. De très curieuses réactions le montrent. Par exemple, André Prinet, un des initiateurs du ralliement en Nouvelle-Calédonie, était chef des services comptables de la société « Le Fer » , un groupe japonais. Il soutient l'exportation du minerai vers le Japon plutôt que vers l'Australie. Aux autres membres du comité de Gaulle, il dit : « je ne veux connaître le général de Gaulle qu'au point de vue militaire, mais au point de vue économique du pays, tant politique qu'administratif, il reste lettre morte pour moi, je me fous pas mal de lui... » [88].

Il nous semble qu'il faille conclure, provisoirement, qu'au cours de l'hiver austral 1940, les populations qui ont participé aux ralliements ont tenu compte du fait que, globalement, leur intérêt était de se ranger du côté des Alliés anglo-saxons. Mais à l'époque, les enjeux et les aides éventuelles qu'il serait possible d'obtenir n'apparaissaient pas clairement. La peur de manquer de ravitaillement ou de ne pouvoir écouler les produits n'est qu'un des éléments aboutissant au choix de la France libre. D'ailleurs, en

---

84 Une conférence doit avoir lieu en Australie pour régler le problème du coprah et protéger les phosphates de Makatea (MAE, GU 39-45, Londres, vol. 152, fol. 94 à 97, 12 novembre 1940).
85 MAE, GU 39-45, Londres, vol. 75, fol. 1.
86 Fonds de Gaulle, 18 octobre 1940.
87 lettre de Chatelain et Kollen (de Nouméa) à de Gaulle, le 28 décembre 1940 :
«l'interdiction d'exporter des minerais de fer et de nickel sur le Japon a été très bien accueillie ici, surtout en ayant l'assurance que la production calédonienne serait achetée en totalité par l'Amérique et la Grande-Bretagne« (MAE, GU 39-45, Londres, vol. 79, fol. 84).
88 25 novembre 1940, lettre de Chatelain et Kollen à Commandant Fontaine (au QG des FFL), MAE, GU 39-45, Londres, vol. 79, fol. 41.

1941, les problèmes subsistent. Les EFO ont du mal à écouler leur coprah alors que les îles sous domination anglo-saxonne ont pu le faire. Ces difficultés ne provoquent pas un mécontentement suffisant pour compromettre la réussite des ralliements, même si un certain désordre s'est installé dans les territoires jusqu'à l'arrivée de Georges Thierry d'Argenlieu.

Attitudes comparées des autochtones et des Européens

Les nouvelles d'Europe n'arrivent que lentement dans l'Océanie insulaire, bien que l'Australie et la Nouvelle-Zélande diffusent des informations. À Tahiti comme en Nouvelle-Calédonie, la rivalité entre Londres et Vichy se traduit par une « guerre des ondes ». Radio-Saigon est en effet entendue par quelques détenteurs de postes de radio.

Comment les populations françaises du Pacifique ont-elles ressenti les événements de juin 1940 ? D'après Émile de Curton, « les nouvelles de la guerre ne pouvaient prendre tout leur sens que pour le petit nombre de gens qui [...] percevaient la gravité de la situation » (p. 43). Pour lui, « la masse des habitants de l'Océanie » était déroutée par des événements se déroulant dans des pays qu'ils situaient mal sur une carte. Sans doute Émile de Curton vise-t-il par l'expression « masse des habitants de l'Océanie », les non Européens. De toute façon, le fait de connaître la géographie où de prendre conscience de la gravité des événements n'est pas le gage du bon choix.

Marc Michel a fait remarquer que, dans les colonies, le ralliement a regardé « dans un premier temps les seuls « coloniaux » et que « les indigènes furent, dans les faits, très largement tenus à l'écart et leurs réactions passées sous silence » même si l'Appel du 18 juin ne les avait pas oubliés[89].

En Nouvelle-Calédonie, la participation des Mélanésiens n'est, en effet, guère sollicitée. Néanmoins, les Mélanésiens ne restent pas passifs entre juin et octobre 1940. Les nombreux documents

---

89 M. Michel, op. cit., p. 240.

photographiques de cette époque montrent, qu'à Nouméa, les Mélanésiens sont présents et en nombre dans tous les défilés et autres manifestations de rue qui se succèdent après l'armistice. Plusieurs chefs de districts, anciens combattants, font également savoir par la presse qu'ils soutiennent le mouvement populaire calédonien en faveur de la poursuite de la guerre. Le Grand Chef de Maré, Henri Naisseline, envoie à de Gaulle un message qui appelle, selon la logique coutumière, un contre-don :

> « [...] j'ai lancé un appel à tous les indigènes de la Nouvelle-Calédonie. Notre couleur et notre langue n'est sont pas (sic) française mais notre cœur l'est.
> Ces indigènes tous Français de cœur restent profondément attachés à la Mère Patrie [...]
> Je vous [demande] donner l'assurance qu'en reconnaissance de notre geste et le sacrifice de la vie de ceux qui, là-bas vont sûrement tomber, qu'il nous soit donné la faculté d'accéder au titre de citoyen français...[90] »

Après le ralliement, les opérations de recrutement de volontaires dans les tribus sont un succès grâce au concours des autorités coutumières, comme le confirme le gouverneur au Général, alors que les Calédoniens de souche européenne seraient plus réservés[91].

Dans les ÉFO, le docteur de Curton rapporte avec émotion l'attitude des chefs autochtones qui, le 14 juillet 1940, cherchent à lui redonner confiance. « [Les Prussiens], dit l'un d'eux, n'ont pas vaincu les Maoris... nous pouvons encore nous battre pour notre pays » [92]. Au cours de sa tournée aux îles Sous-le-Vent, fin juin et

---

90 MAE, GU 39-45, Londres, vol. 79, fol. 26.
91 Chatelain et Kollen à de Gaulle, 7 décembre 1940 : «en grand nombre relativement, les indigènes surtout sont débordants d'enthousiasme à l'idée de rejoindre bientôt les FFL... Plus réservés sont les Calédoniens de souche européenne« (MAE, GU 39-45, Londres, vol. 79, fol. 54).
Détails sur la participation des Mélanésiens dans I. Kurtovitch, op. cit., p. 442 à 445 et dans SHAT 12 H 4 dossier 4 (rôle joué par les chefs et les Anciens combattants mélanésiens).
92 É. de Curton, op. cit., p. 56.
Signalons que dans le comité de Gaulle, il y a les trois chefs de districts membres des Délégations économiques et financières (Tehema Winchester, chef de Katiu, dans les

juillet 1940, le docteur de Curton essaie de connaître les réactions des populations et témoigne :

> « Les seuls Français sont de très vieux colons aux réactions émoussées, peu armés pour discuter d'événements dont ils sont à peine informés.
> Je m'aperçois, par mes conversations avec les chefs et les notables, que ceux-ci ont une appréciation, élémentaire certes, naïve sans doute, mais fondamentalement différente de celle qui paraît s'imposer au lendemain d'une défaite aussi totale. Partant d'une situation dont ils réduisent les données à des termes simples, ils expriment spontanément des conclusions optimistes, assez voisines en définitive de celles que proclament à la radio de Londres des chefs informés dont la voix ne nous parviendra qu'après plusieurs semaines [...] Cette population m'a communiqué sa confiance et insufflé l'espoir d'une victoire possible (p. 55). »

S'il ne s'agit ni de démagogie, ni de reconstruction *a posteriori*, ce témoignage est particulièrement intéressant. En effet, les îles Sous-le-Vent ont la réputation d'être hostiles à la présence française. À la fin du XIXème siècle, l'archipel a été annexé et pacifié. De Curton note d'ailleurs que certains vieux chefs avaient participé aux combats. On pourrait alors émettre l'hypothèse suivante : c'est l'hostilité latente à la présence française qui, à l'heure de la défaite, pousse les populations à se tourner vers l'Angleterre et, en prolongement, à soutenir le général de Gaulle. L'attitude de Pouvanaa a Oopa, originaire de cette région, s'expliquerait aussi plus facilement.

Il a souvent été question de la passivité des autochtones[93]. Celle-ci ne serait-elle pas, finalement, une façon d'accepter une période difficile ? Émile de Curton note encore :

Tuamotu, Mataitai d'Afareaitu à Moorea, et Teriieroiterai de Papenoo) et le vice-président de la chambre d'agriculture, Charles Maraetefau.

93 Le sénateur Gérald Coppenrath a écrit qu'à Tahiti, si on excepte trois cents combattants du Bataillon du Pacifique, «les indigènes n'ont pas dépassé le rôle du décor« (G. Coppenrath, «Évolution politique de la Polynésie française depuis la Première Guerre mondiale«, JSO, n°15, décembre 1959, p. 254).

« Les quelques difficultés rencontrées furent toujours le fait d'Européens et jamais de Tahitiens : la population dite indigène ne donna jamais lieu à la moindre préoccupation ni à Tahiti, ni dans les archipels. C'est pourtant elle qui supportait l'essentiel des difficultés économiques et de l'effort militaire (p. 135). »

La différence de comportement entre autochtones d'un côté, Européens installés et expatriés temporaires de l'autre, ressort encore du rapport du gouverneur à de Gaulle sur la situation politique de la Colonie :

« La population indigène suivrait l'alliance britannique et la cause de la France libre même dans les revers. Ce serait la population européenne, fonctionnaires et commerçants qui, par opportunisme, tendrait toujours à revenir du côté des vainqueurs... Il y a assez peu de fonctionnaires métropolitains qui ont adhéré franchement au mouvement France Libre[94]. »

De Curton avait déjà envoyé à Sautot la situation des fonctionnaires (7 décembre 1940), résumée dans le tableau ci-dessous.

Cadres généraux	Mobilisés	Ralliés	Neutres	Hostiles	Total
Services administratifs	4	13	6	3	26
Services financiers	0	3	2	0	5
Exploitations industrielles	0	2	2	3	10
Intérêts économiques et sociaux	1	8	4	4	17

En même temps, de Curton faisait valoir que sur 142 cadres locaux, seuls trois étaient déclarés hostiles, ce qui souligne le contraste avec le cadre d'État.

---

94 MAE GU 39-45, Vichy, vol 152, fol. 382, 26 mars 1941.

Quelques auteurs, connus pour leurs sympathies à l'égard de Vichy, nuancent et critiquent cette vision des choses. Le médecin capitaine Rosmorduc note :

> « Quatre ou cinq familles ont une influence considérable sur les indigènes... Le mouvement a réussi grâce à leur complicité (ils sont acheteurs et vendeurs de tout ce que produit l'indigène et de tout ce dont il a besoin)... La masse a suivi... mais il n'y a rien de profond[95]. »

Plus finement sans doute, un dossier d'interviews sur la situation à Tahiti envoyé depuis New-York au CNF montre que « l'attitude gaulliste des indigènes aurait surtout été adoptée par opposition à celle pro-Vichy des colons » [96].

CONCLUSION

Finalement, l'impression qui se dégage de la lecture des récits et des documents est que les ralliements sont fragiles. Ils ont été le fait, au départ de minorités plus ou moins politisées, plus ou moins clairvoyantes des problèmes économiques. Les circonstances les favorisent et les mouvements en faveur d'une poursuite de la guerre se fédèrent derrière les gaullistes. Dans les semaines qui suivent les ralliements, les querelles personnelles et d'intérêts semblent prendre le pas sur la défense d'un idéal. Peut-on aller jusqu'à penser qu'un retournement de la situation en faveur de Vichy aurait été possible ? Quelques documents le suggèrent[97]. Dans son livre, Henri Weill cite

---

95 MAE, GU 39-45, Vichy, vol. 382, 26 mars 1941.
96 MAE, GU 39-45, Londres, vol. 152, fol. 245-246. Il faudra s'interroger sur ce que ce mot «colon« recouvre sur des îles qui n'ont pratiquement pas d'agriculture spéculative.
Sur l'attitude des colons dans l'ensemble de l'empire, voir :
Jacques Binoche, La France d'outre-mer, 1815-1962, Masson, 1992, p. 183-184.
Sur l'attitude des peuples de l'empire, voir :
Guy Pervillé, De l'Empire français à la décolonisation, Hachette, 1991, p. 90 à 98.
97 Parmi plusieurs références au MAE, celle-ci :
MAE, GU 39-45, Londres, vol. 152, fol. 181 : du Dominion Office au gouvernement de Nouvelle-Zélande :
«Nous sommes informés qu'il existe un danger que les Japonais essaieraient d'exploiter la situation interne dans les colonies françaises libres pour encourager des mouvements de dissidence en vue d'une coopération ultérieure«.

quelques tentatives pour reconquérir les territoires du Pacifique, notamment le projet de l'amiral Decoux envers la Nouvelle-Calédonie, opérations qui n'ont jamais vu le jour. Henri Sautot, de son côté, évoque une « certaine tiédeur de quelques-uns de nos partisans » à la suite d'insuccès britanniques en Grèce[98]. Pourtant, les Français du Pacifique sont plutôt restés fidèles à de Gaulle.

Nous avons tenté de montrer que les positions ambiguës des hommes qui se sont ralliés en 1940 s'inscrivent dans la complexité des relations entre la France et ses terres du Pacifique, et dans les relations régionales de l'Océanie. Les contradictions internes de ces territoires et l'intérêt stratégique de ceux-ci ont favorisé le général de Gaulle. Ces contradictions ont contribué à sa popularité durable. Cette popularité n'a pas suffi à faire aimer la France. Le Général avait bien conscience du caractère étrange de la présence française dans le Pacifique:

> « Quand j'y étais passé, en 56, j'avais senti qu'il y a un monde du Pacifique. Que dans ce monde-là, la France se lance dans une grande entreprise, ça a quelque chose d'incroyable. Les Anglo-Saxons tiennent [...] tout dans le Pacifique. Quand nous ne bougions pas, on ne disait rien. Mais que nous apparaissions [*allusion à l'installation du Centre d'Expérimentation du Pacifique*], cela semble scandaleux[99]. »

S'il avait bien compris l'esprit océanien, de Gaulle, faute d'avoir cherché à analyser les comportements des citoyens et des sujets français des antipodes, n'a sans doute pas mesuré - pas plus que les divers gouvernements - ce que ces derniers attendaient des événements de la guerre. À Tahiti le ralliement à de Gaulle recouvre deux sentiments différents : défendre la France dans l'épreuve, affirmer l'identité de Tahiti. Dans les deux cas, il s'agit d'attendre de la France une certaine reconnaissance. Ce n'est pas ainsi, semble-t-il, que le Général a vu les choses. Jacques Foccart indique que la

---

98 Fonds de Gaulle, 3 juin 1941.
99 Alain Peyrefitte, C'était de Gaulle, tome 2, p.120-121.
Sur le Pacifique Sud en tant que région autonome et sur la façon dont la France y est perçue :
- Paul de Deckker, «Au sujet de la perception de la France dans le Pacifique : pour une contribution à l'histoire de temps mal conjugués«, RFHOM, Paris, n° 284-285, p. 545 à 571.

présence de la France était plus importante que toute autre considération :

> « Dans les territoires du Pacifique, de Gaulle tenait à ce que toutes les dispositions fussent prises pour que nous restions très longtemps [...]. Plus généralement, la pérennité de la présence française dans cette partie du monde lui tenait à cœur[100]. »

La question que l'on pourra se poser est la suivante : pourquoi de Gaulle aurait-il eu davantage à cœur la présence française dans le Pacifique (en raison des ralliements de 1940) qu'une présence au Tchad ? En politique, les raisons du cœur ne sont pas de celles que la raison laisse dominer. Il faudra donc chercher ailleurs que dans la sensibilité du Général son « attachement » à cette région du monde.

---

100 Foccart parle, tome 1, p. 255-256

Chapitre 2

L'ÉCHEC D'UNE TRADUCTION POLITIQUE DU GAULLISME DANS LE PACIFIQUE FRANÇAIS APRÈS LA SECONDE GUERRE MONDIALE

Cette étude nous a été commandée pour le colloque de Bordeaux de 1997. Elle est parue dans l'ouvrage qui rassemble toutes les communications du colloque :

De Gaulle et le Rassemblement du Peuple français, 1947-1955, Fondation Charles de Gaulle, Université de Bordeaux III, Armand Colin, octobre 1998, p. 265 à 279.

Elle est ensuite parue dans une version plus étendue (en deux parties) et adaptée au public polynésien dans :
Bulletin de la Société des Etudes Océaniennes, n° 278, octobre 1998, Papeete, p. 35 à 51 ; et dans *BSEO*, n° 279/280, décembre 1998/mars 1999, p. 32 à 48.

C'est cette version longue remaniée que nous publions ci-après.

Après la guerre, le général de Gaulle, président du gouvernement provisoire de la République française, supporte mal le retour en force des partis politiques qui, selon lui, défendent davantage leurs intérêts propres plutôt que ceux du pays. Ses idées sur le nécessaire renouvellement des institutions ne sont pas entendues. Il démissionne de ses fonctions le 20 janvier 1946. Dans un discours prononcé à Bayeux, le 16 juin suivant, il précise ce que devrait être une Constitution donnant au président de la République un rôle d'arbitre « qui fasse valoir la continuité au milieu des combinaisons » . En avril 1947, dans le contexte de la Guerre froide naissante, il annonce la création d'un mouvement politique (il refuse l'idée d'un parti ordinaire) : le Rassemblement du peuple français (RPF). C'est un appel à lutter contre le régime « illégitime » de la Quatrième République, à contrer le communisme, à défendre l'Union française (c'est-à-dire la présence française dans ses anciennes colonies, tout en reconnaissant les particularismes de chacune d'elles et la nécessité d'une décentralisation), à restaurer la grandeur et l'indépendance de la France alors que se forment et se préparent à s'affronter les blocs de l'Ouest et de l'Est. Le succès de cette formation est sensible dès octobre 1947 à l'occasion des élections municipales. Mais les échéances électorales importantes sont encore lointaines et le RPF piétine. Aux élections législatives de juin 1951, en rassemblant 22, 3% des suffrages et 19 % des sièges de l'Assemblée nationale, le RPF n'a pas les moyens d'imposer ses idées. Ses élus résistent difficilement aux appels des autres formations politiques. Le Général, découragé, annonce le 6 mai 1953, que le RPF ne participera plus aux activités de l'Assemblée nationale ni aux élections. Enfin, en 1955, il met le RPF en sommeil, sans que ce qu'il faut bien appeler quand même un parti, ne soit officiellement dissous. De Gaulle annonce qu'il ne se mêlera plus de politique. C'est sa « traversée du désert » , ce qui ne l'empêche pas, en 1956, de venir en Océanie accomplir un voyage qui donne lieu à des manifestations d'enthousiasme populaire. De Gaulle y a prononcé des discours dans lesquels les phrases vont au-delà des conventions. Retenons celles-ci :

« Tahiti, quand la France roulait à l'abîme, Tahiti n'a pas cessé de croire en elle. Vous étiez dans cet océan aux antipodes de moi-même qui me trouvais comme un naufragé du désastre sur le rivage de l'Angleterre et en même temps, vous tous et moi, nous avons pensé et nous avons voulu la même chose... »

Le RPF a tenté de s'implanter dans toute la France et dans les territoires d'outre-mer, remportant ici ou là de notables succès, certes provisoires. Le Pacifique n'a pas échappé à cette volonté d'implantation. Le quasi-échec d'une implantation du RPF dans les terres françaises d'Océanie relève du paradoxe. Alors que les populations de ces colonies se rallient à la France libre entre juillet et septembre 1940 (voir le chapitre sur les ralliements), alors que l'attachement réciproque du général de Gaulle et de ces Français du bout du monde est évident, il n'a pas été possible de constituer une force politique, même éphémère comme l'a été le RPF en métropole. Ni les dirigeants gaullistes chargés de l'outre-mer (Pierre Anthonioz puis Jacques Foccart[1]), ni les gaullistes du Pacifique n'ont pu empêcher la montée en puissance du nationalisme tahitien (qui pourtant n'est pas incompatible avec le gaullisme) pas plus que l'émergence de l'Union Calédonienne (mouvement politique qui s'appuie en premier lieu sur les populations kanak[2] avec le slogan : « deux couleurs, un seul peuple »).

C'est ce paradoxe qu'il convient d'éclairer par le poids des événements survenus entre 1940 et 1945 dans le Pacifique et par les caractères propres de ces terres lointaines. Au début de la guerre, on a affaire à des populations peu importantes, numériquement parlant, dont l'essor débute à peine, par croît naturel dans les ÉFO

---

1 Jacques Foccart (qui a été auprès de Gaulle, Pompidou et Chirac le conseiller pour les affaires liées à l'outre-mer) avait des liens avec les territoires que nous étudions. En 1944, il crée la Safiex, maison d'import/export qui commerce avec le Pacifique. Ainsi, il est en relation avec la plupart des hommes d'affaires dont il est question dans cet article. Foccart parle, entretiens avec Philippe Gaillard, Fayard/Jeune Afrique, vol. I, 1995, p. 32-33.
2 Le mot Kanak signifie «homme«. Il a eu la valeur d'une insulte à l'égard de ceux qu'on appelait les Mélanésiens. Cette insulte est devenue ensuite une fierté, un slogan de revendication. C'est vers 1968-1970 qu'on a remplacé canaque par Kanak, mot déclaré invariable.

(Polynésie française en 1957), par croît naturel et par immigration en Nouvelle-Calédonie. Ces populations présentent des caractéristiques très différentes.

La France du Pacifique (1940-1953)

	ÉFO	Nouvelle-Calédonie	Nouvelles-Hébrides	Wallis et Futuna
Population en 1940	51000	53 200 dont environ 30 000 «indigènes»	Environ 1 400 citoyens français (britanniques et indigènes exclus)	Environ 6 000
Population en 1946	55 000	62 700		Environ 8 000
Nombre d'électeurs en 1946	19 170	10 600	?	Pas d'élections
Population en 1953	69 000	66 500		9 500
Nombre d'électeurs en 1953	23 120	20 590	700 * * élections de 1951	Pas d'élections

Dans les ÉFO, les Européens sont une minorité (moins de 2 000) et seuls quelques-uns sont établis depuis une ou deux générations. La population est donc essentiellement constituée de Polynésiens de souche et de Polynésiens métissés (les Demis) avec des Européens, des Américains et des Asiatiques. En Nouvelle-Calédonie, au contraire, c'est le métissage qui est minoritaire. Ce qu'on appelle, à l'époque, la population indigène comprend un peu plus de 30 000 personnes, soit bien davantage que la population dite blanche limitée à moins de 20 000 personnes (colons, fonctionnaires, commerçants, employés et ouvriers des mines). Il existe également des minorités de Japonais (1 100 en 1940, quelques-uns seulement sont encore présents après guerre), d'Indonésiens (5 000) ou Vietnamiens (6 000). Les cas des Nouvelles-Hébrides et de Wallis et Futuna sont encore à part. Dans le condominium franco-anglais (depuis le protocole d'accord du 6 août 1914) seule est à prendre en compte pour notre étude la population française d'environ 1 400 personnes (colons et fonctionnaires). Le protectorat de Wallis et Futuna est fort peu peuplé : environ 6 000 personnes en 1940.

Ce qui compte surtout, c'est l'aspect statutaire. Dans les ÉFO et en Nouvelle-Calédonie un gouverneur tout-puissant ne consulte que son conseil privé pour diriger ces colonies. Les assemblées locales (délégations économiques dans les ÉFO et conseil général en Nouvelle-Calédonie) ne jouent qu'un rôle limité, même si en Nouvelle-Calédonie il faut nuancer le propos[3]. Les colonies du Pacifique, avant-guerre, n'ont pas d'élus ni à l'Assemblée nationale ni au Sénat. Les habitants ont des statuts différents. Dans les ÉFO, la discrimination entre les habitants vient d'un héritage historique. Lors de l'établissement de la colonie en 1880, tous ceux qui vivaient dans les possessions du roi Pomare (îles du Vent, Tuamotu, quelques îles des Australes) obtiennent la citoyenneté française. Les habitants des autres îles ont le statut de sujets de la France. En Nouvelle-Calédonie, il y a le statut de l'indigénat qui limite sérieusement les droits individuels (déplacements réglementés, pas d'accès aux cadres de la fonction publique) et soumet ceux qui y sont assujettis à des impôts spéciaux et des corvées. Les statuts des deux autres archipels n'ont qu'une importance marginale pour notre étude. Les Français des Nouvelles-Hébrides ne sont pas consultés sur les affaires locales gérées par le Résident sous l'autorité du gouverneur de Nouvelle-Calédonie. A Wallis et Futuna, si la France est aussi représentée par un Résident, c'est la mission catholique qui exerce un rôle prépondérant. Le ralliement tardif à la France libre (mai 1942) ne change rien statutairement au protectorat maintenu jusqu'en 1959. Cet archipel reste en marge de la vie politique française jusqu'aux années soixante.

Le Ralliement et ses contradictions

---

3 En Nouvelle-Calédonie, la population européenne est suffisamment nombreuse (face à l'Administration) pour contrer les gouverneurs, notamment sur les dépenses obligatoires. La correspondance des gouverneurs en témoigne (par exemple : Archives territoriales de Nouvelle-Calédonie, dossier 44 W 592).

Idéologiquement, la plupart des habitants des colonies du Pacifique auraient dû se sentir plus proches de Vichy que de Londres. Mais si on excepte Wallis et Futuna où la mission s'est déclarée en faveur de Pétain et a maintenu les îles dans un isolement presque total jusqu'en 1942, les autres colonies se rallient assez vite à de Gaulle (voir les chapitres précédents). Il y a des raisons propres à chaque territoire. Dans les ÉFO la majorité protestante se démarque des sympathies vichystes de l'évêque de Papeete et les hommes qui agissent sur l'opinion (« colons », anciens combattants, pasteurs et enseignants protestants...) réagissent traditionnellement contre l'Administration (comme cette dernière semble rester fidèle à Pétain, elle entraîne une réaction hostile à ce régime). En Nouvelle-Calédonie, s'il y a une même lutte habituelle contre l'Administration, il y a aussi une forte propension à affirmer une autonomie calédonienne que les circonstances semblent favoriser. Dans les deux colonies, la défaite est mal acceptée. Le sentiment de résignation qui a pu toucher les métropolitains n'a pas affecté ces Français qui n'ont pas eu à subir les combats.

Sans négliger le patriotisme que traduit l'attachement à la personne même du général de Gaulle et à ses idées (personne et idées qu'on apprend vite à connaître : La biographie, les théories, les discours du Général font l'objet d'articles de presse en Nouvelle-Calédonie, d'émissions radiophoniques à Tahiti), on décèle les ambiguïtés du mouvement. Le départ de volontaires en 1941, qui participent aux combats de Bir-Hakeim, d'El Alamein, de la campagne d'Italie, de la libération de Toulon, l'engagement dans d'autres unités combattantes de Tahitiens et de Calédoniens, traduisent bien la volonté de participer à la défense de la patrie française. Il s'agit aussi de connaître enfin l'aventure, pour des jeunes gens auxquels les îles n'offraient qu'un univers limité. Il faut noter que les engagés viennent le plus souvent des milieux populaires, ce qui est lourd de clivages futurs comme le traduit bien l'expression qui désigne certaines élites locales : « armons-nous et partez ».

L'enthousiasme des débuts a laissé rapidement place à de sévères déconvenues. Les artisans du Ralliement se déchirent. A Tahiti, des luttes de clans (poignée de métropolitains et de Demis) pour la direction des affaires politiques et économiques[4] discréditent les milieux européens et les riches Demis aux yeux des populations locales. C'est le premier tremplin pour la revendication nationaliste qu'exprime dès 1941 Pouvanaa a Oopa pourtant un des acteurs du Ralliement et admirateur de de Gaulle. En Nouvelle-Calédonie, la population européenne, fière de sa geste de 1940, désireuse d'autonomie, n'accepte pas facilement d'appliquer les décisions de la France libre[5].

De plus, là encore, rivalités de personnes et divergences quant à l'avenir statutaire de la colonie affaiblissent l'élan initial et en particulier le Comité de Gaulle[6].

Les difficultés intérieures des colonies du Pacifique, mais aussi la crainte de voir les pays de l'empire britannique, voire les États-Unis, traiter directement avec les autorités locales, amènent de Gaulle à envoyer en inspection le gouverneur général Brunot[7]. Aussi bien à Tahiti qu'en Nouvelle-Calédonie, ce dernier prend des mesures

---

4 Le gouverneur Émile de Curton note que «quelques-uns de nos partisans« ont vu dans la guerre une occasion de profit (de Curton E., Tahiti 40, Société des Océanistes, Musée de l'Homme, Paris, 1973, p. 152 et 153). Il faut retenir qu'en effet, les colonies du Pacifique ont trouvé, avec la guerre, des sources de profit qu'elles n'avaient pas encore connues.

5 Nous devons aux recherches d'Ismet Kurtovitch, auteur de plusieurs articles sur cette période en Nouvelle-Calédonie, de nombreuses anecdotes et analyses. Les travaux plus anciens de Bernard Brou fourmillent également de documents précieux.
On se référera également aux livres déjà cités de Jean-Louis Crémieux-Brilhac, La France Libre...et Kim Munholland.

6 Le Comité de Gaulle (créé à la mi-août 1940 par Georges Baudoux, Raymond Pognon, Georges Dubois et Colette Hagen) se déchire aussi sur le fait de savoir s'il faut mobiliser ou envoyer des Volontaires, certains craignant que le départ des «meilleurs« n'affaiblisse la défense intérieure et extérieure de la colonie ralliée à la France libre (voir Broche F., Le bataillon des guitaristes, l'épopée inconnue des F.F.L. de Tahiti à Bir Hakeim, 1940-1942, Fayard, Paris, 1970, p. 157).

7 Dans un projet de télégramme, de Gaulle écrit à Sautot pour justifier l'envoi de l'inspection de Brunot : «la complexité croissante des problèmes politiques et économiques qui se posent dans le Pacifique et la nécessité d'un contact direct avec les dominions d'Australie et de Nouvelle-Zélande me font estimer opportun l'envoi dans le Pacifique sud d'un chargé de mission...« (MAE, GU 39-45, vol 79, p. 103, 10 février 1941). Sautot affirme dans son livre (p. 97) cité dans les chapitres précédents que Londres ne lui a jamais communiqué l'objet de la mission de Brunot.

fantasques vite condamnées par le chef de la France libre[8]. De Gaulle réagit d'autant plus que la menace japonaise se précise dans cette partie du Pacifique. Il nomme alors Thierry d'Argenlieu avec le titre de « Haut-Commissaire de France au Pacifique [pour exercer en son nom] tous les pouvoirs civils et militaires ». Thierry d'Argenlieu siège à Nouméa, mais coiffe les trois colonies (ÉFO, Nouvelle-Calédonie, Nouvelles-Hébrides). Si son passage à Tahiti, en septembre 1941, et ses mesures (renvoi de Brunot et nomination du gouverneur Orselli) ramènent le calme à défaut de la concorde, en Nouvelle-Calédonie son séjour (5 novembre 1941-25 septembre 1942) divise encore un peu plus les Calédoniens et hypothèque la création ultérieure d'un gaullisme politique[9]. Thierry d'Argenlieu, pas plus que le Général, n'ont pu faire comprendre au gouverneur Sautot et aux Calédoniens que la menace japonaise après Pearl Harbour et la présence américaine depuis le 12 mars 1942 (des milliers d'hommes engagés dans les batailles de la mer de Corail) exigeaient « un pouvoir aussi fort et centralisé que possible en Océanie ». De Gaulle le déplore, mais le fait est là : « la présence des forces, des dollars et des services secrets américains, au milieu d'une population troublée par la fièvre obsidionale, allaient aggraver les causes latentes d'agitation ».

Ces tensions aboutissent en mai 1942 à des « manifestations violentes, encouragées ouvertement par l'attitude des Américains » dit encore le Général, non sans quelque exagération. De Gaulle et

---

8 De Gaulle écrit : «[M. Brunot] s'était heurté, souvent avec violence, à des fonctionnaires qui lui imputaient, non sans apparence de raison, l'intention de s'installer lui-même à leur place avec ses amis. Papeete avait été le théâtre d'incidents tragi-comiques. On avait vu le gouverneur, le secrétaire général, le Consul d'Angleterre mis en état d'arrestation par ordre de M. Brunot«.
Voir aussi de Curton E., op. cit., annexe 54 qui cite un télégramme de De Gaulle : «[Le gouverneur Brunot] n'avait aucune qualité pour enfermer un gouverneur nommé par moi, et surtout pour prendre sa place sans autorisation de ma part«.
9 Aujourd'hui encore, en Nouvelle-Calédonie, le sentiment prévaut que Thierry d'Argenlieu a semé le désordre. On évoque «ses erreurs«, reprenant souvent d'ailleurs les exemples cités dans le livre d'Henri Sautot. Dans un mémoire inédit, Henri Gaignard qui fut un collaborateur de l'Amiral de 1941 à 1947 (et conseiller à l'Assemblée de l'Union française de 1947 à 1953), fait litière des accusations lancées contre son chef, même s'il reconnaît que l'homme «n'était pas d'un abord toujours facile«. (document remis à l'auteur par Henri Gaignard).

Thierry d'Argenlieu ayant décidé le renvoi du gouverneur Sautot (qui, bien que populaire en Nouvelle-Calédonie, n'était pas l'homme de la situation et passait pour trop favorable aux Américains comme le prétend un rapport de Thierry d'Argenlieu) et l'arrestation de Calédoniens qui avaient été les artisans du Ralliement, grèves et manifestations se succèdent. Thierry d'Argenlieu est même retenu dans une chambre d'hôtel à La Foa par les broussards. Le général américain Patch, en accord avec de Gaulle, ramène l'ordre dans la colonie. Quoi qu'il en soit, d'ardents gaullistes - mais avant tout Calédoniens - ne seront pas au rendez-vous du RPF. Parmi les exemples significatifs on peut citer le cas du capitaine Dubois, gaulliste convaincu, chef de la Milice Civique, populaire en Nouvelle-Calédonie qui se fait durement apostropher par le Général à Alger pour son attitude en mai 1942. Meurtri, il lui écrit une longue lettre (que son fils, le docteur Dubois, nous a montrée) dans laquelle il exprime son incompréhension. Lorsqu'il est fait Chevalier dans l'ordre de la Légion d'Honneur, *La France Australe* (3 mai 1949) commente ainsi sa carrière : « il connut l'ingratitude et l'injustice de ceux qui lui devaient tout » . Jusqu'en 1958, il refuse ensuite tout engagement politique dans le RPF et dans les Républicains sociaux.

Il y a le cas du gouverneur Sautot qui revient après la guerre à Nouméa où il est élu maire (1947-1953). Il rédige alors le pamphlet très anti-gaulliste que nous avons déjà cité.

Les changements statutaires en 1945-46 et les déceptions

La Constitution de 1946 ne reconnaissant plus l'existence de colonies, les ÉFO et la Nouvelle-Calédonie deviennent des territoires d'outre-mer, les deux autres terres françaises du Pacifique gardant leur statut de condominium et de protectorat. Les habitants (à l'exception de ceux qui considérés étrangers comme les Asiatiques) des deux territoires deviennent - pour ceux qui ne l'étaient pas encore - des citoyens français, élisant chacun trois représentants dans les assemblées législatives (un député, un conseiller de la République, un conseiller de l'Union française).

Dans les ÉFO une assemblée représentative élue au suffrage universel et par un seul collège électoral amorce une autonomie encore bien ténue. En Nouvelle-Calédonie, le vœu d'obtenir un statut rénové en profondeur n'est pas satisfait[10]. Le député Roger Gervolino, inscrit à l'Union Démocratique et Socialiste de la Résistance[11] (UDSR), intervient pour que la Nouvelle-Calédonie ne soit pas concernée par l'élargissement de l'électorat indigène (loi du 5 octobre 1946 valable dans les autres territoires) : s'il y a bien un collège unique, les Mélanésiens inscrits sur les listes électorales ne sont que 1 144. La discrimination est patente, mais elle est couverte de bons sentiments : « il faut faire progresser l'Indigène par étapes jusqu'à un mode d'organisation dont ils [sic] n'ont encore qu'une idée confuse. C'est l'intérêt de l'unité de l'Empire français » [12].

Finalement la centralisation demeure forte ; le gouverneur conserve sa puissance du temps de la colonie. Devenus citoyens français, les habitants ne disposent pas de tous les droits des Français de métropole. C'est vrai pour les Mélanésiens qui, s'ils ont vu disparaître les dispositions infamantes de l'indigénat, ne sont en fait ni égaux des autres Français, ni égaux des « blancs ». C'est vrai pour les habitants de la Polynésie pour lesquels les libertés de réunion, de

---

10 Certes, le statut de la Nouvelle-Calédonie diffère sensiblement de celui appliqué aux autres TOM. «Ce traitement de faveur est accordé à la seule Nouvelle-Calédonie«, télégraphie Marius Moutet (CAOM, série télégr. 907, télég. n°594 du 28 octobre 1946). Néanmoins, ce statut est bien en deçà des espérances.

11 L'UDSR a été après guerre une fédération de mouvements de Résistance avant de devenir un parti. Ce dernier voulait rénover la vie politique en créant une sorte de parti travailliste dont le général de Gaulle aurait pu prendre la tête. Son leader, René Pleven, a échoué dans cette tentative à cause des clivages qui venaient des années de Résistance. Entre 1950 et 1953, c'est François Mitterrand qui prend en main ce parti en s'appuyant sur les associations de Prisonniers de guerre et aussi sur les fédérations d'outre-mer de cette organisation politique. L'UDSR n'a pas réussi à rassembler beaucoup d'électeurs, mais suffisamment pour constituer ce que l'on a appelé sous la Quatrième République un «groupe charnière« et préparer la carrière de son homme fort. Voir la thèse d'Éric Duhamel, L'UDSR, 1945-1965, thèse sous la direction de J.-M. Mayeur, Paris-IV, 1993, 1 049 p.

12 Déclaration de F. Legras au conseil général, 29 janvier 1947 (cité dans Le Bulletin du Commerce, 8 février 1947, bihebdomadaire dont F. Legras est le directeur). Dans cette même déclaration le conseiller dit aussi qu'il faut faire faire du sport aux indigènes : «ils oublieront les paroles révolutionnaires de discorde contre le colon qui, soi-disant, l'exploite... ils parleront de compétitions sportives entre districts ou entre tribus«.

presse, de s'organiser en syndicats restent de vains mots[13]. Les limites des avancées constitutionnelles de 1946 sont bien illustrées par l'ambiguïté de l'article 80 qui, tout en disposant que « tous les ressortissants des territoires d'outre-mer ont la qualité de citoyen au même titre que les nationaux français de la métropole », ajoute : « des lois particulières établiront les conditions dans lesquelles ils exercent leurs droits de citoyens». Mais la France a sans doute trop différé l'extension de ces « conditions d'exercice » comme le souligne Pierre-Henri Teitgen en 1955 : « pendant trop longtemps nous avons promis des réformes et éludé leurs réalisations »[14].

L'échec de l'implantation du RPF

L'après-guerre est marqué par des ferments de division en Océanie. Le retour des Volontaires en mai 1946 révèle les désillusions de ceux qui ont hier servi la patrie, mais n'ont généralement pas obtenu le rang et la place qu'on leur avait promis[15]. Les injustices sociales donnent des arguments aux protestations de Pouvanaa a Oopa qui crée une esquisse de parti politique en février 1947, et aux communistes de Nouvelle-Calédonie qui réussissent à attirer à eux des chefs mélanésiens et des travailleurs vietnamiens. C'est en partie pour lutter contre l'influence communiste en milieu mélanésien que les missions créent deux mouvements : l'Union des Indigènes Calédoniens Amis de la Liberté dans l'Ordre ou UICALO (catholique) et l'Association des Indigènes Calédoniens et loyaltiens français ou AICLF (protestante) en février et août 1947[16]. Or, le plus grave problème qui se pose à la Nouvelle-Calédonie, c'est bien la place à accorder aux populations mélanésiennes dans la vie politique. Dès 1945, Jacques Soustelle, ministre des colonies, s'en

---

13 De même un gouverneur de Nouvelle-Calédonie peut écrire au ministre de la FOM : «il n'existe ici pratiquement aucune législation sociale«, (Archives territoriales de Nouvelle-Calédonie, 44W592, lettre du 26 février 1947).
14 Cité dans Planchais J., L'Empire embrasé (1946-1962), Paris, Denoël, 1990, 448 p.
15 En Nouvelle-Calédonie, les Volontaires ont été mieux récompensés que dans les ÉFO. Toutefois, dans un article intitulé «Amertume«, et signé «Les Volontaires«, la crainte s'exprime d'un oubli rapide, de la part des Calédoniens, des sacrifices des combattants (Le Bulletin du Commerce, 24 mai 1947).
16 Kurtovitch I., Aux origines du FLNKS, l'UICALO et l'AICLF, 1946-1953, Ed. Ile de Lumière, Nouméa, 1997, 146 p.

inquiète, se déclarant « impressionné par l'hostilité manifestée par les éléments d'origine européenne à l'égard de toute mesure tendant à améliorer leur condition [celle des Canaques] » [17].

A Papeete, l'assemblée représentative élue (fin 1945-début 1946) n'a de représentative que le nom car, élue dans la précipitation, elle ne reflète nullement l'opinion des habitants comme le prouvent les événements ultérieurs. Elle doit faire face à une montée des mécontentements qui se cristallisent autour de Pouvanaa a Oopa.

L'appel de 1947 et son écho dans le Pacifique

A Nouméa, les élections (décembre 1946-janvier 1947) pour le conseil général consacrent la victoire écrasante d'Henri Bonneaud, un des directeurs des Établissements Ballande (établissements qui ont la réputation de dominer économiquement la Nouvelle-Calédonie). Là encore, le mode de scrutin aboutit à un résultat qui ne reflète ni la réalité du corps électoral ni surtout la réalité du corps social. En effet, la pression exercée par les élus calédoniens d'origine européenne auprès des pouvoirs publics, a considérablement restreint le corps électoral mélanésien et ces élus ont refusé d'accueillir sur les listes des candidats d'origine mélanésienne. La Nouvelle-Calédonie est alors le seul territoire d'outre-mer où la population autochtone n'est pas représentée dans son assemblée.

Un homme aurait pu être le fer de lance du gaullisme. Roger Gervolino, ancien syndicaliste, volontaire du Bataillon du Pacifique a été choisi par ses camarades de combat pour représenter les Français de l'Océanie à l'assemblée consultative d'Alger. Il est ensuite élu de la Nouvelle-Calédonie aux deux assemblées constituantes, puis député. Au cours de la première élection, ses affiches portent la croix de Lorraine. Puis son comité de soutien met surtout l'accent sur les revendications calédoniennes. Par deux fois, Gervolino entraîne la population calédonienne à rejeter les projets

---

17 CAOM, série télégramme 882, n° 516 Ap, 5 décembre 1945. (télégramme adressé au gouverneur de Nouvelle-Calédonie).

de Constitution, en reprenant, en octobre 1946, les arguments du Général. Cela masque mal le fait que ses électeurs n'acceptent pas les dispositions trop « généreuses » à l'égard des populations indigènes. Gervolino s'inscrit à l'UDSR, mais les Calédoniens l'ignorent. S'il passe pour être gaulliste, s'il croit l'être lui-même, les instances nationales du RPF en font - plus tard, il est vrai - « le serviteur inconditionnel des partis au pouvoir »[18]. Mais cela n'intéresse personne tant ces territoires sont tournés vers leurs problèmes intérieurs et ont une vie politique qui n'est pas en phase avec celle de la métropole. Aussi quand retentit l'appel de Strasbourg du 7 avril 1947, l'écho est modeste.

A Nouméa, *Le Bulletin du Commerce* du 19 avril annonce dans un article de quelques lignes « la création d'un parti patriotique sous la dénomination RPF par le général de Gaulle ». Ce dernier voudrait « rassembler toutes les énergies, toutes les bonnes volontés, sans étiquette politique, en vue de faire une France propre, unie ». Pendant qu'en métropole le RPF se constitue, à Nouméa ont lieu les élections municipales et c'est Henri Sautot (voir note 17) qui devient maire, soit un adversaire du gaullisme politique. Mais le terrain n'est sans doute pas favorable, car si l'on en croit l'analyse du gouverneur, les électeurs calédoniens suivent « les personnalités dirigeantes demeurées fortement attachées aux anciennes conceptions sociales et politiques »[19]. Le quotidien *La France Australe* se contente de reproduire les discours de de Gaulle[20] ainsi

---

18 Lettre de Jacques Soustelle à Freddy Fourcade, 11 avril 1951, archives Fondation Charles de Gaulle, carton BR UF 91.

19 CAOM, série télégramme de 948, n° 129, 25 février 1947. Notons que, dans un rapport adressé à J. Foccart, la Nouvelle-Calédonie donnerait au visiteur l'impression «de se retrouver reporté d'un demi-siècle en arrière«, BR UF 92, 1er juillet 1952.

20 En particulier le discours de Bordeaux consacré à la mémoire de Félix Éboué. Le quotidien retient surtout que de Gaulle se prononce pour que les territoires prennent part à la gestion de leurs affaires (mais qui à Nouméa retient le passage sur «les représentants des habitants, tant Français qu'Indigènes« ?) et son affirmation finale : «pour nous... perdre l'Union française, ce serait un abaissement qui pourrait nous coûter jusqu'à notre indépendance« (La France Australe, 7 juin 1947).

L'historien Guy Pervillé a montré qu' «on ne peut trouver la moindre trace de volonté décolonisatrice dans le discours de Bordeaux« quoique la propagande gaulliste, et de Gaulle lui-même aient pu affirmer par la suite (Communication au Colloque «de Gaulle et le RPF« tenu à Bordeaux, 13-15 novembre 1997).

que les faits marquants de l'ascension du RPF. Mais ni déclaration, ni tribune libre, ni manifestations commémoratives (18 juin, ralliement du 19 septembre 1940, départ des Volontaires du 5 mai 1941...) n'envisagent d'y donner une traduction locale.

A Tahiti, Robert Hervé (qui a été commandant du Bataillon du Pacifique) réagit immédiatement à l'appel au Rassemblement du Général. Il lui écrit qu'il souhaite créer un mouvement local. Mais en réalité, si sa fidélité à l'égard de de Gaulle ne fait aucun doute, il ne souhaite pas se mêler directement de politique et est très occupé par ses affaires. De plus, président de l'association des Français libres, il ne peut, statutairement, cumuler cette fonction avec la direction d'un parti politique. Surtout, les événements de 1947[21] dissuadent Robert Hervé de lancer le RPF comme il l'écrit à Jacques Foccart. Dans les années qui suivent, malgré les pressions qui s'exercent sur lui, y compris une lettre personnelle du Général dans laquelle celui-ci se fait insistant, Robert Hervé ne crée pas de comité RPF. Cependant, divers courriers montrent que la direction nationale cherche une implantation locale[22]. Un comité provisoire semble s'être constitué début 1948. Une mission de Pierre Paille révèle une situation plutôt difficile :

> « Toutes les activités économiques sont sous la dépendance étroite de l'Administration ce qui rend extrêmement désirable, pour beaucoup de posséder le pouvoir politique... Le milieu affairiste est très développé et je tiens autant que cela sera possible à écarter ces gens du futur Comité.... Cela cadre d'ailleurs avec vos instructions...[23] »

---

21 Dans le contexte particulièrement lourd des événements de Madagascar, avec une série de maladresses de l'Administration qui se croit menacée, une crise éclate, en juin 1947, lorsque le bateau Ville d'Amiens amène trois fonctionnaires métropolitains que les amis de Pouvanaa a Oopa et plusieurs anciens Volontaires estiment inutiles. L'état de siège est proclamé, les meneurs arrêtés. En novembre, la justice prononce un non-lieu.

22 Carton BR UF 93. On trouve par exemple la lettre de Chantal de Gaulle qui a été «marraine de guerre des Tahitiens du Bataillon du Pacifique». Elle signale que ces derniers auraient «tous un très grand désir d'adhérer au RPF» (lettre du 3 janvier 1948 au colonel A. Servais).

23 BR UF 93, 25 mai 1948.

Les échéances électorales, pourtant théoriquement lointaines (mais le député n'est pas en bonne santé), suscitent bien des ambitions. Plusieurs personnalités métropolitaines, ayant un rapport plus ou moins lointain avec les ÉFO, annoncent de possibles candidatures. Le sénateur Joseph Quesnot étant décédé subitement le 31 mars 1949, Jacques Soustelle intervient au nom du général de Gaulle pour convaincre le pasteur Charles Vernier (qui avait été élu à la première Constituante) de se présenter. Mais, ce dernier, « tout en suivant avec sympathie le développement du RPF » , décline l'offre. L'avocat parisien Weil Curiel, qui a cherché l'appui gaulliste, est battu par l'inspecteur des colonies Robert Lassalle-Séré, mais son comportement lui vaut la perte du soutien du RPF[24].

Les candidatures « extérieures » révèlent que, localement, le Rassemblement n'a pas pu s'implanter. Le témoignage de John Martin[25], ancien du Bataillon du Pacifique, est précieux. Comme beaucoup de ses compagnons d'armes, il lui a semblé naturel de continuer la lutte derrière le chef « que nous avions suivi aveuglément » en adhérant au RPF. Mais, très vite, il est déçu par l'arrivée « d'opportunistes de tous bords... plus soucieux de leur propre avenir que de celui de la Nation » . La candidature de Weil Curiel l'a choqué. L'avocat avait été présent à Tahiti pendant la guerre comme sous-lieutenant (« mais il ne semble pas qu'il prit part aux combats à un moment quelconque » souligne une note interne au RPF). Il cherche à se faire passer pour plus méritant que les anciens du Bataillon du Pacifique. Mais on trouve une attitude semblable, sur place, chez ceux qu'on appelle les « armons-nous et partez » [26]. D'autres Tahitiens qui se sont toujours considérés

---

24 Lettre de P. Anthonioz, 10 août 1949, BR UF 93.
André Weil Curiel avait rejoint de Gaulle dès le 19 juin 1940 et était allé en France le mois suivant pour «tenter de faire parvenir des renseignements politiques au général de Gaulle« (J.-L. Crémieux-Brilhac, op. cit., p. 77 et 234).
25 Né à Papeete en 1921, John Martin s'engage dans le Bataillon du Pacifique. Décoré de la Croix de guerre. Fonctionnaire territorial. Chef du cabinet civil du gouverneur, chargé des affaires tahitiennes. Traduit le discours du général de Gaulle en 1956.
26 Le cas le plus typique est celui de Robert Charron, conseiller privé du gouverneur, dont une note interne au RPF dresse un portrait au vitriol. Arrivé à Tahiti en 1939, cet homme a joué un rôle important, comme grand maître de «la loge locale«, président de la Ligue des droits de l'Homme. «Au moment du Ralliement, il a été assez actif, bien que restant dans la coulisse«. Comme il aurait «profité de la guerre pour s'enrichir«, il est très mal vu, en

comme gaullistes - qui ont d'ailleurs soutenu le parti gaulliste après 1958 - ont pensé que leur devoir était de se ranger derrière Pouvanaa a Oopa. Jacques-Denis Drollet, engagé dans les FNFL à l'âge de dix-sept ans, est de ceux-là. Pour des hommes comme lui, il est clair que leur attachement à la France n'est pas incompatible avec la reconnaissance des particularismes tahitiens. Ils estiment que les notables qui cherchent à promouvoir le RPF n'ont pas d'attaches profondes avec le peuple tahitien.

En 1949 et 1950, les dirigeants nationaux du RPF espèrent encore créer des sections en Océanie d'autant plus qu'ils disposent en la personne de Pierre Anthonioz[27], Résident de France aux Nouvelles-Hébrides, d'un observateur qualifié. De Gaulle reçoit notamment le président du conseil général de Nouvelle-Calédonie, Henri Bonneaud et lui dit que « le moment est venu de constituer fortement le RPF en Nouvelle-Calédonie ». En l'absence d'échéances électorales proches, le Général conseille de donner au mouvement « un caractère essentiellement patriotique et gaulliste, au-dessus des querelles d'intérêts et de personnes ». Mais nul ne sait à Nouméa qu'Henri Bonneaud a rencontré le Général, mais la presse locale n'en fait pas état. Comme à Tahiti, le milieu d'affaires ne veut pas trop s'impliquer. S'il le faisait cela contribuerait-il à donner une image acceptable du gaullisme ?[28].

La difficulté, pour le RPF, c'est de trouver sur place quelqu'un de « convenable ». A Tahiti, par exemple, une élection législative a lieu en octobre 1949. Pour s'opposer efficacement à Pouvanaa a Oopa, il

---

particulier par les Volontaires qui, à leur retour, supportent mal le titre de président des Français libres dont il se targue. Quand il reçoit «la Légion d'honneur accompagnée de la croix de guerre avec palme, donc à titre militaire... l'indignation dans le pays a été à son comble« (BR UF 94, non daté). Une fille de Robert Charron a épousé Jacques Lafleur.
27 Pierre Anthonioz (1913-1996) a été chargé de l'outre-mer au RPF de 1947 à 1949. Il est envoyé aux Nouvelles-Hébrides comme commissaire-résident et y reste jusqu'en 1958. Quand il quitte la France, de Gaulle lui adresse un message chaleureux, lui rappelle que ce territoire se rallia à lui le premier. Il charge Pierre Anthonioz de dire «à tous nos amis... que je continue à compter sur eux«. Lettres, notes et carnets, mai 1945-juin 1951, Paris, Plon, 1984, p. 386.
Voir l'œuvre de Pierre Anthonioz aux Nouvelles-Hébrides dans la notice nécrologique qui lui a été consacrée par l'ethnologue Jean Guiart, Journal de la Société des Océanistes, Paris, n° 103, 1996-2, p. 311 à 314.
28 Jacques Soustelle, dans sa note à P. Anthonioz, se montre prudent : H. Bonneaud pourrait prendre la direction du mouvement... «ou tout au moins y contribuer fortement«.

faut un candidat réunissant ces deux « qualités » : être un gaulliste authentique et être « un tahitien de sang » comme le demande un Tahitien dans un courrier au RPF. Personne n'ayant répondu à ces critères, les gaullistes soutiennent le pasteur Vernier dont pourtant « la couleur de la peau » ne convient pas. Pouvanaa a Oopa l'emporte largement et, à peine élu, fonde un parti : le Rassemblement démocratique des populations tahitiennes (RDPT), dont les revendications ont une tonalité séparatiste[29].

Pour lutter contre une dérive nationaliste dans les ÉFO, les partisans de la présence française, la plupart gaullistes depuis 1940, s'organisent et se rattachent à l'UDSR au milieu de l'année 1950. Des gaullistes à l'UDSR en 1950, ce n'est pas qu'à Tahiti qu'on trouve cette situation[30]. Le RPF peut facilement critiquer ce parti local regroupant « des petits capitalistes, quelques ambitieux et quelques inquiets... »[31].

Les élections législatives de 1951, révélatrices des difficultés des gaullistes

En avril 1950, Jacques Foccart contacte Tony Bambridge, riche homme d'affaires de Papeete qu'il connaît bien, « pour constituer ou plutôt pour reconstituer le RPF ». Mais celui-ci soutient l'UDSR tout en voulant créer un vaste mouvement gaulliste dont Robert Hervé prendrait la tête. Devant le refus de ce dernier, Jacques Foccart compte sur Jean Anet d'Astier de la Vigerie, venu à Tahiti

---

29 Le RDPT a été créé avec l'aide du conseiller communiste de l'Union française Georges Lachenal sur le modèle du RDA (parti africain un moment lié au parti communiste). Mais malgré ce qu'ont pu dire ses adversaires de l'époque, le RDPT n'a jamais été un parti lié de près ou de loin au Parti communiste français. Voir notre ouvrage Te Metua.
30 D'après Éric Duhamel, en Afrique, de nombreux élus, parfois des fédérations passent de l'UDSR au RPF entre 1947 et 1949. En Océanie, l'organisation des opposants au nationalisme ne commence vraiment qu'en fin 1949. Ces opposants se répartissent entre les deux formations selon des critères que nous tenterons d'établir plus loin.
Notons encore que les fondateurs de l'UDSR en 1950 - en particulier, Alfred Poroi, maire de Papeete - ont d'abord cherché un appui du MRP (parti d'inspiration chrétienne et sociale). Le caractère trop catholique de ce mouvement étant un handicap sur ces terres protestantes, cela n'a pas eu de suite.
31 Lettre de Jean Anet d'Astier de la Vigerie au général de Bénouville, 21 mars 1951, BR UF 93.

pour diriger le service de l'Information, confiance mal placée semblent insinuer divers courriers. Tony Bambridge est à nouveau sollicité par de Gaulle lui-même[32] pour qu'il se présente aux législatives. Mais il explique au responsable RPF pour l'Union française que les conditions ne sont pas réunies et qu'il vaut mieux éviter de compromettre les chances d'une future organisation qu'il est en train de mettre sur pied (il envoie à Jacques Foccart une liste de 12 membres d'un comité provisoire du RPF dirigé par Walter Grand, seul non fonctionnaire). Jacques Foccart se rallie à ce point de vue et estime qu'il est inutile que le RPF ait un candidat pour les législatives de 1951.

Le RPF (national et local) soutient sans conviction la candidature de l'avocat UDSR Maître Hoppenstedt qui utilise de curieux arguments électoraux. Prétendant que le communisme menace Tahiti, l'avocat estime que le meilleur moyen de lutter contre ce mal serait de supporter ceux qui ont la capacité de le combattre, à savoir les capitalistes[33]. Le député sortant, Pouvanaa a Oopa, avec son programme très nationaliste, l'emporte largement avec 70% des voix malgré les obstacles que l'Administration dresse contre lui.

Après les élections, le RPF local semble recruter (300 membres si l'on en croit les notes internes), mais les rivalités de personnes doublées du traditionnel conflit entre Tahitiens et métropolitains établis sur le Territoire l'affaiblissent[34]. Jacques Foccart croit alors utile d'envoyer quelqu'un sur place en 1952, pour mettre de l'ordre, non seulement dans les ÉFO, mais aussi en Nouvelle-Calédonie. Il choisit Georges Oudard, président du groupe RPF à l'Assemblée de l'Union française.

En Nouvelle-Calédonie après des tentatives infructueuses[35] pour trouver un candidat RPF pour l'élection de 1951, de Gaulle envoie

---

32 Lettre de Charles de Gaulle, 20 avril 1951. Le Général s'est entretenu auparavant de la situation en Océanie avec Roger Frey, originaire de Nouvelle-Calédonie. BR UF 93.

33 Te Aratai (bulletin du R.D.P.T.), n°48, 11 août 1951.

34 La rivalité entre Walter Grand et Robert Hervé en est un exemple (lettre de W. Grand à J. Foccart du 1er décembre 1951, BR UF 93).

35 Le 22 février 1949, J. Soustelle sollicite Freddy Fourcade, ancien directeur du cabinet civil de Thierry d'Argenlieu et directeur du quotidien calédonien La France Australe. Cette

Paul Métadier, responsable RPF du seizième arrondissement de Paris, né à Nouméa en 1899 et marié à une Calédonienne. C'est l'un des dirigeants des laboratoires pharmaceutiques qui portent son nom. Il a apparemment des atouts non négligeables. Sur un disque, de Gaulle appelle les Calédoniens à voter pour lui. Le candidat a des qualités personnelles qui ont plu en Calédonie, des qualités d'orateur aussi[36]. Il peut théoriquement compter, comme le lui a confié le Général, sur « des bons amis sûrs et dévoués... encore une fois, ils répondront à mon appel ». Il peut aussi se prévaloir des bons résultats obtenus par le RPF aux élections en métropole qui se déroulent deux semaines avant celles de Nouvelle-Calédonie, et flatter les électeurs : « les ralliés de la première heure se doivent d'avoir un délégué RPF »[37]. Il oppose à ses adversaires, qui insistent sur le caractère calédonien de leur candidature, des slogans nationaux qui pourraient rencontrer un écho favorable chez les électeurs d'origine européenne. Ses appels dans la presse se terminent par ces phrases : « faites confiance au RPF. à son chef, un grand Français, le plus clairvoyant de tous. Votez Français, votez RPF ». Mais il n'arrive à Nouméa que deux semaines avant l'élection, même si ce délai a suffi pour qu'il ouvre une permanence au centre ville et organise des commissions d'études sur les problèmes calédoniens. Il se heurte surtout à plusieurs handicaps. Son parachutage est mal vu des Calédoniens qui ne comprennent pas pourquoi il vient concurrencer le député sortant, Gervolino, soutenu par plusieurs personnalités qui ont réussi le Ralliement de 1940. Il est perçu comme un diviseur. Il arrive au moment le plus défavorable politiquement car la conjoncture porte en avant un candidat de dernière heure, Maurice Lenormand[38].

---

initiative ne semble avoir reçu aucun écho (BR UF91). F. Fourcade, de son vrai nom Houques dit Fourcade, avait épousé une tahitienne, Frida Martin. Venu s'établir à Tahiti vers 1956, il fonde l'entreprise La Brasserie de Tahiti. Son fils, Jean-Pierre Fourcade, est un homme d'affaires bien connu à Papeete.

36 Rapport de Georges Oudard, du 3 février 1952, BR UF91. J.-L. Crémieux-Brilhac (op. cit., p. 77), dans un passage consacré «aux visiteurs du 19 juin« [1940], note que «le capitaine Métadier, directeur d'une grande firme pharmaceutique attaché à une des missions françaises en Angleterre, procura au Général, un crédit de cent mille livres pour faire face aux premières dépenses«.

37 D'après Georges Baudoux, La France Australe, 27 et 28 juin 1951.

38 Maurice Lenormand, né en 1913 à Mâcon. Service militaire en Nouvelle-Calédonie, puis travaille comme chimiste dans le nickel. Participe à la campagne de 1940. Fin 1940, rentre à

La loi du 23 mai 1951 qui élargit le corps électoral mélanésien surprend les élites européennes (elle a été votée au parlement, en l'absence des élus du Territoire). Le gouverneur Cournarie[39], en conflit avec le président du conseil général, donne une interprétation très large de la loi et fait inscrire près de 9 000 Mélanésiens qui constituent désormais 45% du corps électoral. Les missions catholique et protestante suscitent alors la candidature de Maurice Lenormand, marié à une mélanésienne et qui accepte de prendre à son compte les revendications du milieu autochtone. Aux Nouvelles-Hébrides, où les citoyens français votent avec les Calédoniens, il a le soutien de Pierre Anthonioz[40]. Le président du conseil général ne veut plus soutenir le député sortant et pratique un jeu trouble qui favorise Maurice Lenormand. Enfin, Paul Métadier ne trouve pas sur place le soutien espéré comme le laisse entendre Georges Baudoux qui tente néanmoins de provoquer un élan en faveur du RPF[41].

Paris faire des études de pharmacie. Rencontre Charles Maurras dont il est un admirateur. S'installe pharmacien à Nouméa en 1946. Appuyé par les missions protestante et catholique, il est élu député en 1951. Fonde un parti, l'Union calédonienne, dont le slogan est «deux couleurs, un seul peuple». Réélu député en 1956 et 1959. En application de la loi-cadre, devient vice-président du conseil de gouvernement. Résiste difficilement aux oppositions conjuguées des Européens de Nouvelle-Calédonie, des gouverneurs et du gouvernement français. En 1962, divers attentats aboutissent à sa condamnation pour «omission volontaire d'empêcher la commission d'un crime». Il est déchu de son mandat de député. Son parti finit par prôner l'indépendance en 1975. L'Union Calédonienne existe toujours au sein du FLNKS où elle est majoritaire. Maurice Lenormand a encore été un éphémère vice-président du conseil de gouvernement entre novembre 1978 et mars 1979. A côté de ses activités politiques et professionnelles, s'intéresse à la culture mélanésienne et rédige de nombreux ouvrages. À 85 ans, il soutient une thèse de doctorat en linguistique.

39 Le gouverneur ne souhaitait visiblement pas la candidature de Métadier. Il craignait même que l'ouverture d'une permanence puisse donner lieu à des incidents (rapport de Métadier à J. Foccart déjà cité). Notons que Pierre Cournarie avait remplacé Leclerc comme gouverneur du Cameroun fin 1940 et avait été nommé gouverneur général d'Afrique occidentale à l'été 1943. Il est l'un des fondateurs du RPF en Dordogne (Lachaise B., *Le gaullisme dans le Sud-Ouest au temps du RPF*, Talence, Fédération historique du S-O, 1997, 768 p.)

40 Anthonioz a été le condisciple de Maurice Lenormand au collège catholique de Mâcon. Voir la sympathie qu'il porte à ce dernier : lettre à Jacques Foccart, 6 juillet 1951, BR UF 93.

41 Dans *La France Australe* (28 juin 1951), Georges Baudoux écrit : «quand l'envoyé du Général arrive dans notre colonie, ce fut une amère déception... Ce fut seul, sans aucun appui efficace qu'il dut commencer son travail». Parmi les raisons qui expliquent le peu d'enthousiasme des gaullistes locaux, on avance souvent en Nouvelle-Calédonie l'argument suivant : le maire de Nouméa, Henri Sautot, en publiant son livre a causé un tort

Dans ce scrutin à un seul tour (particularité des TOM où il n'y a qu'un siège) et avec quatre candidats, Maurice Lenormand est élu à la majorité relative (36% des voix). La candidature de Paul Métadier (2 252 voix et 17% des suffrages) a surtout contribué à faire battre le député sortant, constatation qui ne peut que contrarier une implantation future et durable du RPF. Ce parti apparaît comme une immixtion des jeux politiques métropolitains en Nouvelle-Calédonie. De plus, les soutiens de Métadier semblent se compter parmi les Calédoniens qui avaient plutôt soutenus Thierry d'Argenlieu en 1942.

Ces élections de 1951 ne permettent pas au gaullisme politique de se constituer solidement, même si Jacques Foccart peut croire qu'il est sur le point de le faire comme il l'affirme dans sa correspondance.

Paul Métadier semble, dans un premier temps, vouloir bâtir un mouvement : diffusion d'un bulletin, campagne d'adhésions et campagne en faveur de l'envoi au Général de la « carte électorale » (vendue 20 francs CFP). Mais « les résultats obtenus ont été provisoirement annulés » car Paul Métadier quitte brutalement la Calédonie laissant ses amis politiques désemparés[42].

Georges Oudard -arrivé à Nouméa début 1952- tente de liquider les séquelles du passage de Métadier, s'appuie sur Georges Baudoux, parcourt la brousse et crée un conseil territorial RPF. Il estime que – grâce à lui - « l'organisation est mieux assise qu'elle ne l'a jamais été » . Pour réussir à progresser aux élections au conseil général (toujours retardées jusqu'en février 1953), il conseille de ne pas s'opposer directement à Henri Bonneaud dont la position est toujours solide grâce à l'emprise de la maison Ballande sur le pays. Il préconise une tactique : présenter des listes RPF et profiter du discrédit de colistiers d'Henri Bonneaud pour que le panachage joue en faveur des candidats RPF. En réalité, il semble bien, qu'au

---

considérable au mouvement gaulliste. C'est aussi ce que laisse entendre le rapport de Paul Métadier (BR UF 92) qui regrette que le gouverneur n'ait pas interdit la diffusion du livre.

42 Selon le même rapport, Paul Métadier («léger, menteur, peu scrupuleux, voire indélicat«) aurait commis plusieurs fautes graves et ne serait venu à Nouméa que pour tenter d'y développer ses propres affaires, la location de la permanence n'ayant été faite qu'en vue de s'y installer professionnellement.

cours de l'année 1952, le RPF n'ait réussi ni à se développer ni même à se stabiliser.

Les élections aux assemblées locales de 1953

Le statut des assemblées locales, établi par des décrets en 1945 et 1946, devait, constitutionnellement, faire l'objet d'une loi. En 1952, les forces politiques se déchirent à ce sujet, dans les ÉFO pour trouver le moyen de contenir le succès du RDPT, en Nouvelle-Calédonie pour tenter de minimiser le poids électoral des Mélanésiens[43]. La venue d'une mission parlementaire dirigée par Max Brusset, député RPF, obtenant des compromis et ramenant le calme, donne aux militants du parti gaulliste l'espoir de tirer profit de ce succès[44].

C'est du moins ce qu'en pensent trois membres du RPF calédonien qui se présentent sous cette étiquette sur les listes d'Union (c'est-à-dire pour soutenir Henri Bonneaud) et en particulier Andrée Collard, professeur de philosophie, qui avait participé au Ralliement et servi Thierry d'Argenlieu[45]. Mais leur candidature révèle les ambiguïtés du mouvement gaulliste en Nouvelle-Calédonie. Un argument peu crédible est avancé : « Le RPF n'a pas voulu constituer une liste purement RPF, d'autant que le mot d'ordre formel du groupement est d'éviter toute querelle partisane, en se situant au dehors et au-dessus des partis » (*La France Australe*,

---

43 Nombreux débats dans la presse à ce sujet. Les Calédoniens d'origine européenne ont peur du poids électoral des Mélanésiens. «Jamais nous ne pourrons admettre que nos protégés puissent devenir, par la loi du nombre, nos dirigeants« écrit Paul Bloch, président de la chambre d'agriculture (La France Australe, 30 juillet 1952). L'éditorialiste du quotidien écrit de son côté :
«La Nouvelle-Calédonie d'aujourd'hui a été fondée par les Européens ; elle est entièrement leur œuvre... elle est devenue leur seconde patrie et une patrie à laquelle ils ont tout donné... S'il est souhaitable d'associer plus étroitement à cette oeuvre l'élément autochtone, il faut le faire raisonnablement« (17 septembre 1952).
44 Regnault J.-M., «Les crises de l'année 1952 dans les E.F.O.«, RHFOM, n° 305, 1994, p. 455 à 475.
45 Andrée Collard est née en 1914 de parents installés en Nouvelle-Calédonie. Elle prend part au Ralliement et à la défense du Territoire pendant la guerre. Elle se met au service de Thierry d'Argenlieu. Voir sa notice biographique dans O'Reilly P., Calédoniens, Société des Océanistes, Paris, 1980, p. 84.

24 janvier 1953). Faute de pouvoir constituer des listes homogènes, le RPF a contacté Maurice Lenormand et Henri Bonnneaud. Le premier ayant refusé qu'il y ait sur ses listes des candidats avec l'étiquette gaulliste, c'est avec le second qu'un accord a été conclu. Les résultats des élections sont eux, sans ambiguïté, le panachage ayant joué nettement en défaveur des candidats RPF. A Nouméa, alors qu'Henri Bonneaud est élu avec plus de 2 200 voix, Andrée Collard n'en recueille que 1 372 et n'est pas élue. Dans la deuxième circonscription où la liste d'Union est battue, les deux candidats RPF sont ceux qui recueillent le moins de voix. Il est clair que, dans l'esprit des Calédoniens, le RPF est lié aux souvenirs de 1941-42 et aux conflits avec Thierry d'Argenlieu. Quant aux instances nationales du RPF, comment ont-elles jugé l'accord réalisé entre les candidats RPF locaux et Henri Bonneaud ? Dans un dossier ultérieur, préparant le voyage du général de Gaulle de 1956, il est plusieurs fois noté qu'Henri Bonneaud représente « les intérêts des possédants » ou qu'il est « très axé sur la défense des intérêts capitalistes ». La situation nationale du RPF, après la décision de de Gaulle du 6 mai 1953 (voir en introduction), n'arrange rien localement comme le confirme une lettre de Georges Baudoux : « Le RPF est au point mort... Les compagnons existent toujours, [mais] ils sont tous en léthargie ».

Dans les ÉFO, le RPF tente aussi de préparer les futures élections territoriales de 1953 pour s'opposer à la puissance de Pouvanaa et du RDPT. Mais Georges Oudard a fort à faire car il trouve un mouvement en piteux état, avec un comité qu'il estime composé en « trompe-l'œil ». Un seul membre, Walter Grand, ancien Volontaire, semble avoir une audience dans le territoire. Mais « son instruction n'est pas aussi brillante que ses qualités physiques ou morales... »[46]. Néanmoins, Georges Oudard et Walter Grand redonnent vie au RPF - qui a un local au centre de Papeete - en constituant une petite équipe active. Trois handicaps de taille se dressent sur leur route : l'hostilité de l'évêque (qui voyait toujours en Pétain le seul rempart contre « francs-maçons, communistes et protestants »), celle du président des missions protestantes (il nous

---

46 Rapport de Georges Oudard, 25 juin 1952, BR UF 91.

est « on ne peut plus hostile » écrit Georges Oudard) et enfin le discrédit total de l'Administration auprès des électeurs (et il est difficile dans l'esprit des habitants de distinguer la France de l'Administration). En ce sens l'appui du gouverneur Petitbon (il correspond avec Jacques Foccart) n'est pas de nature à favoriser le RPF et Georges Oudard tente de faire en sorte de le laisser dans l'ombre.

Georges Oudard pense pouvoir s'appuyer sur « le prestige du nom du général de Gaulle demeuré très populaire dans le pays » . Après avoir analysé ce qu'il croit être la psychologie des habitants, il imagine une tactique :

> « Pareil à tous les primitifs, le Polynésien est sensible surtout à l'image. C'est à substituer dans son cerveau à l'image Pouvanaa oblitérée RDPT, l'image de de Gaulle oblitérée RPF et qui habite déjà depuis longtemps le cœur d'un grand nombre, que nous devons tendre par la propagande individuelle étendue à tout le territoire. »

Mais la tâche de Georges Oudard a été plus difficile qu'il ne le pensait. Des dysfonctionnements du parti local amènent le Général à faire dissoudre les structures existantes pour créer « un véritable Conseil territorial » en une équipe restreinte mais efficace[47]. Quelques succès (appui financier de Tony Bambridge, conférence de Max Brusset) ne doivent pas faire illusion et Foccart met en garde : « en ce qui concerne les élections prochaines, j'ai l'impression que vous montrez trop d'optimisme... vous sous-estimez beaucoup nos adversaires ». Les élections à ce qu'on appelle désormais l'assemblée territoriale ont lieu le 18 janvier 1953. Dans la circonscription de Papeete, deux membres du RPF, Walter Grand et Frank Richmond, s'unissent avec l'UDSR. Leur liste est élue face à celle qui est conduite par Pouvanaa a Oopa. Mais les candidats RPF présentés dans quatorze autres circonscriptions ne recueillent que des scores

---

47 Lettre de Georges Oudard à Walter Grand, 31 juillet 1952, BR UF 93. Jacques Foccart précise dans une lettre du 4 août 1952 que le comité devra comporter une trentaine de membres avec le respect des équilibres géographiques, professionnels et sociaux.

très faibles à l'exception de Francis Sanford à Bora Bora[48]. Si le RPF se réjouit de l'échec de Pouvanaa à Papeete, le parti de ce dernier est très largement majoritaire (18 sièges sur 25). Aux élections municipales de Papeete, le 26 avril 1953, une douzaine de candidats sur 27 élus se réclament du RPF, sans grande conviction pour certains d'entre eux, semble-t-il. Dans les mois qui suivent, le désarroi s'empare des responsables locaux du RPF. Walter Grand ne comprend pas ce qui se passe en métropole et demande des explications à Jacques Foccart qui, en réponse, souhaite avec le Général que les amis tahitiens étendent et développent le Mouvement. Mais le délégué national, Jacques Bouttin, entre en conflit avec Walter Grand[49]. Ce dernier qui, fin 1953, qualifiait « Pouvanaa et ses acolytes d'imbéciles en matières politiques », se rapproche pourtant du RDPT avec lequel il conclut une alliance en juin 1955 en prenant soin de signaler qu'il n'agit pas en tant que RPF mais en tant que Républicain social[50]. Du coup, l'opposition au RDPT est incarnée par l'UDSR qui mène une bruyante campagne d'adhésions et affirme - non sans raison comme le prouvent les résultats des élections législatives du 29 janvier 1956 - que « le RPF à Tahiti ne représente qu'une infime minorité»[51].

---

48 Il recueille 49, 13% des voix. Francis Sanford (1912-1996), qu'on trouve en 1953 sous l'étiquette RPF, puis qui fait route avec les gaullistes jusqu'à son élection à la députation en 1967, devient peu après un adversaire passionné de la présence du centre d'essais nucléaires voire de la présence française elle-même.

49 Sur le rôle de délégué national, voir Purtschet C., *Le Rassemblement du Peuple français*, 1947/1953, Paris 1965, Éditions Cujas, p. 74.
Le capitaine Bouttin, connu aussi sous le nom de Jacques Provence, est délégué du RPF à Tahiti de 1951 à 1955. Les motifs d'opposition avec Walter Grand sont d'ordre personnel (pour ne pas dire sordide), mais révélateurs de ce qu'on supporte mal, outre-mer, l'intrusion d'un métropolitain dans les affaires locales.

50 Bulletin Te Ara O Oteania, n° 29, 15 octobre 1955 (Archives territoriales de Polynésie française). Jacques Foccart était présent à Tahiti lors de l'accord. Sa correspondance ultérieure semble indiquer qu'il adopte une attitude de neutralité entre les différents courants du gaullisme tahitien (ex. lettres à Maadi Gobrait, BR UF 94).
Les Républicains Sociaux sont une organisation politique qui regroupe les gaullistes (ou du moins un certain nombre d'entre eux), en 1954, sous la direction de Jacques Chaban-Delmas, dans une grande indépendance vis-à-vis du général de Gaulle.

51 Lettre de Tony Bambridge à Jacques Foccart, 26 novembre 1955, BR UF 94. Le 29 janvier 1956, Walter Grand ne recueille que 823 voix, soit 3, 89% des suffrages exprimés alors que le candidat de l'UDSR en obtient près de 38%. Pouvanaa a Oopa est facilement réélu. Notons toutefois que les étiquettes RPF et UDSR n'ont pas été utilisées par les candidats.

Quelques explications pour comprendre l'échec

L'échec relatif de l'implantation du RPF dans les ÉFO, et quasi complet en Nouvelle-Calédonie trouve sa source dans les soubresauts de la guerre dans le Pacifique et dans les caractères originaux que présentent ces territoires par rapport à la Métropole mais aussi par rapport aux autres territoires d'outre-mer.

Les conséquences de la guerre dans le Pacifique

Il faut s'interroger sur la réalité du Ralliement de 1940. S'il ne fait aucun doute que nombreux furent ceux qui se reconnurent dans le combat gaulliste, de nombreuses précautions doivent être prises. L'exemple de Wallis et Futuna sert à cet égard de contrepoint. Le maintien de l'archipel dans le camp de Vichy avait provoqué l'isolement le plus complet jusqu'en 1942. Des îles avec une population beaucoup plus importante et un plus grand degré de développement l'auraient-elles supporté ? Continuer la guerre avec les alliés de l'empire britannique était nécessaire. De nombreux documents d'archives au Ministère des Affaires étrangères (MAE) nous montrent que la situation économique a été déterminante dans le choix du camp des Alliés, comme nous l'avons montré dans les chapitres précédents. Il ressort très clairement des dossiers qui évoquent ces problèmes que les responsables politiques et économiques n'avaient pas d'autre choix que de se rallier à la France libre et aux Anglo-Saxons.

Un second élément a été un facteur décisif. Le sentiment d'autonomie largement répandu faisait que, dans la mesure où l'Administration paraissait pro-vichyste, la population devait basculer de l'autre côté. Plus profondément, prévalait le sentiment que le moment était venu d'obtenir un statut nouveau. On trouve trace de ce désir et de cette opportunité dans un « plan pour obtenir l'adhésion de Tahiti à la cause des Forces françaises libres ». Après avoir rappelé la fidélité de la colonie envers la France, ce document affirme :

« Les Tahitiens (ainsi compris les Indigènes, les Blancs propriétaires et commerçants de l'île et les métis appelés Demi-Tahitiens résultant des unions entre Blancs et Tahitiennes) ont toujours désiré avoir un gouvernement autonome sous la protection de la France.

Le moment semble donc propice pour leur proposer de choisir leur gouvernement et de le faire reconnaître par le général de Gaulle...

De cette façon, Tahiti devrait au général de Gaulle la réalisation d'un rêve qui lui est cher et les actes du gouvernement autonome auraient force légale comme ceux de la Municipalité de Papeete qui a son budget et son autonomie[52]. »

En Nouvelle-Calédonie, nous avons déjà souligné que cet attrait pour l'autonomie avait joué. Des membres de l'élite locale - comme Michel Vergès dans son « Manifeste à la population » du 24 juin 1940 - avaient d'abord cru qu'il serait possible de continuer la guerre et d'obtenir du gouvernement Pétain, un statut spécial. La réalité s'imposa vite que cette position était absurde et fin août-début septembre 1940, les promoteurs du Manifeste cherchèrent à arracher à de Gaulle ce que Pétain ne pouvait leur donner. Ils ne virent rien venir finalement, mais le débat sur le statut ne cessa de rebondir pendant toute la guerre et même après, empêchant d'ailleurs une implantation du RPF.

Les déclarations parfois tonitruantes contre Vichy doivent être regardées dans le contexte océanien. La surenchère gaulliste de Pouvanaa a Oopa était une sorte de fuite en avant en vue d'obtenir de la France libre la reconnaissance d'un statut d'autonomie. On peut considérer qu'il en était de même en Nouvelle-Calédonie. La lutte contre les vichystes - Pouvanaa réclama des mesures sévères contre eux - ne doit pas faire oublier que de notoires partisans de

---

52 MAE, GU 39-45, vol 152, p. 14. Ce document assez exceptionnel, puisqu'il pose une revendication qui devient un leit-motiv quelques années après, n'est pas daté (mais vraisemblablement établi début septembre 1940) et n'est pas signé. Il est cependant rédigé avec en-tête de l'aéro-club de Tahiti et donne la liste des notables susceptibles de l'approuver. On remarquera que la revendication d'autonomie - à cette époque - procède des élites et qu'elle deviendra dès 1941 et surtout après guerre celle des éléments populaires derrière Pouvanaa a Oopa.

Pétain furent vite réintégrés dans la vie politique après guerre (Pouvanaa fut entouré du docteur Florisson et de Noël Ilari[53]).

Une analyse assez pertinente se trouve dans un dossier que Thierry d'Argenlieu communiqua au général de Gaulle afin qu'il préparât son voyage de 1956 en Océanie. Il s'agit d'un courrier adressé au président de l'Association des Français libres par Maître Michel Vergès, notaire à Nouméa[54]. Pour lui, le gaullisme a éclaté « en trois tronçons » :
- ceux qui n'ont écouté que leur devoir et se sont enrôlés pour la guerre (parmi ceux-là, aucune Croix de guerre ou de la Résistance),
- ceux qui ont considéré, avec un peu plus de réflexion, qu'il fallait rester sur place pour défendre « ce qui était à maintenir et à sauver ». Ceux-là étaient prêts à se battre contre les Japonais. Ils ne voulaient pas qu'en leur absence soient bradées les valeurs nationales. Ce sont eux qui ont généralement soutenu Thierry d'Argenlieu en 1942 (et ajouterons-nous, sans doute voté RPF en 1953),
- ceux qui ont constitué « l'équipe gaulliste officielle locale » qui défendait avant tout le slogan « la Calédonie aux Calédoniens ». On les a retrouvés dans la Milice Civique, soutenant Sautot, mais prêts à s'entendre aussi bien avec les Américains qu'avec les Japonais (Michel Vergès nuance toutefois en distinguant les chefs et les miliciens de base).

En tenant compte des aigreurs d'un homme qui a été écarté de la vie politique, il n'en demeure pas moins que cette analyse est une bonne grille de lecture pour comprendre la vie politique d'après guerre aussi bien en Nouvelle-Calédonie que dans les ÉFO.

Il faut aussi comprendre que l'attachement à la France libre n'est pas de même nature que l'attachement à la France tout court. Même les habitants des territoires français d'Océanie attachés à la France ont un réflexe autonomiste. Dès lors qu'il apparaît que de Gaulle

---

53 Le premier a été exilé dans l'île de Maupiti (au large de Bora Bora). Le second a servi le régime de Pétain en métropole.
54 Michel Vergès est un ancien combattant de la Première Guerre mondiale, promoteur du Ralliement de 1940, décoré de la Médaille Militaire et Croix de la Libération. Personnalité fort controversée en Nouvelle-Calédonie. Fondation Charles de Gaulle, AD 3 C - Voyages, lettre du 15 mars 1956, transmise par Thierry d'Argenlieu à de Gaulle le 26 avril 1956.

veut mettre en veilleuse ce réflexe - état de guerre oblige- en Nouvelle-Calédonie, il provoque le phénomène de rejet que l'on sait. Si ce rejet est moins fort dans les ÉFO, c'est parce que la participation à la vie politique est quasi inexistante jusqu'en 1940. Plus tard, les paroles de de Gaulle (discours de Bordeaux de mai 1947) ne peuvent qu'inquiéter lorsqu'il réclame un « État fort ». Pour lui, c'est la condition nécessaire à ce que dans les territoires d'outre-mer l'autorité de la France s'exerce pleinement pour assurer « l'impartialité, la continuité, l'autorité ». Ces propos occultent certainement les phrases précédentes du discours sur le statut qu'il faudrait adapter à chaque territoire pour que ses ressortissants puissent « délibérer localement des affaires intérieures ». Ce n'est que lorsqu'une majorité locale présente un « danger », qu'une minorité cherche le salut dans une recentralisation, voire dans le gaullisme. Ce danger, dans les ÉFO, c'est la tendance séparatiste que représente Pouvanaa a Oopa. Du coup, le RPF a des chances d'exister à partir de 1951. En Nouvelle-Calédonie, le danger, c'est l'Union Calédonienne de Maurice Lenormand qui accorde - aux yeux de certains - trop de place aux Mélanésiens. Ce n'est qu'après 1956, quand le danger se précise et que les séquelles de l'épisode Thierry d'Argenlieu s'atténuent, que le gaullisme politique émerge enfin.

Les particularismes océaniens

Étudier la vie politique des TOM du Pacifique nécessite une approche anthropologique.

Même en Nouvelle-Calédonie, la vie politique est limitée. « Il n'est pas d'usage, écrit le gouverneur en 1947, de se réclamer d'un parti politique lors d'une élection, d'où la difficulté de trouver une nuance politique à chacun des candidats ». L'élite politique se limite à quelques personnalités, les luttes de clans l'emportant sur la lutte des classes. Dans les ÉFO, par exemple, la rivalité entre l'UDSR et le RPF s'explique parce que ceux qui n'ont pas participé à la guerre (Alfred Poroi, Maître Hoppenstedt...) n'ont aucune chance de détenir la direction d'un mouvement RPF. Ils agissent donc dans le cadre d'une autre organisation. De la même façon, il a existé une association des Français libres, dirigée par Robert Hervé et une Ligue de la France libre présidée par Robert Charron. De Gaulle a du intervenir pour faire cesser cette division entre combattants et non combattants.

Dans ces territoires repliés sur eux-mêmes, où les nouvelles - ou les nouveautés - arrivent avec retard, les intérêts locaux passent toujours avant les intérêts nationaux. L'importance des missions chrétiennes crée également un état d'esprit particulier qui n'est pas celui qui caractérise un pays laïque marqué par la culture de la liberté et de l'égalité. Le conservatisme l'emporte habituellement sur le progressisme. Un RPF océanien risquait fort de le confirmer. Mais Jacques Foccart n'a-t-il pas confessé que, généralement, le RPF outre-mer avait présenté une « tendance très réactionnaire » [55] ? Cela amène d'ailleurs à une autre réflexion sur ce mouvement : le RPF était-il décolonisateur ?

Une légende tenace veut que de Gaulle, dès le discours de Brazzaville de janvier 1944, et le RPF auraient déjà envisagé la décolonisation.
Or, il faut absolument refuser une lecture de textes des années 1944 à 1950 en pensant à ce que l'on sait de de Gaulle après 1960.
À Brazzaville, de Gaulle et ceux qui participaient à la Conférence ont écarté toute idée d'autonomie immédiate pour les colonies et en particulier tout système de *self-government* tel qu'il était pratiqué par les Anglo-Saxons, même si le principe d'une décentralisation administrative a été souhaité. De Gaulle a évoqué la possibilité que les habitants des territoires d'outre-mer puissent « un jour » être « associés » à la gestion des affaires locales, en ne dissimulant pas « la longueur des étapes » . Mais, « toute possibilité d'évolution hors du bloc français de l'Empire » a été rejetée et il s'est agi de faire en sorte que « chacun de nos territoires s'intègre dans la communauté française » (avec toutefois une concession qui, en fait, n'en est pas une puisque dans la pratique elle est déjà réalisée : chacun s'intégrera avec « sa personnalité, ses intérêts, ses aspirations et son avenir »).

---

55 Foccart parle, op. cit., p. 110.

Pour de Gaulle, après-guerre, ce qu'on appelle l'Union française (expression qui remplace l'Empire colonial français depuis la Constitution de 1946) est nécessaire à la grandeur de la France. Il le répète encore dans son discours de Bordeaux du 15 mai 1947 : « pour nous, dans le monde tel qu'il est et tel qu'il va, perdre l'Union française, ce serait un abaissement qui pourrait nous coûter jusqu'à notre indépendance. La garder et la faire vivre, c'est rester grands et, par conséquent, rester libres » .

Quant au RPF lui-même, il défend des positions très conservatrices en matière électorale qui sont la preuve d'une volonté d'empêcher l'émancipation des peuples d'outre-mer. Le débat sur les collèges électoraux est limpide à ce sujet. Il s'agit de savoir si outre-mer on aura partout un collège unique dans lequel voteront tous les citoyens, quelle que soit leur origine ethnique (comme cela se passe d'ailleurs à Tahiti), en appliquant le principe de l'égalité totale, ou si l'on fera voter dans deux collèges séparés, d'un côté les « Blancs » (quelques milliers de personnes éliront des représentants qui seront plus nombreux que les représentants des populations autochtones), de l'autre côté les « indigènes » (très nombreux, mais sous-représentés).

Dans la *Lettre à l'Union française* - bulletin que Jacques Foccart envoie chaque semaine à ses correspondants outre-mer - un article de René Malbrant, député de l'Oubangui et du Tchad (n° 73, 15 mars 1951) précise que « les députés RPF feront tout ce qui sera possible pour que le principe du double collège soit maintenu » . Il ajoute : « le collège unique, instrument de guerre des séparatistes et de leurs alliés, n'a en fait pour but que d'éliminer toute représentation européenne... » Il s'agit de défendre les intérêts des Européens établis outre-mer à cause « de la part qu'ils prennent au développement culturel, social et économique » . Inversement, les populations autochtones sont dénigrées en raison du « degré d'évolution qui est ce que l'on sait » .

Ces quelques éléments permettent de mieux situer les positions du RPF en son temps. Ils ne préjugent pas des évolutions ultérieures que de Gaulle impose à partir de 1958 à ses partisans quand il prend conscience que le monde ayant changé, désormais, l'empire est un obstacle à la grandeur de la France.

Trouver un leader représentatif des populations d'outre-mer a été sans doute le problème essentiel. Pour recueillir des voix dans un corps électoral où les autochtones tiennent la place principale dans les ÉFO et une place presqu'égale aux « Blancs » en Nouvelle-Calédonie, il fallait une personnalité qu'un parti d'origine métropolitaine ne pouvait guère faire émerger. Cela explique que Maurice Lenormand, métropolitain qui exceptionnellement avait le soutien des Kanak, ait été courtisé par des gaullistes comme Pierre Anthonioz qui ne désespéraient pas de le rallier au RPF.

Enfin, l'attachement et la fidélité à de Gaulle ne constituent pas des bases suffisantes pour fonder un parti politique. De nombreux documents montrent que la plupart des forces politiques utilisent le nom du général de Gaulle dans les ÉFO comme en Nouvelle-Calédonie. Pouvanaa a Oopa peut même, lors du référendum de 1958, faire campagne sur le thème : dire NON à la France, c'est dire OUI à de Gaulle. De plus, les raisons qui expliquent le succès momentané du RPF en métropole (danger communiste, faiblesse des institutions, grandeur de la France) ne se retrouvent pas en Océanie[56]. La menace communiste est inexistante dans les ÉFO (les délégués nationaux du RPF le confirment) et elle est de l'ordre du fantasme en Nouvelle-Calédonie. Le problème des institutions nationales touche peu les populations des TOM préoccupées d'abord par leur propre statut. L'antiaméricanisme est mal compris

---

[56] De plus, l'étude du RPF outre-mer jette un autre regard sur la nature du gaullisme. En 1948, de Gaulle lance l'idée de «l'Association capital-travail». Cette tendance apparemment fort sociale «fut-elle un authentique objectif pour le général de Gaulle ?» s'interrogeait Patrick Guiol au colloque de Bordeaux. N'est-il pas significatif que le Général lui-même ait sollicité pour diriger le RPF dans le Pacifique Henri Bonneaud et Tony Bambridge, les représentants les plus marquants du capitalisme océanien ? Cela ne fait que confirmer la réflexion de Jacques Foccart sur le gaullisme d'outre-mer et sa «tendance très réactionnaire» et par là nuance sérieusement la prétendue démarche sociale du Rassemblement.

en Océanie où, au contraire, l'Amérique fascine. Les élus de territoires qui sont extrêmement dépendants de la métropole ne peuvent pas se permettre d'entrer dans la polémique sur le régime des partis auxquels ils ne comprennent souvent pas grand chose. À l'inverse, les dirigeants nationaux du RPF ont manqué d'imagination pour créer ou soutenir un mouvement qui soit adapté aux réalités du Pacifique[57]. En voulant garder une mainmise étroite sur les organisations locales contrôlées par un délégué national, le RPF ne pouvait pas éviter des tensions et des conflits. L'Océanie française est bien aux antipodes de la métropole.

Ainsi, le RPF n'a pas réussi à s'implanter dans les TOM du Pacifique. Mais le nom du général de Gaulle a continué à susciter l'admiration. Quand, en 1956, au milieu de sa « traversée du désert » , il vient dans le Pacifique, il est accueilli avec une ferveur qui prouve que tout est prêt pour une renaissance gaulliste[58], surtout quand l'appareil d'État viendra, à partir de 1958, peser de tout son poids pour placer les gaullistes comme nous le verrons dans le chapitre suivant.

---

57 A partir de 1958, les gaullistes ont mieux compris la nécessité d'une adaptation locale. L'UNR, puis l'UDR et enfin le RPR (pour l'UMP, les positions ne sont pas encore claires) ont su laisser se créer des mouvements où les préoccupations locales l'emportent sur les problèmes nationaux. Ainsi s'explique le succès du Tahoera'a Huiraatira et du RPCR.

58 Au début de l'année 1956, la candidature de Georges Chatenay aux législatives en Nouvelle-Calédonie et celle de Rudy Bambridge dans les ÉFO mettent en selle deux hommes politiques qui deviennent des figures marquantes du gaullisme dans le Pacifique. Si, aucun des deux n'a réussi à l'emporter, ils ont tous deux préparé le terrain pour l'UNR.

Le RDPT et l'UC ne tardent pas à connaître des difficultés internes. L'application de la loi-cadre à leur profit suscite une réaction des opposants qui se regroupent dans l'Union tahitienne démocratique en 1958 et derrière l'étiquette des Républicains sociaux en 1957 en Nouvelle-Calédonie. Ces formations se rattachent ensuite à l'UNR.

Chapitre 3

LA FRANCE LIBRE, VICHY ET LES AMÉRICAINS : DES RELATIONS DIFFICILES DANS LE PACIFIQUE EN GUERRE

L'EXEMPLE DES ÎLES WALLIS ET FUTUNA (1940-1942)

Cette étude est parue – avec quelques variantes - successivement dans

Le *Bulletin de la Société des Études historiques de Nouvelle-Calédonie*, n° 118, quatrième trimestre 1998, p. 3 à 23.
et dans la revue *Outre-Mers, Revue d'Histoire*, Paris, n° 2004-2, p. 181 à 200.

Elle avait deux objectifs.
Le premier était de faire ce qu'on appelle en jargon universitaire de la « micro-histoire ». Il s'agit de prendre un cas en apparence insignifiant pour la « grande histoire », ici, un archipel quasi inconnu, fort peu peuplé, stratégiquement négligeable, lequel est, de plus, une curiosité, un « protectorat » français qui tolère une sorte de théocratie de l'Église catholique. Or, de cette «insignifiance», de Gaulle fait une question de principe. Ce territoire ne doit pas échapper à la France libre et si les Américains s'en mêlent, ce ne peut être qu'avec l'accord du Général et à condition que sa souveraineté sur l'archipel soit reconnue et respectée. Autrement dit, si l'on veut connaître les rapports entre de Gaulle et ses alliés américains, le cas wallisien est particulièrement éclairant. On comprendra mieux la pensée du Général si, dans un cas limite, il met tout en œuvre pour obtenir ce qu'il considère comme fondamental.

Le second objectif était de s'interroger finalement sur le curieux glissement qui s'est opéré politiquement. Voilà un archipel contrôlé en 1940 par une Église pétainiste, contrôlé après la guerre par une Église qui osera longtemps imposer (et cela dure encore largement aujourd'hui) ses vues conservatrices à la société. Or, cet archipel est devenu un « bastion » du gaullisme après 1958. Des études approfondies manquent encore pour suivre et comprendre ce phénomène. Une étudiante originaire de l'archipel, Allison Lotti a effectué une recherche en ce sens. Un mémoire de DEA soutenu à Bordeaux en 2005 est intitulé : *Le passage du statut de Protectorat à celui de TOM, 1958-1962*. Son doctorat porte sur les rapports entre la coutume encore omniprésente et le statut de TOM dans un cadre juridique inspiré des principes républicains. Analyser la contradiction apparemment totale entre les pratiques coutumières et les principes généraux du droit recèle de la performance[59]. Des chercheurs réputés avaient déjà posé des jalons intéressants[60].

Après les ralliements de 1940 aux Nouvelles-Hébrides, en Nouvelle-Calédonie et dans les ÉFO, l'archipel de Wallis et Futuna est un cas nettement différent et son passage à la France libre a été laborieux.

REMARQUE : La version que nous livrons ici est débarrassée de certaines références tant elles sont nombreuses. Le lecteur qui voudrait retrouver l'origine de certaines citations se reportera aux revues qui ont initialement publié notre étude et qui sont disponibles notamment dans les bibliothèques des universités.

Abréviations :

> CNF : Comité national français
> ÉFO : Établissements français de l'Océanie
> FFL : Forces françaises libres
> JSO : *Journal de la Société des Océanistes*
> (Musée de l'Homme)
> MAE : Ministère des Affaires étrangères
> SEH : Société d'Études historiques (de Nouvelle-Calédonie)
> SHAT : Service historique de l'Armée de Terre (Château de Vincennes)

---

59 Lotti A., Le statut de 1961 à Wallis et Futuna : genèse de trois monarchies républicaines (1961-1991), thèse soutenue à Bordeaux 3 en 2008.
60 Voir notamment Paul de Deckker et Laurence Kuntz, La bataille de la coutume et ses enjeux pour le Pacifique Sud, Paris, L'Harmattan, 1998, 238 p.

Les rapports complexes entre de Gaulle et Pétain d'une part, entre de Gaulle et les Alliés d'autre part, ont fait l'objet de nombreuses études. Les affaires de Saint-Pierre et Miquelon et de Madagascar, par exemple, illustrent ceux-ci[1]. Ce qui s'est passé dans le Pacifique n'a fait l'objet que d'études parcellaires. Or, ce qui s'y est passé - au cours de la Guerre du Pacifique - est particulièrement éclairant. Le cas qui, à première vue, est le plus marginal de tous, celui des îles Wallis et Futuna, montre que, partout, le Général a voulu défendre avec acharnement la souveraineté de la France libre. Il faut dire que dans le Pacifique, il ne manquait pas d'atouts pour faire pièce à Vichy et exiger des Alliés la reconnaissance de son autorité (voir plus loin : Thierry d'Argenlieu et la souveraineté française dans le Pacifique).

À la veille de la Seconde Guerre mondiale, le Protectorat des îles Wallis et Futuna (archipel de 220 km^2) ne constitue pas une préoccupation pour le gouvernement français, pèse peu pour le gouverneur de Nouvelle-Calédonie qui, sous sa casquette de commissaire général pour le Pacifique, a l'autorité sur le représentant de la France appelé le résident. La population est peu importante : environ 6 775 habitants dont 2 000 à Futuna[2]. Les Européens ne sont qu'une poignée : le résident et sa famille, le chancelier (fonction qui recouvre diverses activités, principalement celle de secrétaire du résident), quelques missionnaires et des sœurs, un commerçant qui est « à moitié anglais ». Aucun Wallisien n'aurait été capable de parler français, encore en 1931, d'après le résident Georges Renaud[3].

---

1 Voir le dossier Vichy et les colonies, Revue Outre-mers, n° 342-343, 2004-1 et Jennings E., Vichy sous les tropiques. La Révolution nationale à Madagascar, en Guadeloupe, en Indochine, 1940-1944, Grasset, 2004, 394 p.

2 Roux J.-C., Wallis et Futuna : espaces et temps recomposés. Chroniques d'une micro-insularité, Collection «Iles et archipels», n° 21, CRET, Bordeaux-Talence, 1995, 404 p.

3 Ouvrage collectif, Au pays des trois royaumes, édition de l'association Pacifique du ministère des DOM-TOM, 1991, p. 122. Selon le résident Renaud, il y aurait eu volonté délibérée de l'Église catholique de ne pas enseigner la langue française. Toutefois, J.-C. Roux (op. cit., p. 86) écrit que «l'enseignement du français, présenté parfois maladroitement, resta un vœu pieux jusqu'au modus vivendi de 1921 entre Mgr Blanc et le résident Bécu, mais sans grand résultat jusqu'à l'ouverture en 1934, par David [le résident] de l'école publique...«

Les premiers Français qui s'intéressèrent à l'île furent des missionnaires maristes[4] à partir de 1837. D'après Jean-Claude Roux, la France protégea la mission mariste avant de chercher à « donner une consistance juridique à des droits restés bien virtuels ». Ainsi, en 1887, le protectorat aurait été enfin établi, permettant d'obtenir un point d'appui dans la liaison maritime Papeete-Nouméa, à un moment où une succession royale risquait d'être hostile à la Mission (donc, dit Jean-Claude Roux, aux intérêts de Paris[5]). Mais la France ne s'est pas réellement souciée des îles et « l'administration coloniale n'a été longtemps qu'une pâle figurante, sans moyen, sans doctrine, devant improviser à chaque crise ». De ce fait, « le rôle joué par les missionnaires catholiques depuis le milieu du siècle dernier y est prépondérant »[6]. Le résident (poste toujours confié à un médecin des troupes coloniales) et son chancelier disposent de peu de moyens d'action. Les autorités locales semblent, elles aussi, ne posséder qu'un pouvoir de façade. À Wallis (appelée traditionnellement Uvéa), le roi (le *Lavelua*) est un personnage respecté qui dispose d'un petit appareil d'État (conseil de ministres, gouverneurs pour les districts) et d'un code coutumier adapté par les missionnaires, mais le système électif de succession favorise intrigues et instabilité. À Futuna, éloignée de deux cent trente kilomètres, deux rois se partagent l'île et sont des jouets entre les mains des familles nobles. Dans cette île, le rôle de la mission demeure modeste, et celui de la France encore davantage. À Wallis, l'intervention de la Mission a souvent indisposé les résidents qui lui reprochent de contrôler la société insulaire. Elle manipulerait « les

---

4 Angleviel F., Les missions à Wallis et Futuna au XIXe siècle, CRET-Université de Bordeaux III, 1994, 243 p.
5 Cette interprétation reprend un des thèmes qu'on rencontre aussi à Tahiti, celui de la collusion des intérêts français et de la mission catholique. Or, vers 1887, la politique du gouvernement français ne va guère dans ce sens. Le père Hodée (Tahiti 1834-1984 : 150 ans de vie chrétienne en Église, Paris-Fribourg, Éditions Saint-Paul, 1983, p. 379) montre que ce serait plutôt le contraire qui serait vrai. Quant à l'hostilité du protestantisme en général envers l'État français, la thèse de Jean-François Zorn a plus que nuancé cette idée reçue (Le grand siècle d'une mission protestante. La mission de Paris de 1822 à 1914, Paris, Karthala-Les Bergers et les Mages, 1993, 791 p.) et il en est de même de la thèse d'Annick Lombardini (Le protestantisme dans la société polynésienne de 1863 à nos jours : aspects et effets d'une influence), soutenue en septembre 2003 à l'Université de la Polynésie française (publication prochaine aux éditions Les Indes Savantes).
6 Pimont Y., Les territoires d'outre-mer, Que sais-je ? n° 2 799, PUF, Paris, 1994, p. 81.

rois, les princes et les chefs à sa guise », « ferait et déferait les rois », et « sous le couvert légal du roi, c'est la mission qui gouverne ». Elle s'opposerait « aux résidents s'ils prennent des initiatives qu'elle juge contraire à ses intérêts ou ses conceptions ». Le résident Renaud est allé plus loin encore dans la critique, en affirmant que « certains pères français disent la messe le 14 juillet pour décrier la France et ses idéaux républicains ».

Sur le plan économique, là encore, la France joue un rôle modeste. La seule « richesse », c'est-à-dire le coprah, est accaparée par des maisons de commerce des îles sous influence britannique, jusqu'en 1932.

Dans la décennie qui précède le conflit mondial, plusieurs difficultés surviennent qui bouleversent la vie des habitants de Wallis et Futuna.

À partir de 1930, un parasite du cocotier - sans compter les rats et les cyclones - frappe la production à Wallis et interrompt les relations commerciales avec les maisons dont il est question ci-dessus, car elles ont peur de la contagion. Les résidents Renaud et David réorientent alors l'économie locale vers la Nouvelle-Calédonie et introduisent la monnaie française (qui supplante non sans mal la livre sterling). La situation est en train de se redresser lorsque la guerre éclate, les exportations se montant à 1 400 tonnes de coprah et à de petites quantités de coquillages nacriers (les trocas). Mais le processus qui tourne l'archipel vers le « Caillou » est en marche (trois fois par an, à la fin des années trente, le navire *Polynésien* venu de Nouméa assure le ravitaillement et les exportations), engendrant une rupture des habitudes et une série de soubresauts (comme deux tentatives d'attentat contre le résident Renaud).

Une autre nouveauté intervient en 1934 : la décision de ne pas élire un nouveau roi après le décès du titulaire en 1933. Le résident relègue ainsi l'autorité coutumière au second plan et s'appuie sur le « Premier ministre » (le *Kivalu*).

La création d'un évêché autonome dans l'archipel, en 1937, sépare les îles un peu plus du monde anglo-saxon (le siège de l'évêché dont l'archipel dépendait était à Tonga) et les rapproche davantage de Nouméa. Monseigneur Poncet devient le premier évêque de Wallis et Futuna[7].

À la veille de la guerre, le bilan de la présence française peut-il se résumer aux critiques établies par le gouverneur Georges Parisot quelques années plus tard ? Ce dernier écrit à son ministre de tutelle que « notre système d'administration de cet archipel est absolument périmé [...] ; qu'avons-nous fait pour ces indigènes en soixante ans de protectorat ? exactement rien, sinon un hôpital où la pluie passe par le toit disjoint et que l'absence de relations avec l'extérieur laisse très souvent sans médicaments » [8]. Le jugement peut paraître sévère, mais le gouverneur Parisot avait la tentation de comparer la présence française avec les quelques années de présence américaine. Il n'en demeure pas moins vrai que, pour les autochtones, la France devait rester une abstraction et les querelles Londres-Vichy ne les concernaient pas. Il faut prendre avec la plus grande prudence le rapport d'Henri Sautot selon lequel « la population indigène était vivement désireuse de se rallier ».

Wallis et Futuna sont les seules îles françaises du Pacifique qui refusent de se joindre à de Gaulle en 1940. (Voir le chapitre précédent).

Les trois Français qui dirigent de fait le protectorat prennent parti pour Vichy.

Le résident, le médecin-capitaine Vrignaud, est arrivé à son poste le 4 juillet 1940. Pour rejoindre Wallis, il serait passé par Port-Vila, aux Nouvelles-Hébrides. Il aurait assisté à la première réunion organisée par Henri Sautot, avec quatre cents Français du

---

7 L'évêque a publié une histoire de l'archipel :
Poncet A., Histoire de l'île Wallis, le Protectorat français, Publications de la Société des Océanistes, Musée de l'Homme, Paris, 1972, 236 p.
8 Lettre du 23 juin 1947, Correspondance des gouverneurs, 1947, Service des archives de Nouvelle-Calédonie.

condominium, à l'issue de laquelle a été décidé le principe d'un ralliement au général de Gaulle. Selon Sautot, il « en sortit tout ému et gagné à la cause ». Faut-il croire Sautot lorsqu'il accuse le résident d'avoir subi l'influence de l'évêque et d'avoir ainsi changé d'attitude, comme il le lui aurait écrit ? Le livre d'histoire de Monseigneur Poncet est trop évasif sur les premiers contacts entre les deux hommes pour qu'on puisse juger des sentiments du résident[9]. L'impression qui se dégage du récit de l'évêque, c'est que le nouveau résident observe d'abord une période de réflexion. Dans le *toast* qu'il porte à l'occasion du 14 juillet, son « Vive la France » ne semble pas laisser préjuger de ses sentiments. Mais peut-être prend-il conscience que, dans l'île de Wallis, la seule force qui compte est l'Église et qu'il ne peut pas à lui seul la faire fléchir. C'est en ce sens qu'il faut comprendre la demande de « soutien » qu'il formule à l'adresse de la mission. Cette expectative du représentant de la France correspond aussi à l'attitude observée par ses collègues de Nouméa et de Papeete. Les gouverneurs Pélicier et Chastenet de Géry ont cherché à temporiser, même si finalement il est apparu qu'ils se rangeaient dans le camp vichyste (Voir chapitre précédent). Peut-être s'agit-il simplement de leur part - au-delà de leurs idées personnelles - d'une prudence de fonctionnaires d'autorité qui craignent pour leur carrière.

Le chancelier Alexis Bernast, né à Roubaix en 1895, est venu, avec d'autres Nordistes, pour tenter de créer des plantations de coton en Nouvelle-Calédonie[10]. L'aventure ayant échoué, vers 1930, il a proposé ses services à l'Administration qui cherchait un radio-télégraphiste pour l'archipel de Wallis et Futuna. Il a suivi la

---

9 Toutefois, trois indications laissent supposer que le résident était attaché aux valeurs de l'Église. Lorsqu'il réussit à entrer en contact avec les forces vichystes, il dit à l'évêque : «brusquement les portes s'ouvrent, et nous devons y voir l'intervention de la Providence« (p. 151). À Noël 1940, il déclare avoir assisté à la «plus belle messe de minuit qu'il ait vue dans les colonies« (p. 152). L'évêque se réjouit aussi d'une «sage décision« du résident : obliger les Wallisiens à équiper leurs cases de rideaux en tapa, pour isoler «les personnes mariées«.

10 Delvinquier B., Derreumaux E., Les colons nordistes en Nouvelle-Calédonie, mémoires de la Société d'émulation de Roubaix, 1996, 99 p.

Expulsé de Wallis en 1942, A. Bernast est allé à Tahiti. Après la guerre, il y fonde les syndicats de travailleurs et devient conseiller de l'assemblée représentative de 1949 à 1952. Puis il retourne à Wallis, où «il a joué un rôle important dans la vie politique locale« (d'après Jean-Baptiste Mulikihaaamea, Te Fenua Fo'ou, n° 121, 3 avril 1998). Ce rôle a été essentiellement celui de conseiller économique et social. A. Bernast est mort à Wallis en 1978.

position du résident, sans qu'on puisse établir dans quelles circonstances. Cet ancien combattant de la Première Guerre mondiale a-t-il voulu exprimer une fidélité au maréchal Pétain ?

La pensée de Monseigneur Poncet est plus facile à suivre même si son témoignage révèle une gêne évidente, pour ne pas dire une certaine hypocrisie. D'un côté en effet, il avoue sa sympathie pour Vichy et pour le programme de son gouvernement. Il espère que la France se relèvera depuis qu'elle a une « nouvelle constitution » et pour chef « le vainqueur de Verdun ». À cet égard, il semble conforter les affirmations du résident Renaud sur les opinions antirépublicaines du clergé en poste à Wallis (ce qui n'est nullement une surprise). D'un autre côté, il essaie de minimiser la portée de son choix en plaidant l'ignorance : « on avait bien entendu dire qu'un général s'était évadé en Angleterre et y continuait la lutte aux côtés de la Grande-Bretagne». Mais quand Sautot annonce qu'il a été nommé par de Gaulle gouverneur de la Nouvelle-Calédonie et que l'archipel de Wallis et Futuna était sous son autorité, Monseigneur Poncet prend nettement position, considérant que « la France libre faisait figure de rebelle au gouvernement légal de la France ». Le conseil épiscopal, consulté le dimanche 6 octobre, entérine cette option. L'évêque est allé plus loin encore, envoyant un télégramme au gouverneur Sautot estimant « abusive la tentative de mainmise sur le protectorat de la part d'une organisation indépendante du gouvernement légal » (16 octobre 1940). Le 1ᵉʳ mai 1941, il télégraphie à l'amiral Decoux (le gouverneur pétainiste de l'Indochine) à Hanoi « pour lui exprimer la fidélité de la mission de Wallis et Futuna au gouvernement du maréchal Pétain ». Dans son livre, il insiste sur le fait que « le gouvernement de Vichy présentait les signes du vrai gouvernement légal de la France », que le nom du chef de l'État français suffisait à emporter l'adhésion. Même pour son attitude en mai 1941, il tente encore de plaider le manque d'information : « on n'avait pas entendu encore, non plus, parler de nombreuses colonies dissidentes ». Il cherche une difficile justification par ces propos :

> « Wallis suivait donc ce qui lui paraissait être le mouvement général, non moins que le droit chemin. Se retrouver enfin

en contact avec ce gouvernement de la France était un soulagement, une joie véritable (p. 155). »

L'évêque de Wallis a-t-il eu une attitude différente des responsables ecclésiastiques du Pacifique français et des évêques français en général[11] ? Pas fondamentalement si on excepte Monseigneur Halbert, vicaire apostolique de Port-Vila qui aurait, selon Sautot, mis une salle à la disposition du résident, le 24 juin 1940, quand s'est décidé le ralliement. Ce fait ne nous paraît cependant pas suffisant pour connaître les sentiments du prélat. Ce dernier partage avec les évêques de Papeete et de Nouméa de se trouver sur des îles où la concurrence avec le protestantisme est vive et où la mission catholique ne joue pas un rôle prépondérant comme à Wallis. Dans le chapitre précédent, nous avons analysé l'attitude des évêques de Nouméa et de Papeete.

Pour les responsables catholiques, le problème du ravitaillement est secondaire par rapport à l'idéologie. Si les habitants des îles manquent de produits importés, ils retourneront cultiver la terre et pêcher. À Wallis, l'isolement est complet pendant dix-sept mois (de janvier 1941 à mai 1942). Monseigneur Poncet se glorifie du message radio du gouvernement d'Indochine qui félicite « les Français de Wallis d'avoir accepté la *famine* plutôt que la *farine*, qu'ils auraient pu facilement obtenir de Nouméa s'ils s'étaient ralliés à la dissidence » (message du 16 avril 1941, p. 157). L'évêque décrit longuement et manifestement avec plaisir la façon dont s'est réglé le problème de l'approvisionnement grâce à la « générosité » de la nature tropicale (p. 157-158) et sur « la nécessité qui rend ingénieux ». Il s'attarde sur la façon dont un plat de manioc soigneusement préparé peut donner l'impression de manger des pommes de terre frites (p. 158), sur l'obtention d'ersatz de vin, de bougies, de savon.

---

11 Sur l'attitude de la hiérarchie catholique française : Fouilloux É., Les Chrétiens français entre crise et Libération, 1937-1947, Paris, Le Seuil, 1997, 300 p.
Il s'est produit, écrit l'auteur, une véritable osmose entre l'Église catholique et Vichy. Les évêques font confiance au Maréchal, jusqu'à ce que des comportements peu compatibles avec l'Évangile soient flagrants. Mais tous les prélats n'ont pas pris leurs distances avec le régime.

Ce qui l'inquiète, cependant, c'est de savoir si on aurait « assez de vin de messe et de farine non avariée pour pouvoir célébrer le Saint Sacrifice et distribuer la communion aux fidèles ». Nous verrons plus loin que l'évêque (et le résident également) a cherché à la fois à préserver les fidèles de la « corruption » [12], à attendre le secours de la divinité et à espérer celui des autorités vichyssoises. Non sans paradoxe, il note que la Providence permit d'avoir et du vin de messe et de la farine pour les hosties, jusqu'en mai 1942, mais que « c'était bien la dernière limite ». Avec l'arrivée des Français de Nouméa et des Américains « on put dès lors recevoir le nécessaire pour continuer le culte eucharistique » (p. 157).

Une période d'attente (septembre 1940 - novembre 1941)

Au cours de cette période, la décision de rester fidèle à Vichy n'entraîne d'abord pas de véritables conséquences à Wallis, si ce n'est une coupure durable avec Futuna, le système radio étant en panne. Début octobre, Vrignaud, Bernast et Monseigneur Poncet envoient un télégramme au gouverneur Sautot déclarant que « tous Français Wallis déclarent vouloir rester fidèles au gouvernement légal de la France ». Des autochtones, il n'est pas question. Ils semblent être tenus volontairement à l'écart. L'évêque, mais peut-être aussi le résident, semblent s'inquiéter d'une réaction possible des Wallisiens qui pourraient bien profiter des difficultés de la France pour remettre en cause la situation politique qu'ils subissent depuis 1934, c'est-à-dire la suppression de la royauté. Quand l'évêque écrit qu'on ne peut pas cacher la situation aux Wallisiens, il ne veut pas dire par là qu'il les informe. L'aveu qui suit le montre bien : « il eut été bien extraordinaire que les chefs wallisiens n'aient pas conféré entre eux de ces événements ». Et il reconnaît que l'idée « d'abandonner la France pour se donner à l'Angleterre » se développe au sein du gouvernement (les ministres wallisiens), mais qu'elle est vite supplantée par l'idée de retrouver un roi. Fin

---

12 C'est bien cette idée qu'il faut retenir car l'évêque avoue que le ralliement aurait pu avoir des «conséquences imprévisibles et qu'on pourrait regretter au point de vue religieux» (p. 150). Imagine-t-il que si l'archipel se ralliait à la France libre, donc aux alliés anglo-saxons, il y aurait un risque de passage au protestantisme ?

octobre, des démarches en ce sens sont menées auprès du résident par les ministres, ce qui entraîne une vive réaction du docteur Vrignaud qui les destitue tous et les remplace. Ainsi, des difficultés internes surgissent, bien caractéristiques du microcosme insulaire. Les relations évêque/résident se tendent également au sujet du travail forcé des indigènes que Vrignaud veut garder, mais qu'il semble consentir, finalement, à adoucir.

Sur le plan du ravitaillement, il n'y a pas d'interruption réelle. Sautot répond sans agressivité au télégramme refusant le ralliement et propose de continuer à approvisionner l'archipel. De fait, le *Polynésien* arrive à Wallis le 27 décembre 1940, mais pour un dernier voyage.

Le résident essaie en vain de contacter le ministère des colonies à Vichy pour demander aide et instruction. Il n'y a pas de contact avec une autorité vichyssoise avant le 31 mars 1941.

Pendant ce temps, le gouverneur Sautot, devenu commissaire-général pour l'ensemble des possessions françaises dans le Pacifique, explique au général de Gaulle que les îles de l'archipel dépendant entièrement de la Nouvelle-Calédonie pour leur ravitaillement « seront amenées fatalement à se rattacher à [la France libre] ». Mais le Général ne l'entend pas ainsi. Il donne l'ordre à Sautot « d'envoyer immédiatement un navire pour occuper les îles ». Il justifie cette décision par le fait « qu'il est impossible de laisser hors de notre contrôle Wallis et Futuna dont la station de sans fil pourrait être utilisée par les corsaires allemands »[13]. Sautot entreprend « une ultime démarche », le 8 février 1941, pour entraîner le ralliement du résident et tenter d'influencer l'évêque en rappelant qu'il est, lui, le gouverneur, « un bon catholique ». En même temps, il prépare un débarquement à Wallis, envisageant - avec l'accord du chef d'état-major de la France libre - de nommer le

---

13 MAE, GU 39-45, vol. 84, projet de télégramme du 8 janvier 1941, p. 5. Le télégramme fut effectivement expédié, sous la forme contenue in Lettres, Notes et Carnets, juin 1940-juillet 1941, Plon, 1981, p. 224.

capitaine Dubois[14] résident en remplacement de Vrignaud. Le 22 février 1941, de Gaulle donne son accord pour l'opération de reconquête, mais déplore le fait qu'il ne peut pas envoyer de médecin. Aussi propose-t-il de « conserver sur place le docteur Vrignaud s'il observe une neutralité complète et se cantonne dans ses activités professionnelles ». Il demande aussi de s'assurer des sentiments des autres Européens et de remplacer le chef de station radio, s'il ne présente pas de garantie suffisante. De Gaulle ajoute au crayon sur le projet de télégramme : « ceci est très important ». Un mois plus tard, l'opération pour rallier Wallis est retardée en raison de l'opposition des Messageries maritimes (qui ne veulent sans doute pas risquer un de leur navire et s'engager politiquement[15]) et des conditions atmosphériques. De plus, l'opération serait devenue plus compliquée par suite d'une fuite d'information venant de la station radar de Nouméa. Le résident Vrignaud aurait été informé de l'envoi de Dubois. D'après Monseigneur Poncet, la « fuite » serait venue de l'agent britannique de la Compagnie Burns Philps qui avait annoncé que « le *Polynésien* viendrait avec un contingent militaire et serait même accompagné par un navire de guerre anglais qui resterait au large ». Quant à Sautot, il serait informé par « trois espions » qui auraient été déposés par le *Polynésien* lors de son passage fin décembre 1940. Dans ces conditions, les propositions « humanitaires » de Sautot auraient visé, par le biais du ravitaillement, à se tenir informé de ce qui se tramait dans l'archipel. Ces « espions » seraient-ils les « Anglais » qui entretiendraient une « propagande de Gaulle » dont parle l'amiral

---

14 Georges Dubois, né au Havre en 1896, arrive avec sa famille en Nouvelle-Calédonie dès 1900. Ingénieur géomètre. Participe à la Première Guerre mondiale au cours de laquelle il est blessé. Participe activement au Ralliement en créant des comités de Gaulle en brousse. En novembre 1940, Georges Dubois prend le commandement de la milice civique créée par Sautot «pour assurer la sécurité du régime de la France libre de Nouméa«. Sur cette milice civique, voir : SHAT, série H, carton 12 H 5, dossier 1.

15 D'après une note de l'Amirauté de Vichy, «l'agent des Messageries Maritimes Jobard et le Capitaine Malerait avaient refusé obstinément de laisser utiliser ce bâtiment [le Polynésien] pour étendre la dissidence«. Mais ces deux hommes ont été internés à l'île Nou et le Polynésien réquisitionné par le gouverneur. MAE, GU 39-45, Vichy, vol. 383, note du 16 juin 1941, p. 8.

Voir aussi la lettre de Philippe Thiollier, vice-consul à San Francisco, à Henry-Haye (MAE, GU 39-45, Vichy, vol. 372, 14 novembre 1941 : une partie du personnel de la compagnie est internée, ses membres ayant refusé également de porter la Croix de Lorraine).

Decoux[16] ? On ignore cependant par quel moyen, ils communiquaient avec Nouméa.

D'après Sautot, Vrignaud lui aurait fait savoir par téléphone qu'il s'opposerait au débarquement de Dubois, ce que Monseigneur Poncet relativise en précisant que « le résident ne désirait nullement qu'on lui opposât la violence ; il souhaitait seulement que le navire fut accueilli par une attitude franchement antipathique des Wallisiens, afin de dissuader un débarquement de troupes ». Outre cette opposition au débarquement, le résident cherche en collaboration avec l'évêque à refaire l'unité de la population face à la France libre, en décidant le rétablissement de la royauté. Le 16 mars, ministres et membres de la famille royale élisent le *kivalu* Leone Manikitoga[17], roi de Wallis. Les autochtones se livrent alors à une semaine de réjouissances. Déception pour le résident : le roi refuse de prêter serment de fidélité au maréchal[18].

Monseigneur Poncet cherche à obtenir par télégramme au moins un sursis en « suppliant » d'épargner « Wallis Futuna désastre moralité conséquence envoi troupes, et troubles politiques époque centenaire martyre Bienheureux Chanel[19] ». Le 30 mars, un télégramme de Sautot annonce que le *Polynésien* va venir pour installer la France libre, laquelle « défend la civilisation chrétienne ». Sautot entame des discussions avec le gouvernement australien pour obtenir un appui. Il annonce à de Gaulle que l'opération aurait lieu le 10 avril avec Georges Dubois à la tête de quatre-vingts hommes.

Des complications retardent et même annulent l'opération.

---

16 MAE, GU 39-45, Vichy, vol. 383, correspondance de Decoux, 8 mai 1941. Le témoignage du résident Mattei fait aussi état du commerçant anglais, «ardent propagandiste du général de Gaulle« (Mattei J.-B., «Le Ralliement des îles Wallis«, Revue de la France Libre, n° 99, juin 1957, p. 18 à 21). Il s'agit sans doute de celui que nous avons désigné plus haut par l'appellation «demi-anglais«.

17 D'après Jean-Baptiste Mulikihaaamea, Te Fenua Fo'ou, n° 121, 3 avril 1998, le véritable nom du roi serait Matekitoga.

18 Le refus de prêter serment s'expliquerait à la fois par le fait que le roi «ignorait tout de l'idéologie pétainiste«, et par le fait que ce geste n'a «pas de signification dans un contexte coutumier« (Te Fenua Fo'ou, n° 121, 3 avril 1998, p. 11).

19 Missionnaire mariste, le père Pierre Chanel est assassiné à Futuna le 28 avril 1841. il est le premier martyr catholique de l'Océanie. Il a été canonisé en 1854.

Wallis entre en relation, en mars 1941, avec Saïgon qui promet une aide. L'ambassadeur de l'État français à Washington intervient lui aussi. Le 29 avril, arrive un télégramme de Decoux transmettant un message du secrétaire d'État aux colonies félicitant Vrignaud et donnant instruction de tenir. À partir de là, sont établies des liaisons régulières avec Hanoi[20]. Le résident demande l'envoi d'un navire de guerre. Comme nous l'avons déjà signalé, le 1er mai, Monseigneur Poncet exprime la fidélité de la mission au gouvernement de Pétain, et l'amiral Platon lui fait part en retour de la « reconnaissance du gouvernement français ». Cependant, la situation est davantage troublée que ne veut bien le reconnaître Monseigneur Poncet. D'après l'amiral Decoux, en effet, l'annonce de l'arrivée prochaine de forces venant de Nouméa aurait causé « un sérieux flottement en raison de l'inquiétude montrée par la population ». Les efforts conjugués de l'Administration et de la mission auraient rétabli l'ordre. Le résident continue cependant à redouter des incidents, « malgré les protestations de dévouement des chefs », car ajoute-t-il, « il y a lieu de craindre la versatilité des Polynésiens ». Autre sujet d'inquiétude pour le résident : la situation financière désastreuse puisque les réserves sont pratiquement épuisées, que les recettes prévisionnelles sont nulles. En août et septembre 1941, le résident insiste encore pour recevoir la subvention de 1941 (et même celle de 1942 qu'il estime devoir se monter à 300 000 francs minimum) qui lui permettrait d'obtenir du ravitaillement des Samoa néo-zélandaise ou américaine. Cet espoir n'est pas tout à fait vain, puisque le 3 décembre 1941, le Département d'État américain, plusieurs fois sollicité par Vichy, finit par autoriser le ravitaillement des îles Wallis et Futuna via les Samoa (mais c'est quelques jours avant Pearl Harbor). Vrignaud se fait encore plus pressant, fin 1941, quand l'avance de trésorerie et

---

20 Voir le témoignage de l'amiral Decoux, Sillages dans les mers du Sud, Paris, Plon, 1953, 402 p.

Decoux y parle du médecin résident, qu'il désigne par le docteur V..., «qui, par son dévouement et sa vie exemplaire, avait réussi à gagner la confiance de la mission, celle du roi et de la population« et qui «était resté insensible au chant des sirènes et indifférent aux promesses alléchantes de la zone sterling« (p. 396). Decoux ajoute que «par ses messages répétés, le docteur V... ne cessa par la suite de m'assurer de son dévouement et sa résolution : les Wallis resteraient en état d'allégeance envers la Métropole« (p. 397).

les stocks de marchandises touchent à leur fin et que cela cause une « aggravation importante du malaise actuel causé par l'isolement et le dénuement visible des autochtones ». Pourtant, il assure l'amiral Decoux de la fidélité et du courage de la population.

Ces indications rendent un peu dérisoire le récit des commémorations religieuses de l'année 1941 (centenaire de la mort de Pierre Chanel en avril, fête de Jeanne d'Arc) que Monseigneur Poncet tente de relier à la réanimation du « sentiment patriotique ».

Les archives du Ministère des Affaires étrangères établissent clairement l'engagement pro-vichyste du résident et de l'évêque. Après Pearl Harbor, les Wallisiens connaissent les nouvelles grâce aux postes de radio qui captent des émissions de Nouvelle-Zélande, d'Australie, de Fidji, d'Amérique... comment peut-on alors parler d'ignorance de la situation mondiale ? Les deux responsables se réjouissent de la nomination de Decoux comme haut-commissaire pour le Pacifique[21]. Ils ne plient pas alors que « l'essence et l'huile seront épuisées dans trois mois et que la TSF sera muette ». Ainsi, l'amiral Decoux peut faire une déclaration à la radio à l'adresse des Français du Pacifique et donner en exemple « nos chers compatriotes » des îles Wallis.

En Nouvelle-Calédonie, pendant ce temps, Sautot doit se rendre à l'évidence, il n'obtiendra pas l'appui de la marine britannique, ce qui le conduit à interroger de Gaulle : « confirmez-vous instruction de rallier Wallis ? ». Sous la mention « très secret », Sautot est averti que le « traitement de cette question doit être fixé dans l'ensemble de notre action sur d'autres parties de l'Empire beaucoup plus importantes au point de vue stratégique et en tenant compte du parti que Darlan pourrait tirer d'un incident malencontreux en ce moment ». Sans doute l'affaire de Saint-Pierre et Miquelon incite-t-elle à la prudence[22].

---

21 Poncet A., op. cit., p. 157, et MAE, GU 39-45, Vichy, vol. 383, correspondance de Decoux, 2 janvier 1942.
22 Le 24 décembre les FFL de l'amiral Muselier débarquent à Saint-Pierre et Miquelon, ce qui irrite profondément les Américains. Voir :
- Crémieux-Brilhac J.-L., La France Libre. De l'Appel du 18 juin à la Libération, Paris, Gallimard, 1996, p. 278 à 286.

L'état-major de la France libre signale que « l'Amirauté britannique estime Decoux lié par une sorte de *gentleman's agreement* de n'engager aucune action hostile contre les colonies françaises ralliées du Pacifique ». Optimisme sans doute de l'Amirauté - valable peut-être à la mi-1941 - qui est démenti par le plan de reconquête des îles françaises du Pacifique préparé par Decoux dès janvier 1942 au moins[23].

L'affaire de la reconquête de Wallis, après avoir traîné une année, prend une autre tournure dès lors que la menace japonaise se précise et que de Gaulle envoie Georges Thierry d'Argenlieu dans le Pacifique.

Thierry d'Argenlieu et la souveraineté française dans le Pacifique

La prise de Wallis ne peut se comprendre que dans un double contexte : la situation internationale (et principalement la menace japonaise dans le Pacifique Sud) et la situation intérieure des colonies françaises d'Océanie.

Dès février 1941, de Gaulle s'inquiète des projets japonais : « s'ils entraient en ligne, la Nouvelle-Calédonie, nos archipels du Pacifique, les Établissements français de l'Inde et, même Madagascar, allaient être menacés »[24]. Prenant conscience des difficultés pour la France libre d'agir seule, de Gaulle envisage de « concerter notre action dans le Pacifique avec celle des autres puissances menacées » et « d'organiser la défense de la Nouvelle-Calédonie et de Tahiti en commun avec l'Australie et la Nouvelle-Zélande ». Il envoie Sautot négocier et conclure un accord avec les Australiens, « toutes précautions étant prises pour qu'il n'y eût

---

- Béziat A., Franklin Roosevelt et la France (1939-1945) : la diplomatie de l'entêtement, L'Harmattan, 1997, p. 187 à 200.
23 Voir au sujet du plan de reconquête les archives du SHAT, carton 10 H 81, série II, Indochine 1940-1945, sous-série 25, Nouvelle-Calédonie, ainsi que les Archives de la Marine, TTD 775.
Voir aussi : Legrand J., L'Indochine à l'heure japonaise, 1963, p. 128 et sv. et Decoux J., À la barre de l'Indochine, Paris, Plon, 1949, p. 190.
24 De Gaulle C., Mémoires de Guerre.

aucun empiétement sur la souveraineté de la France »[25]. Or, les relations de de Gaulle et des territoires français avec le gouvernement britannique et les puissances du Pacifique[26] posent des problèmes particuliers. Londres s'en ouvre aux hauts-commissaires dans le Commonwealth d'Australie et en Nouvelle-Zélande :

> « Des problèmes assez délicats se posent en ce qui concerne l'administration des Territoires [français du Pacifique] et les relations que nous entretenons avec eux ...[du fait] de la divergence entre la conception française d'une administration très centralisée, dirigée d'Europe, et notre système de décentralisation associée à la responsabilité des Dominions vis-à-vis des colonies françaises libres du Pacifique.
>
> Étant données les circonstances nouvelles créées par le succès du mouvement de la France libre, le général de Gaulle estime qu'une centralisation est essentielle, en partie parce que les administrateurs coloniaux dont il dispose en nombre relativement restreint ne connaissent pas d'autre système et, surtout, parce qu'une administration directe par le général de Gaulle et son Conseil de Défense constitue la réponse la plus efficace à l'insinuation dangereuse, d'après laquelle nous utilisons le mouvement français libre comme paravent destiné à dissimuler nos propres desseins sur l'Empire colonial français. Par conséquent, au point de vue politique, nous croyons qu'il est nécessaire, pour nous, d'accepter la thèse du général de Gaulle et que notre but

---

25 De Gaulle C., op. cit.

Dès octobre 1940, de Gaulle avait déjà posé le problème : «Veuillez noter et faire savoir que la collaboration confiante qui existe entre mon administration, les dominions britanniques et le gouvernement de Sa Majesté ne porte en aucune manière atteinte à la souveraineté française qui est entière sur les Établissements français du Pacifique«. Télégramme à Sautot, 7 octobre 1940, Lettres, Notes et Carnets, juin 1940-juillet 1941, Plon, 1981, p. 134.

26 L'Australie et la Nouvelle-Zélande ont eu une attitude ambiguë envers la France libre. Ce n'est qu'en mai 1942 que la seconde accepte une représentation de la France libre, tout en gardant un consul de Vichy. En 1943 et 1944 encore, la volonté des deux puissances de jouer un rôle prépondérant dans le Pacifique Sud après la guerre inquiète le Commissariat aux Affaires étrangères.

principal doit être de réduire, dans toute la mesure du possible, les inconvénients qu'elle présente[27]. »

Devant la complexité des problèmes, les Anglo-Saxons sont donc prêts à des concessions. Sautot réussit à négocier un accord avec l'Australie approuvé par de Gaulle début juin 1941. Une conférence réunissant toutes les parties prenantes (anglo-saxonnes et françaises libres) se tient à Port-Vila et aboutit à un premier plan de protection et d'action. Du côté français, cela entraîne la nomination du capitaine de vaisseau Thierry d'Argenlieu comme « haut-commissaire de France au Pacifique » pour exercer au nom de de Gaulle « tous les pouvoirs civils et militaires »[28], la nomination du capitaine de frégate Cabanier comme commandant de la Défense Pacifique (décret du général de Gaulle du 11 juillet 1941) et de l'envoi en mission dans le Pacifique, du capitaine de vaisseau Auboyneau, commandant du *Triomphant*. En cas d'hostilités, les forces françaises seraient placées sous le contrôle des autorités navales de Nouvelle-Zélande ou d'Australie.

Fin août 1941, Somerville Smith, membre de la mission Spears - organisme relevant du ministère de la Défense britannique, chargé des relations avec la France libre - écrit à René Cassin[29] que les « États-Unis désirent, de concert avec nos services, établir une chaîne de terrains d'atterrissage pour bombardiers lourds entre Honolulu et la Nouvelle-Zélande ». Les territoires des ÉFO, de Nouvelle-Calédonie et des Nouvelles-Hébrides occuperaient une place prépondérante dans ce projet. Il demande si la France libre approuverait l'incorporation de ces îles dans le plan de défense. Le vice-amiral Muselier se déclare prêt à accepter si cela s'intègre dans

---

27 MAE, GU 39-45, Londres, vol. 75, message du 22 février 1941.
La coopération avec les dominiums a fonctionné rapidement et semble-t-il assez efficacement malgré quelques malentendus (exemple de coopération : Lettres, Notes et Carnets, juin 1940-juillet 1941, p. 238 et 249).
28 De Gaulle télégraphie à Thierry d'Argenlieu : «la situation des colonies françaises du Pacifique devenant grave, tant du point de vue intérieur qu'au point de vue extérieur, j'ai besoin de vous pour les conserver à la France. Partez donc immédiatement» (15 avril 1941).
29 René Cassin, célèbre professeur de droit, préside (en alternance avec l'amiral Muselier) la Conférence administrative du Conseil de Défense de la France libre en l'absence de de Gaulle.

un plan « général » de défense du Pacifique et dans le respect de l'esprit des accords déjà passés avec les Anglo-Saxons. De Gaulle propose d'envoyer les renseignements utiles. Mais dans l'esprit du général, s'il faut donner un maximum de moyens aux Américains[30], une idée-force revient sans cesse dans les télégrammes échangés avec les représentants de la France libre dans le Pacifique : cela ne peut se faire qu'à condition que soit respectée « la souveraineté de la France sur ses colonies »[31]. La reprise de Wallis est l'occasion, pour le Général, de se montrer particulièrement sourcilleux.

Thierry d'Argenlieu, arrivé en novembre 1941 à Nouméa, est bientôt confronté à la menace japonaise. De Gaulle le prévient le 10 décembre : « la guerre sera extrêmement dure » . Il le nomme contre-amiral (« à titre fictif pour la durée de sa mission ») pour lui faciliter la tâche dans ses relations « avec les autorités étrangères » . C'est un grave souci, en effet, pour le chef de la France libre, que les relations avec les États-Unis[32], au moment où il faudra leur accorder le droit de s'établir dans les îles. L'obstination du général - combinée à la menace japonaise - se révèle payante. Le 23 février 1942, le Département d'État américain publie une déclaration dans laquelle il reconnaît que « les îles françaises dans cette zone sont sous le contrôle effectif du Comité National français établi à Londres et les

---

30 Le lendemain de l'attaque de Pearl Harbor, de Gaulle télégraphie à Thierry d'Argenlieu pour qu'il prévienne les autorités britanniques, néo-zélandaises, australiennes, américaines «que nous mettons à la disposition des forces alliées toutes les facilités que peuvent offrir les bases de la Nouvelle-Calédonie, de Tahiti et des Nouvelles-Hébrides... Vous vous considérerez comme en guerre avec le Japon« (Lettres, Notes et Carnets, juillet 1941- mai 1943, Paris, Plon, 1981, p. 130 - voir aussi p. 134 à 136 et 139).
31 MAE, GU 39-45, Londres, vol. 74, 1er novembre 1941.
Un exemple illustre cet état d'esprit : l'utilisation de l'île de Bora Bora. René Pleven, chargé des colonies, écrit au gouverneur de Tahiti :
«Cette utilisation [de Bora Bora comme base de ravitaillement pour les navires américains] est naturellement sous condition du maintien de la souveraineté française ainsi que du droit de propriété de la France sur les installations à réaliser, et sa validité est limitée à la durée de la guerre« (même source, 8 janvier 1942).
de Gaulle écrit aussi que la guerre du Pacifique pose également la question «du maintien de la souveraineté de la France sur ses propres colonies par rapport aux ingérences plus ou moins calculées de ses alliés« (Lettres, Notes et Carnets, juillet 1941-mai 1943, p. 148, 24 décembre 1941).
32 Lettres,... p. 204, 18 février 1942, télégramme à Adrien Tixier.
On consultera avec intérêt, pour mieux comprendre les relations franco-américaines dans le Pacifique, les travaux signalés dans le chapitre précédent, note 8.

autorités des États-Unis coopèrent pour la défense de ces îles avec les autorités établies par le Comité National français et avec nulle autre autorité française » [33]. De Gaulle s'en réjouit :

> « dans les circonstances actuelles, nous ne pouvions espérer davantage [...] Nous n'avons donc plus aucune raison d'empêcher les Américains de prendre les mesures militaires nécessaires à la défense de nos territoires et de débarquer, s'ils le jugent bon, des troupes dans toutes les îles habitées d'Océanie » . »

Il ajoute cependant à l'adresse de Thierry d'Argenlieu : « nous vous approuvons de veiller jalousement au maintien de nos prérogatives de souveraineté » [34].

De Gaulle mentionne « toutes les îles habitées du Pacifique » : Français et Américains peuvent-ils envisager l'occupation des îles Wallis de concert « puisque la guerre pousse les États-Unis à entretenir avec nous des relations de plus en plus étroites[35] » ? Il semblerait que la déclaration américaine contienne quelque réserve : les Américains subordonneraient leurs égards envers les territoires dans la mesure où ceux-ci seraient effectivement en lutte. Traiteraient-ils alors dans le cas contraire, ces territoires comme relevant de la France libre[36] ? Celle-ci ne prend pas cette éventuelle restriction au tragique, car c'est aussi flatter l'orgueil du chef de la

---

33 MAE, GU 39-45, Londres, vol. 74, p. 117.
Pour la France libre, la déclaration du 23 février constituerait «un désaveu formel et sévère de collaboration avec le Japon pratiquée par Vichy« (MAE, GU 39-45, Londres, vol 75, 2 mars 1942).
34 Quelques jours auparavant, le 25 février, de Gaulle annonçait au haut-commissaire la venue prochaine des Américains à Nouméa. Mais il insistait déjà : «vous devez faire tout pour obtenir que le commandement de la défense directe de nos colonies vous appartienne«.
35 Dans l'esprit du Général, cette période (février-avril 1942) est importante pour les relations franco-américaines. Après l'accord sur le Pacifique, il y a la déclaration du Département d'État qui reconnaît l'autorité de la France libre sur l'Afrique Équatoriale française. Jean-Louis Crémieux-Brilhac (op. cit., p. 299) écrit que de Gaulle avait vu dans la déclaration du 23 février, «un tournant de la politique américaine«.
36 Cette interrogation est d'autant plus pertinente que Roosevelt avait eu soin de préciser à Churchill que la Nouvelle-Calédonie «étant sous l'autorité des Français libres, il n'était pas question de la restituer à Vichy« (cité in Béziat A., op. cit., p. 228, note 4).
Voir aussi : Weeks C. J. Jr, «An hour of temptation : American Interest in New Caledonia, 1935-1945«, Australian Journal of Politics and History, 35, winter 1989, p. 185 à 200.

France libre qui souhaite que la reconnaissance de son mouvement ne procède pas d'une politique de cadeaux, mais de l'effort réel des Français libres. Cette reconnaissance est « un but encore éloigné » admet la France libre, et « nous ne l'atteindrons qu'avec beaucoup de patience et d'efforts, et en subordonnant toutes nos pensées et toutes nos actions à la Victoire en commun qui doit libérer la France ». Cette façon d'envisager les choses permet aussi de comprendre pourquoi de Gaulle insiste pour que les troupes françaises arrivent les premières à Wallis.

Wallis dans la France libre

L'entente entre la France libre et les forces américaines est précaire, que ce soit avant ou après la déclaration du 23 février 1942. Thierry d'Argenlieu entretient de difficiles relations avec les troupes américaines établies à Bora Bora depuis le 4 mars 1942 et à Nouméa depuis le 12 mars.

L'opportunité de rallier Wallis à la France libre varie d'une communication - entre Thierry d'Argenlieu et de Gaulle - à l'autre. C'est aussi l'occasion de vives mises au point du Général.

Thierry d'Argenlieu est déçu quand de Gaulle, troublé par l'extension de la guerre avec le Japon, lui conseille de « ne pas se disperser »[37]. Lorsque l'amiral l'interroge sur le fait de savoir si cette prudence ne serait pas due à des considérations de « politique générale interalliée », de Gaulle répond, froissé, que ce n'est pas le cas. Néanmoins, en janvier 1942, le contexte international n'est pas favorable à une intervention urgente. Le *Foreign Office* souhaite une entente avec les États-Unis pour qu'une opération ait lieu, c'est-à-dire qu'il faudrait attendre l'arrivée des Américains en Nouvelle-Calédonie. De Gaulle, échaudé par l'affaire de Saint-Pierre et Miquelon, demande à Thierry d'Argenlieu de surseoir à l'expédition

---

37 «Le ralliement des Wallis est une question dont la solution doit dépendre de la situation réelle dans cette partie du Pacifique. Je ne puis bien juger d'ici. Mon sentiment est qu'actuellement, il est préférable que vous ne vous dispersiez pas« (Lettres,... p. 153, 27 décembre 1941),

« pour des raisons d'opportunité politique ». Mais le même jour, dans un autre télégramme, il vitupère contre le *Foreign Office* :

> « Malgré mon vif désir d'être agréable au gouvernement de Sa Majesté je n'aperçois pas les raisons pour lesquelles le gouvernement de Washington doive être consulté au sujet d'une opération à entreprendre par des forces françaises sur des îles françaises. Je tiens à constater, une fois de plus, à cette occasion, combien il serait nécessaire que le CNF fût partie, dans l'établissement des plans interalliés d'actions dans le Pacifique[38]. »

Anthony Eden a toutefois pris contact avec les Américains et informe le Général des tractations, le 13 mars 1942 :

> « There is no objection to Free French forces taking action in the islands forthwith, and demolishing the wireless station. It is considered, however, that they would be little point in attempting to hold Wallis and Futuna in view of the possible scale of enemy attack, and a guarantee cannot be given that forces could be made available to resist an enemy attack which might follow from the occupation of the islands by Free French Forces. »

Quelqu'un a écrit au crayon sur le télégramme : « peu de chances de pouvoir tenir contre une attaque ennemie de quelque envergure ; graves inconvénients à disperser les forces concourant à la défense des territoires français libres du Pacifique[39] ». C'est qu'en effet, Adrien Tixier, délégué de la France libre à Washington, avait averti Londres que « la menace japonaise se rapproche chaque jour de nos possessions du Pacifique » (15 février 1942). Il semble aussi que pendant quelques semaines, en raison de la lutte acharnée à laquelle se livrent Japonais et Américains à peine établis dans les îles françaises (bataille de la mer de Corail), on ne sache plus très bien ce qui se passe à Wallis. Sautot soupçonne le résident d'avoir pu recevoir des vivres et de l'essence de Saïgon par un bateau japonais

---

38 MAE, GU 39-45, Londres, vol. 84, 17 janvier 1942.
39 MAE, GU 39-45, Londres, vol. 84, 13 mars 1942.

avant que le Japon n'entre en guerre. Le futur résident Mattei se demande si les Japonais ne sont pas déjà présents dans l'archipel[40].

Des problèmes internes à la Nouvelle-Calédonie viennent encore compliquer la situation et sans doute retarder la reprise du projet de reconquête de Wallis. Thierry d'Argenlieu se heurte au gouverneur Sautot et à ses nombreux partisans en Nouvelle-Calédonie. Thierry d'Argenlieu, pas plus que le Général, n'ont pu faire comprendre au gouverneur Sautot et aux Calédoniens que la menace japonaise après Pearl Harbor et la présence américaine (des dizaines de milliers d'hommes) exigeaient « un pouvoir aussi fort et centralisé que possible en Océanie ». Ce n'est donc plus Sautot qui peut conduire les opérations sur Wallis, car il n'a plus la compétence pour cela et il est d'ailleurs renvoyé de force à Londres, le 5 mai 1942[41]. Quant au capitaine Dubois, initialement prévu pour diriger le petit corps expéditionnaire et prendre la charge de résident, il est lui aussi écarté[42]. Le mois de mai a été particulièrement agité en Nouvelle-Calédonie et le haut-commissaire a eu du mal à surmonter l'épreuve, indéfectiblement soutenu, cependant, par le Général[43].

À Wallis, la situation se tend également. Le résident a peut-être été informé et a cru que les projets de Decoux de venir à Wallis et de reconquérir la Nouvelle-Calédonie étaient sérieux[44]. S'enfermant un

---

40 Mattei J.-B., «Le Ralliement des îles Wallis«, Revue de la France Libre, n° 99, juin 1957, p. 18 à 21.
41 Sur cette affaire, lire Sautot, op. cit. p. 141 à 170, et Kurtovitch I., «Du conseil d'administration de la Nouvelle-Calédonie pendant la Deuxième Guerre mondiale«, Bulletin de la SEH, n° 106, 1996, p. 21 à 49.
42 Le capitaine Dubois est ainsi décrit par un rapport du commissariat aux colonies : «homme de mœurs honorables, mais fortement soupçonné de visées autonomistes et emporté par des griefs personnels« (MAE, Londres, vol. 80, 2 juillet 1942). Georges Dubois demande à être affecté au bataillon du Pacifique sur le front oriental. De Gaulle accède à sa demande.
43 «J'ai chargé l'Amiral d'Argenlieu de défendre la souveraineté française en Nouvelle-Calédonie. Il est mon Délégué et se rebeller contre lui, c'est se rebeller contre moi«, écrit le Général.
44 SHAT, carton 10 H 81, série II, Indochine 1940-1945, sous-série 25, Nouvelle-Calédonie. Decoux télégraphiait au secrétariat d'État aux colonies de Vichy, le 9 janvier 1942, qu'il prévoyait «en premier lieu« (souligné par nous) une reprise de contact avec les îles Wallis, dès que le déroulement des hostilités le permettrait. Quant à la Nouvelle-Calédonie, il caresse l'espoir que l'avance japonaise permettra peut-être «de récupérer cette colonie sans risques

peu plus dans ses illusions, Vrignaud cherche à mettre sur pied une « légion » sur le modèle vichyssois « pour faire échouer, s'il venait à se produire, un mouvement de ralliement à la France libre » . Le roi s'y oppose, mais le résident finit par constituer une force d'une centaine d'hommes. Des affrontements entre Wallisiens semblent alors prévisibles selon l'évêque.

L'agitation à Nouméa est à peine terminée que le commandant en chef de la flotte américaine, l'amiral Ghormley, rencontre le haut-commissaire. Il lui signifie que « la position des îles Wallis fait partie du plan d'action de la Marine américaine » et lui enjoint de rallier l'archipel « dans un délai très bref » , faute de quoi la Marine « l'occuperait pour son propre compte » [45]. C'est bien l'esprit de la déclaration du 23 février, tel que nous l'avons analysé plus haut. L'expédition s'organise à la hâte, dirigée par le capitaine de frégate Cabanier. Le lieutenant de vaisseau Fourlinnie, commandant du *Chevreuil*, est chargé des opérations maritimes et le capitaine Molina, des opérations terrestres. D'après Claude Lestrade, les instructions reçues, par les membres de l'expédition, insistent sur la nécessité de faire passer en premier le *Chevreuil*, devant la flotte anglo-américano-australienne qui amène un contingent américain, « pour bien marquer qu'il s'agit d'un territoire français et installer le docteur Mattei comme nouveau résident » . Le débarquement se déroule sans problème le 27 mai 1942[46]. Le poste émetteur de radio, objectif principal, est occupé. Le résident Vrignaud qui croyait qu'arrivait un bateau de Saigon est arrêté sans violence. Le Premier ministre et ses ministres sont vite gagnés à la cause par des cadeaux. Selon les versions, le roi, ému par le geste de Molina qui lui agrafe la croix de Lorraine sur la poitrine crie « Vive le général de Gaulle » , ou spontanément, déclare qu'il attendait l'arrivée des soldats de la

---

excessifs«. Vichy ne suit pas Decoux dans son projet, mais continue à estimer (fin janvier 1942) que les Japonais ont bien l'intention d'attaquer la Nouvelle-Calédonie et de l'occuper.

45 Mattei J.-B., op. cit., p. 18. Voir aussi le témoignage de Thierry d'Argenlieu : Le Figaro, 9 avril 1945.

46 D'après Claude Lestrade qui s'appuie sur les notes du capitaine Molina, les instructions étaient de franchir la passe en premier, mais ensuite, en raison d'une possible présence japonaise, de laisser les Américains débarquer, après quoi Wallis et Futuna seraient ralliés à la France libre. Ce seraient Molina et Fourlinnie qui auraient décidé dans un «sentiment de fierté nationale« de ne pas attendre les Américains.

France libre et que l'on peut compter sur son loyalisme[47]. L'évêque commence par considérer que ce jour est une catastrophe pour les îles Wallis, puisque les « horreurs de la guerre » arrivent, mais il assure le nouveau résident Mattei qu'il ne fera rien pour gêner sa mission[48]. Thierry d'Argenlieu informe ainsi le général de Gaulle :

> « Je suis heureux de vous annoncer le ralliement des Wallis effectué par le *Chevreuil* le 27 mai. Accueil chaleureux de la population. Attitude du Résident correcte et celle de l'évêque réservée. Impression générale très favorable. Avais désigné Dr Mattei comme Résident. Attendons d'un instant à l'autre la nouvelle de l'arrivée du Corps expéditionnaire américain. »

Le lendemain, 28 mai 1942, c'est au tour des Américains de débarquer sur l'île. Ceux-ci souhaitent garder secrète la nouvelle de l'occupation de l'île, ce qui est l'occasion d'un nouveau différent avec le haut-commissaire. Ce dernier n'apprécie pas que les Américains laissent volontairement hors de service les stations de radio de Wallis et de Futuna[49], empêchant des relations suivies

---

47 Mgr Poncet note pourtant que le roi «sans vouloir se rallier explicitement à la France libre, déclara qu'il ne ferait pas d'opposition à l'action des autorités françaises relevant du général de Gaulle [...] La fidélité de Lavelua au gouvernement français de Vichy ne l'entraînait pas dans un véritable antagonisme à l'égard de la France libre ou des Américains« (p. 166). Les archives du Quai d'Orsay contiennent ce télégramme : «le roi et les ministres expriment au général de Gaulle leur profond et respectueux dévouement« (MAE, GU 39-45, Londres, vol 84, 9 août 1942).
Le fils du roi a donné une explication à ces contradictions :
«Après le débarquement des FFL, son premier mouvement a bien été de s'y rallier. Néanmoins, cette adhésion ne pouvait être que supercielle, les luttes intestines entre Français ne suscitant en lui qu'un fort étonnement. C'est seulement ensuite, après qu'il ait reçu plus d'informations qu'il a pu comprendre les enjeux«. Selon lui, les relations avec les FFL ont finalement été «moins distantes, et empreintes de plus de courtoisie« que ce qui est généralement rapporté (Te Fenua Fo'ou, n° 121, 3 avril 1998, p. 11).
48 Mattei J.-B., op. cit., p. 21. Selon Mgr Poncet lui-même, il assura chacun qu'il resterait fidèle au gouvernement de Vichy, mais ne refuserait pas «l'aide pratique« que la France libre et la marine américaine lui apporteraient (p. 161). Quand Thierry d'Argenlieu - homme d'Église rappelons-le, puisqu'il était carmélite - visite l'archipel en octobre 1942, il a un long entretien avec l'évêque. Suite à cette conversation, l'amiral écrit à de Gaulle que Mgr Poncet «ne veut nullement des difficultés à notre administration« (MAE, GU 39-45, Londres, vol. 84, 21 octobre 1942).
49 Le commandement américain, par une note du 15 juillet 1942, a demandé la fermeture des stations de radio de Nouvelle-Calédonie et des îles Wallis. De Gaulle demande à Thierry

entre le résident Mattei et lui. La France libre intervient à ce sujet
auprès de Washington, en octobre 1942, sans succès car, selon
Adrien Tixier, les Américains veulent attendre l'issue de la bataille
des Salomon (la bataille de Guadalcanal fait rage). À Londres, les
autorités de la France libre admettent ce point de vue. Sur le
télégramme envoyé par Adrien Tixier, il est écrit à la main :
« télégraphier à Tixier que nous sommes d'accord ; avons appris par
source américaine que les îles Ellice [actuelles Tuvalu] voisines des
Wallis avaient été occupées par les Japonais » .

Le secret est d'abord bien gardé, mais une « imprudence » laisse
transpirer la nouvelle de l'occupation des Alliés. Le capitaine
Molina a vendu à ses matelots des timbres surchargés de la mention
du jour du débarquement. Puis d'autres timbres sont émis avec la
mention « France libre » . Vichy est alors mis au courant, le 18 août
1942, par Gaston Henry-Haye, son ambassadeur à Washington. À
Londres, il faut plusieurs mois avant qu'on prenne conscience de la
fuite. Ce n'est qu'en mars 1943 que l'on trouve cette réaction dans
les archives : « il semble que par imprudence les timbres de Wallis et
Futuna aient été *surchargés* ; si le commissariat aux Affaires
étrangères avait été consulté [...] il s'y serait opposé » .

Conclusion

La question des îles Wallis et Futuna montre donc bien que, même
pour un territoire peu peuplé, dont l'importance stratégique
n'apparaît que tardivement, le général de Gaulle défend avec
acharnement la souveraineté de la France. Quant aux Américains, là
encore, ils sont longtemps prêts à faire des concessions à Vichy.
L'obstination du Général, relayée par l'amiral Thierry d'Argenlieu, a
fini par maintenir cette souveraineté sur l'ensemble des possessions
françaises du Pacifique. Pour autant, de Gaulle a-t-il rallié les
populations autochtones à sa cause ? La légende le veut[50]. Nous

d'Argenlieu de «conserver à son service les postes de radio des territoires qui sont sous son
autorité« (Lettres,... p. 319-320 et 322 à 324).
50 Cette légende a été alimentée par le fait que quatre Wallisiens séjournant en Nouvelle-
Calédonie ont rejoint le Bataillon du Pacifique. Parmi eux, il y a trois frères Brial. Leur mère,
Aloïsia, a été reine de Wallis de 1954 à 1958, après que l'Administration se soit opposée à

avons montré que les populations wallisiennes et leurs autorités coutumières ont eu une attitude complexe, comme les populations mélanésiennes de Nouvelle-Calédonie, comme les populations tahitiennes des ÉFO, tout simplement parce qu'elles étaient étrangères aux enjeux en présence ou qu'on les ait volontairement écartées du déroulement des événements[51].

l'élection de son fils aîné, Emmanuel, à la royauté. Un autre fils, Benjamin, a été député gaulliste de 1967 à 1989. La famille Brial joue toujours un rôle de premier plan. Le député, élu en 1997 et réélu en 2002, s'appelle Victor Brial.
51 Sur l'attitude des populations mélanésienne et polynésienne, voir le chapitre précédent.

Chapitre 4

LE « COUP DE POUCE »
DU GOUVERNEMENT CENTRAL
AU GAULLISME
EN OCÉANIE OU
« QUI A BESOIN CONTROLE »

Nous avons vu que le gaullisme sous la forme du RPF n'avait pas réussi à s'implanter en Océanie avant 1958, sauf sous la forme d'un attachement à la personne du général de Gaulle. Le retour de ce dernier au pouvoir a permis, en Océanie comme en métropole, la résurrection (ou l'émergence) d'une nouvelle force politique qu'on a appelée l'Union pour la Nouvelle République (UNR), fidèlement attachée à défendre les institutions de la Vème République et la politique de grandeur de son président.

Avant même les événements de mai 1958 qui conduisirent au retour du Général, les partisans de ce dernier ont cherché à préparer ce retour dans les TOM. Outre l'action bien connue de Jacques Foccart, Jacques Chaban-Delmas avait délégué en Nouvelle-Calédonie comme en Polynésie française, André Rives de Lavaysse, connu sous le nom de Rives-Henrys. Celui-ci, né en 1917, avait participé à la deuxième guerre mondiale et à la Résistance. Il faisait partie du comité directeur du RPF et avait été chargé de mission dans divers cabinets ministériels depuis 1954. Le personnage est difficile à cerner. Ses ennuis juridiques en 1974 (scandale politico-financier de la Garantie foncière) ont fait que les dirigeants des divers partis gaullistes qui étaient ses contemporains font comme s'ils ne l'avaient jamais connu. Jacques Chaban-Delmas est mort avant d'avoir honoré sa promesse de nous informer sur la mission qu'il lui avait confiée en 1958. Ce que l'on sait cependant, c'est qu'il a été actif à Nouméa, puis à Papeete où il a tenté avec un relatif succès de fédérer les forces hostiles à Pouvanaa. Ces derniers se sont regroupés dans l'Union Tahitienne Démocratique (UTD) présidée par Rudy Bambridge (on y trouvait aussi Gérald Coppenrath, Frantz Vanizette, Francis Sanford et Gaston Flosse). L'UTD est devenue rapidement le parti gaulliste de Polynésie qui s'est affilié à l'UNR. C'est l'amorce du futur *Tahoera'a*.

Rapidement, le gouvernement central mit sur pied une stratégie pour éliminer de la vie politique ceux qui pourraient constituer une opposition à la politique du Général, avec en perspective l'utilisation d'une partie du Pacifique Sud pour des expérimentations nucléaires.

Nous avons montré, dans divers ouvrages ou articles, principalement consacrés à Pouvanaa et à Maurice Lenormand le véritable acharnement mis par le pouvoir central pour discréditer ces deux leaders et les destituer de leur mandat de député. Dans l'ouvrage *Pouvanaa a Oopa, victime de la raison d'État*, nous avons produit (p. 135) un tableau comparatif sur le destin des deux nationalismes représentés par leurs députés.

Autrement dit, la montée du gaullisme en Océanie française n'est pas seulement le fruit de l'attachement à de Gaulle (qu'il ne faut cependant pas négliger), mais le résultat d'une action délibérée qu'on retrouve d'ailleurs dans l'ensemble de l'outre-mer pour favoriser électoralement les partisans du Général et pour «gêner» ses opposants. A La Réunion, des fraudes massives couvertes par le gouvernement central et une propagande forcenée permirent le renforcement du gaullisme[1]. Une politique de répression aux Antilles éloigna les opposants[2].

Pour en revenir au Pacifique, l'exemple de Wallis et Futuna est éclairant[3]. L'archipel – jusque-là Protectorat - devint un TOM, seulement en juillet 1961. L'élection législative du 25 mars 1962 montre que le pouvoir central entendait bien contrôler ses territoires du Pacifique et ne laisser élire que des fidèles. Trois candidats sont en présence :

1/ Hervé Lhoste (né en 1926 en Gironde) qui était un des administrateurs de la maison Ballande de Nouméa, soutenu par les trois rois et l'Eglise. La maison Ballande distribuait les produits de consommation dans l'archipel et tient sans doute à s'assurer le quasi-monopole grâce à la présence d'un député qui faisait partie de son personnel dirigeant. Son

---

1 Yvan Combeau, La vie politique à La Réunion, 1942-1962, Cresoi-SEDES, 2001.
2 Laurent Jalabert, La colonisation sans nom. La France et l'outre-mer de 1960 à nos jours, l'exemple de la Martinique, Les Indes savantes, Paris, 2006.
3 Nous utilisons ici le mémoire de DEA d'Allison Lotti, déjà cité.

père fut d'ailleurs élu sénateur le 23 septembre 1962, ce qui semble bien manifester une volonté de domination d'un clan. Hervé Lhoste se disait gaulliste, mais se présenta sous l'étiquette «indépendant ».

2/ Benjamin Brial (né en 1923) dont nous parlons dans le chapitre précédent s'était engagé avec ses deux frères dans les Forces navales françaises libres (FNFL). Il avait été fusilier marin, décoré de la médaille militaire et de la médaille de la France libre. Sa mère, Aloïsia avait été reine de Wallis de 1954 à 1958 (date à laquelle elle fut contrainte à la démission) et son père était un Européen, commerçant dans l'île. Lors du référendum qui devait décider si Wallis et Futuna passerait du statut de protectorat à celui de TOM, il avait été particulièrement actif en faveur du OUI. La vie politique à Wallis est particulièrement complexe et Benjamin Brial s'était opposé au roi de Wallis, Tomasi Kulimoetoke[4], désigné en mars 1959. Ses rapports avec l'Eglise n'étaient pas bons non plus.

3/ Soane Tiki, un candidat marginal.

Le témoignage - recoupé par d'autres sources - de l'ancien administrateur supérieur (l'équivalent local du haut-commissaire), Jean Périé, ne laisse aucun doute sur l'implication du gouvernement central dans cette élection et sur sa volonté de favoriser Benjamin Brial.

Début mars 1962, le représentant de l'administration à Futuna fut relevé de ses fonctions sur ordre du haut-commissaire de Nouméa en raison de sa « partialité » à l'égard de la candidature de Benjamin Brial. Peu après, l'administrateur supérieur fut mis en demeure de « faire passer le candidat Benjamin Brial par tous les moyens ». Le message qu'il reçut précisait : «par tous les moyens, vous entendez bien, par tous les moyens ». Il fut alors assuré que l'Élysée et Matignon étaient d'accord. Pour être encore plus direct, il y eut cet avertissement : la place de l'administrateur supérieur était en jeu.

---

4 Tomasi Kulimoetoke est toujours roi en 2006, à l'âge de 87 ans.

Devant le refus de ce dernier d'obtempérer, le haut-commissaire le démit, ce qui n'était pourtant pas en son pouvoir. L'administrateur supérieur voulant faire valoir son bon droit, le capitaine de frégate Fougère arrivé sur l'aviso Francis Garnier n'hésita pas à prévenir qu'il avait l'ordre d'utiliser la force. Deux jours après l'élection, Jean Périé quittait le Territoire.

Le gouvernement central échoua dans sa manœuvre et Hervé Lhoste fut élu avec 1 895 voix contre Benjamin Brial, 1 385 voix. Il échoua encore quelques mois plus tard quand l'Assemblée nationale fut dissoute. Le 2 décembre 1962, fut une réédition de l'élection précédente. Cependant, en 1967, Benjamin Brial devint député pour plus de vingt ans et domina largement la vie politique locale. Dans sa profession de foi, il indiquait qu'il « resterait toujours aux côtés du général de Gaulle », rappelant qu'il avait été un soldat de la France libre. Il se réclame expressément de l'UD-Vème République. En 1962, Hervé Lhoste (sous l'étiquette Républicain indépendant) n'avait fait nulle mention d'un attachement au gaullisme[5].

Deux enseignements sont à retenir de ce qui précède.

Premièrement, on notera que le gouvernement central faisait des choix précis au moment des élections, n'hésitant à bousculer éventuellement les partis locaux même s'ils lui étaient favorables[6]. À Wallis, l'embryon de section UNR a été considéré comme quantité négligeable par le pouvoir. Si les manœuvres ne réussissaient pas du premier coup, une véritable obstination finissait par obtenir ce qui était désiré.

---

5 Les professions de foi sont déposées aux archives de l'Assemblée nationale (Recueil Barodet).
6 L'exemple de l'élection de Francis Sanford contre John Teariki en Polynésie française en 1967, souvent donnée en exemple, est caractéristique. Contre la volonté des gaullistes locaux, le gouvernement au plus haut niveau intervient pour que le gaulliste Nedo Salmon se retire au second tour. Quelques mois plus tard, Francis Sanford s'allie avec John Teariki. D'après Jacques Foccart, de Gaulle aurait dit que c'est le « mauvais cheval » qui avait été choisi.
Le cas des législatives de 1973 montre de façon aussi flagrante l'intervention du Gouvernement français et du gouverneur. Francis Sanford a pu stigmatiser avec raison les agissements du gouverneur Pierre Angeli pour tenter – en vain - de faire triompher Gaston Flosse. La presse nationale s'est faite l'écho de ces agissements (L'Express, 16 avril 1973).

Deuxièmement, on s'interrogera sur les motifs qui expliqueraient un tel engagement. En 1962, l'élection d'un député supplémentaire en cours de mandat ne risquait pas de modifier la majorité parlementaire. Il y avait donc une raison de « haute politique ». Nous avons de bonnes raisons de penser qu'au moment d'imposer le CEP en Polynésie, c'était l'ensemble des territoires d'Océanie qui devaient être contrôlés afin d'éviter toute contestation. En Polynésie, Pouvanaa avait déjà été évincé. En Nouvelle-Calédonie, l'étau se resserrait sur Maurice Lenormand qui tombait à son tour en 1963. À Wallis, à toutes fins utiles, ce fut un gaulliste avéré, un compagnon d'armes, que le pouvoir choisit et chercha à imposer.

Dans les chapitres précédents, nous suggérions que le gaullisme ne s'était pas seulement imposé en souvenir de la Seconde guerre mondiale. Il est clair qu'il s'est imposé en Océanie surtout par une politique délibérée, avec des objectifs précis - garder ces territoires sous domination française -, alors que l'Afrique française avait pu devenir indépendante.

Cela revient à poser une question essentielle : pourquoi de Gaulle n'a-t-il pas accordé l'indépendance aux TOM du Pacifique alors qu'il l'avait accordée aux TOM d'Afrique ? Nous ne pouvons qu'esquisser des éléments de réponse au travers de citations de l'intéressé.
À Tahiti, en 1956, alors qu'il n'a aucune fonction politique, le Général avait déclaré :

> « Il y a la tendance de toutes les entités ethniques populaires et nationales à garder leur caractère propre et à disposer d'elles-mêmes. Il y a en même temps la nécessité primordiale de se rattacher délibérément à un grand ensemble économique, culturel, politique, sans quoi chaque territoire tomberait vite dans la misère, serait la proie de l'ignorance et servirait de champ de bataille à tous les impérialismes du monde. »

Voulait-il par là déjà annoncer que le Territoire devrait rester français, que tel serait son intérêt propre ? Cette vision touchait-elle tous les Territoires français du Pacifique ? Le Général explique son attitude et Alain Peyrefitte rapporte ses propos :

> « - *Conseil des ministres du 9 octobre 1963* : La loi-cadre Defferre était faite pour de grands territoires africains, non pour un petit territoire comme la Nouvelle-Calédonie. Peut-être aurait-il fallu en faire un département, elle en avait la taille[7]. »

> « - *Conseil des ministres du 14 août 1964* : Dans le cas de la Nouvelle-Calédonie, aussi bien que dans celui de la Polynésie, il ne peut pas y avoir de question quant à notre souveraineté ! Leur situation n'a aucun rapport avec les territoires que nous avons affranchis. »
> « En Nouvelle-Calédonie, tout a été fait par la France[8]. Les Français d'origine représentent la moitié de la population. Il faut s'acheminer vers un statut analogue à celui des DOM.
> La Polynésie, c'est 70 000 hab. Le développement, l'information, la scolarisation, la pratique du français doivent être le corollaire de l'installation du CEP et demeurer après lui. »

D'autres réflexions du Général sur la Guadeloupe montrent la différence qu'il opère avec l'Afrique :

> « La France a décolonisé partout. Elle l'a fait en Afrique. Mais la situation en Afrique n'a aucun rapport avec celle de la Guadeloupe. Des pays africains sont devenus des États ; mais il s'agissait de peuples africains, dans l'immense ensemble africain, établis sur la terre africaine, où depuis toujours leurs ancêtres avaient vécu, où ils avaient gardé leurs traditions, leur civilisation, leur langage, leur mode de vie [*on se réfèrera aussi à la note 7 ci-dessous*]. C'est ainsi qu'ils

---

7 Michel Rocard donne une autre interprétation des faits :
« En 1958, au moment où la Nouvelle-Calédonie fut appelée à opter entre le statut de TOM et l'accession à l'indépendance, sur la demande écrite de tous les élus du Territoire, le gouvernement du général de Gaulle répondit sous la signature de trois de ses ministres d'État que la loi Defferre continuerait à s'appliquer ».
In François Mitterrand et les Territoires français du Pacifique, Les Indes Savantes, 2003, p. 389.
Sur les tentatives de faire de la Nouvelle-Calédonie un département, voir notre étude : « Gouverneurs du Pacifique (1958-1977) » in Audigier F., Lachaise B., Laurent S., Les gaullistes, hommes et réseaux, Paris, Nouveau monde éditions, 2013, p. 261 à 282.
8 On mesurera la différence d'analyse avec celle du président Chirac le 20 juin 2006, lors de l'inauguration du musée du quai Branly : « Peuples humiliés et méprisés, auxquels on allait jusqu'à dénier qu'ils eussent une histoire ».

ont pu devenir des États. Encore ces pays doivent-ils vaincre de très lourdes difficultés pour se doter d'une administration et d'une infrastructure.

En Guadeloupe, tout est complètement différent. Elle est un creuset, où se sont mêlés des gens venus de tous côtés, d'Afrique, certes, mais aussi d'Europe et d'ailleurs. Tout le monde y parle français, tout le monde s'y sent Français. L'Amérique est d'un côté, l'Europe de l'autre. Entre les deux, il n'y a que des poussières dans l'Océan. On ne bâtit pas avec des poussières. On doit faire partie d'un grand ensemble (19 mars 1964).[9] »

Pour intellectuellement solides que soient les analyses du Général, elles cachent mal, pour le Pacifique du moins, les objectifs que nous révélons par ailleurs : le nickel et le CEP.

Le traitement réservé aux territoires africains ne devait pas être administré à l'Océanie, car le pouvoir en avait besoin.

« Qui a besoin, contrôle », telle pourrait être la formule.

---

9 Les trois citations du Général sont extraites de Peyrefitte A., C'était de Gaulle, vol 2, Ed. de Fallois/Fayard, 1997.

Chapitre 5

FRANÇOIS MITTERRAND, PÈRE FONDATEUR DU *TAHO'ERA'A* ?

Collection photo de la Commune de Papeete (Fonds BDA)

Chacun aura compris, à la lecture du titre, qu'il y a une « provocation » évidente. Pratiquer l'Histoire permet parfois quelque clin d'œil et l'humour peut servir à stimuler la pensée.

Toutefois, le titre met l'accent sur une réalité. Il souligne aussi à quel point les positions politiques connaissent des évolutions étranges, parfois rapides, difficilement compréhensibles avec le recul du temps. On s'étonne parfois des alliances fluctuantes dans la vie politique polynésienne, mais ailleurs aussi elles existent, moins visibles certes, plus lentes à bouger. Mais le propre de la vie politique c'est de ne pas être statique car les événements internationaux ou nationaux, les destins des hommes et des femmes s'emballent par moments.

Dans nos deux ouvrages, *Te Metua* et *François Mitterrand et les territoires français du Pacifique*, nous avons évoqué le rôle de celui qui allait devenir président de la République dans la vie politique locale.

Nous reprenons ici l'essentiel de cette approche. Le schéma en fin d'article permettra de suivre l'évolution que nous décrivons.

En octobre 1949, Pouvanaa emporte l'élection législative consécutive au décès de Georges Ahnne. A l'époque, il n'existait pas encore de partis politiques à proprement parler et, seul, Pouvanaa disposait d'un comité créé deux ans plus tôt dans la perspective de le faire évoluer en parti. Les circonstances n'avaient pas permis cette transformation, mais un réseau de sympathies était bien en place et devait révéler son efficacité. Un mois après son élection, Pouvanaa créait le RDPT qui devait lui assurer le succès pendant une dizaine d'années. Les adversaires de Pouvanaa n'étaient pas prêts à se lancer dans l'aventure des partis et – sans doute encore imprégnés des conceptions de la droite française d'avant-guerre – pensaient qu'il suffirait de présenter une personnalité bien connue et appréciée pour que le siège de député soit entre les mains de la bourgeoisie locale. C'est ainsi que le pasteur Vernier fut choisi, mais sa notoriété ne put rien contre Pouvanaa. Le temps n'était plus où les Polynésiens se rangeraient derrière la bannière d'un *popa'a*, aussi respecté qu'il fût.

Cette élection avait suscité quelques prétentions dans les partis politiques de métropole.
Dans *Te Metua*, nous évoquons le rôle capital joué par le communiste Georges Lachenal dans l'organisation de la campagne de Pouvanaa et l'élaboration du programme du RDPT. Le but était double : attirer Pouvanaa dans le groupe communiste à l'Assemblée nationale et former à Tahiti un certain nombre d'hommes et de femmes au marxisme. Ces deux objectifs furent manqués et Pouvanaa tenait beaucoup à proclamer qu'il n'était pas communiste.

Un nouveau parti s'était constitué après la guerre en métropole : le Mouvement républicain populaire (MRP). Il rassemblait essentiellement à l'origine des catholiques qui, déjà avant-guerre, s'écartaient des positions conservatrices de l'Eglise ou qui, pendant la guerre s'étaient engagés dans la Résistance. Le MRP, sans le dire vraiment, était un parti dans la mouvance de la démocratie chrétienne mais, dans un pays laïc, ne tenait pas à afficher son engagement catholique. Le parti s'était allié au parti communiste et au parti socialiste (SFIO) mais la Guerre froide rompit cette alliance rapidement. Du coup, le MRP glissa progressivement vers des positions de droite. En 1949, le MRP cherchait encore à gagner de nouvelles audiences et s'intéressait à l'outre-mer. Il jouait du reste un rôle non négligeable à l'Assemblée de l'Union française et cherchait à faire évoluer les populations locales en dénonçant les aspects excessifs du colonialisme sans remettre en cause la présence française. Un des membres MRP de cette assemblée, Henri Gaignard, envisagea de se présenter à l'élection législative de Tahiti, pensant qu'il avait une chance. Pendant la guerre, il avait combattu dans le Pacifique et travaillé au cabinet de Thierry d'Argenlieu. Il avait épousé une Calédonienne. Cet homme intelligent comprit vite qu'il n'avait aucun espoir de figurer honorablement dans l'élection. De plus, ce catholique réalisa que son mouvement politique, trop marqué par le catholicisme, ne réussirait pas dans un territoire où le protestantisme était encore puissant et où les positions de l'Eglise catholique restaient beaucoup trop conservatrices. Cependant, Henri Gaignard rencontra le maire de Papeete, Alfred Poroi, et le persuada que pour combattre Pouvanaa - l'un et l'autre s'obstinaient à considérer ce dernier comme un communiste - il fallait créer un parti politique. Après l'élection de Pouvanaa, les amis protestants d'Alfred Poroi (Tony Bambridge et des pasteurs) le pressèrent de mener une campagne contre la «menace communiste». Alfred Poroi fonda l'Union populaire océanienne (UPO). Le journal *To Tatou Aveia* permet de cerner l'idéologie du parti. On y retrouve des thèmes généreux dans la lignée du MRP, conjugués à un anti-communisme qui vise surtout Pouvanaa.

Dans les EFO, la vie politique était balbutiante et la culture locale peu adaptée au fonctionnement des partis. Il fallait aller chercher des aides en métropole. Ainsi, même si le RDPT n'était nullement d'obédience communiste, le jeune Jean-Baptiste Céran-Jérualémy n'hésitait pas à demander des conseils à Georges Lachenal avant leur brouille. L'UPO avait peu de chance de survivre. Le MRP ne pouvait guère lui servir de modèle en raison, nous l'avons souligné, de son catholicisme. Il fallait aller chercher ailleurs. Alfred Poroi rencontra François Mitterrand. A l'époque, ce dernier avait déjà une belle envergure politique. Membre de l'Union démocratique et socialiste de la Résistance (UDSR[10]), petit parti indispensable aux coalitions, il entendait jouer un rôle de premier plan et surtout contrôler sa formation politique dominée jusque-là par René Pleven. Pour François Mitterrand, qui commençait à connaître l'Afrique, il y avait, outre-mer, la possibilité de créer des fédérations de l'UDSR qui l'aideraient à devenir majoritaire dans le parti. Ce fut ainsi – sans que les archives n'apportent pour le moment beaucoup d'explications – qu'Alfred Poroi rallia l'UDSR et fonda une fédération de ce parti à Papeete à la mi-1950. L'UDSR avait un avantage par rapport au MRP : son programme était en faveur de la décentralisation, de la protection des populations autochtones dans l'Union française, de la réforme du statut des entreprises, du développement des coopératives et d'une amélioration du sort des travailleurs. L'UDSR ne devait pas inquiéter la bourgeoisie tahitienne, car le mot socialiste contenu dans l'intitulé du parti n'avait rien à voir avec le marxisme. Ce n'était pas ce parti qui remettrait en cause l'essentiel, mais avec les promesses de justice sociale, il permettait de combattre sur le même terrain que le RDPT. De plus, en juillet 1950, le nouveau président du Conseil (le 1er ministre de l'époque) était René Pleven et François Mitterrand son ministre de la France d'outre-mer, poste auquel il sut tisser des amitiés dans les anciennes colonies et consolider sa carrière.

François Mitterrand croyait-il qu'Alfred Poroi serait un appui efficace ? N'aurait-il pas dû soutenir plutôt Pouvanaa comme il fit plus tard ? Ce serait se tromper d'époque. François Mitterrand venait de réussir en Afrique une opération importante : détacher la plupart des leaders des fédérations du Rassemblement démocratique africain (RDA) de l'influence communiste. Dans le contexte de la Guerre froide, François Mitterrand affichait clairement son anti-communisme. A l'époque également, il déclarait qu'il n'imaginait pas « que nos territoires d'outre-mer puissent être appelés à se gérer

---

10 Voir le chapitre sur le RPF.

eux-mêmes ». Le rapprochement entre François Mitterrand et les autonomistes du Pacifique ne s'effectua que tardivement. Le premier prétendit que ce fut en 1956 grâce à la loi-cadre de Gaston Defferre, mais il est vraisemblable que ce fut après 1958.

Il ne faut donc pas s'étonner que le futur leader de la gauche donna sa caution en 1950 à la création d'un parti hostile à Pouvanaa.

Alfred Poroi laissa bientôt les rênes de l'UDSR locale à Maître Hoppenstedt. L'UDSR ne connut à Tahiti que des succès médiocres, se divisa en deux formations qui portèrent les noms peu originaux de UDSR 1 et UDSR 2. Dans cette dernière, Tony et Rudy Bambridge jouèrent un rôle ambigu. Le premier soutenait en même temps le RPF local. Les relations entre les partis nationaux et les partis locaux qui leur sont affiliés n'ont jamais été limpides. L'UDSR locale ne ressemblait guère à l'UDSR nationale. Maître Hoppenstedt et les Bambridge lui donnèrent une orientation nettement plus « droitière » si tant est que cette expression ait un sens à Tahiti. Ce qui est sûr, c'est que les intérêts de la bourgeoisie locale étaient prioritaires. Pouvanaa représentait un tel danger pour cette dernière, surtout lorsque la loi-cadre de Gaston Defferre avec son statut d'autonomie interne donnait la direction du Territoire au député. Une première union se réalisa, fin 1957, pour les élections territoriales avec les deux UDSR, divers petites formations et avec des personnalités indépendantes. Après la victoire de Pouvanaa et les déclarations mal interprétées de J-B Céran-Jérusalémy sur la «République de Tahiti », l'opposition chercha encore à mieux se regrouper. La venue de Rives-Henrys dont nous avons déjà parlé permit d'atténuer les réticences des uns et des autres et, en avril 1958, était créée l'Union tahitienne démocratique (UTD). D'abord fragile, cette union se mua en parti politique, surtout après le retour du général de Gaulle au pouvoir. On remarquera aussi cette singularité de la vie politique locale que ce qui allait être le grand parti gaulliste n'était pas issu du RPF que le Général avait créé, mais de l'UDSR que François Mitterrand avait favorisé. Des membres de ce qui restait du RPF vinrent peu à peu s'agréger au mouvement gaulliste constitué dès avril 1958.

L'UTD reçut l'aide du parti gaulliste, l'UNR, et du gouvernement central. En 1962, l'UTD qui se divisa pourtant en perdant Alfred Poroi et ses amis[11]. Autour de Rudy Bambridge, Gérald Coppenrath et Gaston Flosse qui émergeait progressivement, se créa l'UT-UNR, remplacée en 1968 par l'UT-UDR[12]. Le gaullisme était désormais bien implanté en Polynésie, même s'il resta longtemps encore minoritaire. Mais les institutions de l'époque avec un gouverneur puissant et représentant fidèle du gouvernement central, les volontés du Général ne souffraient guère d'opposition. Les relations entre les gouverneurs et l'UT-UNR étaient étroites. Le secrétaire général de la Polynésie française rédigeait des articles bien argumentés (avec toutes les informations dont il disposait, il pouvait contrecarrer les autonomistes de l'époque) et les envoyait au parti. L'un des dirigeants signait l'article que la presse s'empressait de publier. Les chefs de service du gouverneur rédigeaient des questions que les conseillers UT-UNR de l'assemblée posaient au sein de l'hémicycle. Cela n'empêchait pas des heurts entre certains élus UT-UNR et les administrateurs d'État. L'Église catholique et l'Armée apportaient également un soutien appuyé au parti[13].

Le comité directeur de l'UT-UDR réuni le 24 juillet 1971 prit une décision importante. Rudy Bambridge souhaita laisser la place de président à Gaston Flosse qui occupa dès lors une place de premier plan dans la vie politique polynésienne. Devenu président d'honneur du parti, il s'expliqua lors du congrès de l'UT-UDR, en présence de René Tomasini, secrétaire général de l'UDR :

> « Il fallait éviter la sclérose [...] j'ai cru de mon devoir de demander à une personnalité plus jeune qui avait fait la preuve de son sens de l'organisation, de prendre la relève. Ceci malgré votre avis [René Tomasini] et de celui de nos

---

11 On peut voir dans l'origine de cette scission les ambitions d'Alfred Poroi qui s'appuie sur les protestants pour s'emparer du siège de sénateur détenu par le catholique Gérald Coppenrath.

12 En métropole, l'UNR se mua en UDR en 1968. Le sigle signifiait Union pour la Défense de la République, dans le contexte de mai 1968. En 1971, le sigle changea de signification : Union des Démocrates pour la République. En 1977 l'UDR fut remplacée par le RPR.

13 Ces affirmations sont facilement contrôlables à la lecture de la presse et des procès-verbaux de l'assemblée territoriale. Elles s'appuient aussi sur le témoignage d'un ancien permanent du parti.

amis métropolitains. Vous pouvez maintenant être rassurés [...] le nouveau président de l'UT-UDR est efficace (4 mars 1972). »

Peu à peu, les gaullistes locaux comprirent que pour l'emporter un jour, il leur faudrait prendre des «couleurs locales », comme l'avaient déjà fait les autres partis. Ce fut réalisé avec la création du *Tāhō'ēra'a Huira'atira*, appellation décidée au congrès de 1972. Notons que déjà, en 1958, est paru - quelques numéros seulement - un bulletin en langue tahitienne dirigé par Nedo Salmon et dans lequel écrivait Rudy Bambridge pour fustiger Pouvanaa et son gouvernement. Ce bulletin, organe de l'UTD, s'appelait *Te Tahoeraa, Ve'a na te Tahoeraa Maohi Hau Huiraatira*. Le parti UTD se déclinait également - expression qu'on ne retrouve que rarement - sous le nom *Te Tahoeraa Maohi Hau Huiraatira*.

Le changement de nom n'est qu'un élément de la transformation. L'emblème du parti devînt le *fei*, ce fruit de couleur orange avec un régime qui monte vers le ciel. Chaque *fei* est attaché solidement autour de la tige centrale. Les fruits serrés les uns contre les autres symbolisent les militants unis autour de leurs dirigeants et « en particulier de leur chef »[14]. Aux élections législatives de 1973, les bulletins de vote de Gaston Flosse sont de couleur orange.

Toutefois, l'utilisation du nouveau nom ne devînt courante que progressivement. Aux élections territoriales de septembre 1972, comme aux législatives de 1973, le parti porte le nom complexe d'*Union Tahitienne-Tahoera'a maohi UT-UDR*. En mars 1975, Gaston Flosse s'exprime au nom du *Tahoera'a Huiraatira* et de l'UT-UDR.

Si le site internet du parti indique que le parti est devenu le *Tāhō'ēra'a Huira'atira* en 1977, c'est parce qu'à cette date l'appellation officielle (UT-UDR) disparut. Il est vrai qu'en métropole l'UDR fut aussi remplacée par le RPR. Le parti orange était désormais indépendant du parti français, même si ses leaders appartenaient au RPR (Gaston Flosse avait participé à sa création).

---

14 D'après le site internet du parti.

Ainsi, sans le prévoir, François Mitterrand favorisa-t-il la création d'une force politique qui, de mutation en mutation, constitua un mouvement qui s'opposa à lui.

DE L'UPO AU TAHOERA'A

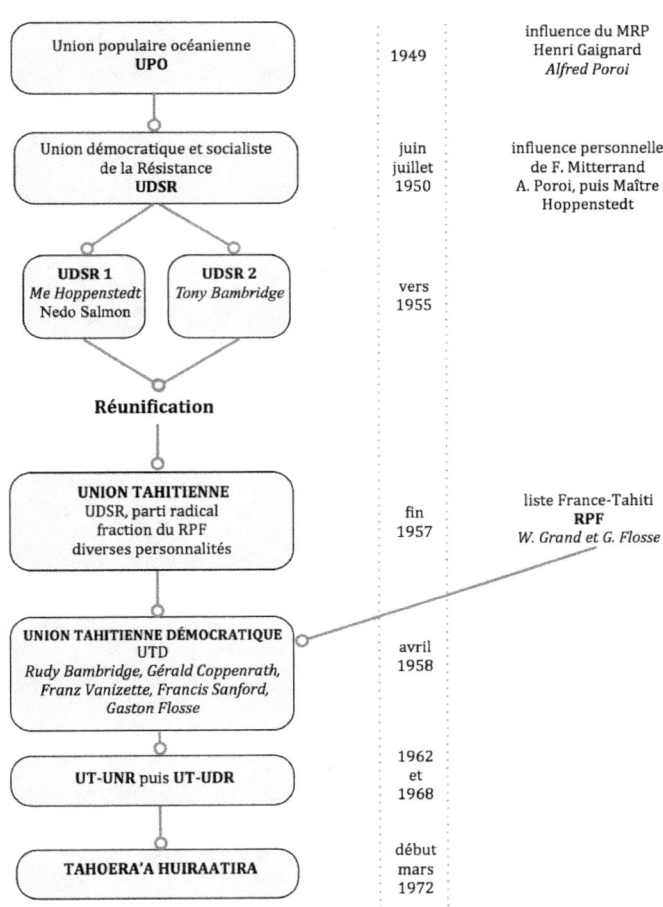

Union populaire océanienne **UPO**	1949	influence du MRP Henri Gaignard *Alfred Poroi*
Union démocratique et socialiste de la Résistance **UDSR**	juin juillet 1950	influence personnelle de F. Mitterrand A. Poroi, puis Maître Hoppenstedt
UDSR 1 *Me Hoppenstedt* Nedo Salmon **UDSR 2** *Tony Bambridge*	vers 1955	
Réunification		
UNION TAHITIENNE UDSR, parti radical fraction du RPF diverses personnalités	fin 1957	liste France-Tahiti **RPF** *W. Grand et G. Flosse*
UNION TAHITIENNE DÉMOCRATIQUE UTD *Rudy Bambridge, Gérald Coppenrath, Franz Vanizette, Francis Sanford, Gaston Flosse*	avril 1958	
UT-UNR puis **UT-UDR**	1962 et 1968	
TAHOERA'A HUIRAATIRA	début mars 1972	

* *en italique : noms des dirigeants des partis locaux*

Deuxième partie

ESSAIS
ET
RETOMBÉES NUCLÉAIRES

Chapitre 1

LA FRANCE
À LA RECHERCHE
DE SITES NUCLÉAIRES
1957-1963

Le contenu de cet article a été présenté à l'Université de Polynésie française
le 3 novembre 1999.

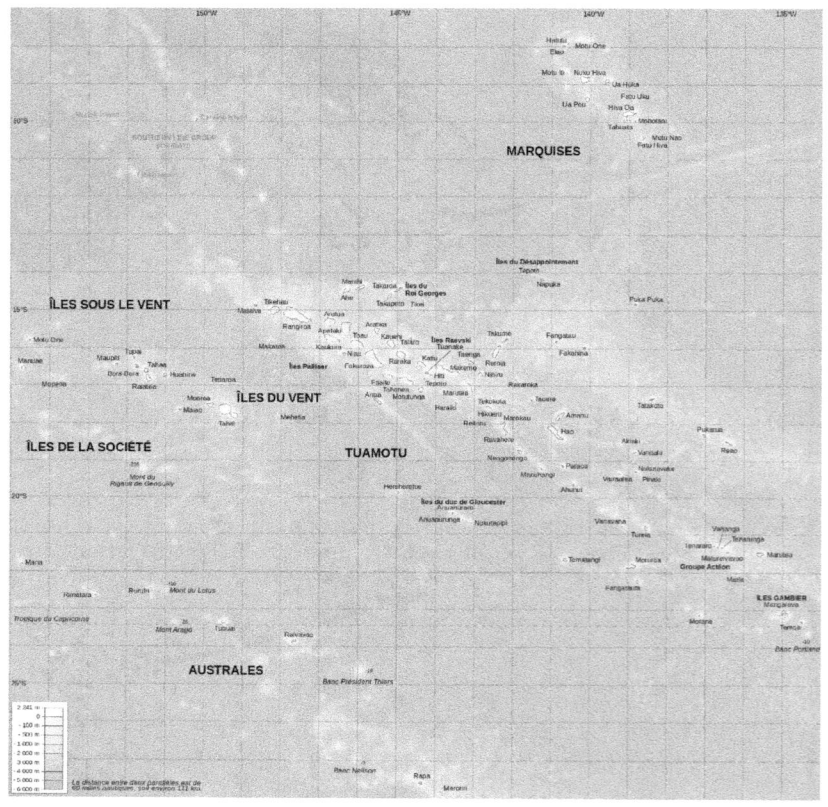

Source Wikipedia

L'article qui suit est paru dans les *Cahiers du centre d'Études d'Histoire de la Défense*, château de Vincennes, n° 12, 2000, p. 29 à 54. Il a ensuite été publié dans la revue d'histoire militaire américaine la plus renommée : *The Journal of Military History*, Lexington, Virginie, États-Unis, vol. 67, n° 4, octobre 2004, p. 1 223 à 1 248. Le CRDP de Polynésie en a également publié une version dans un ouvrage collectif sur les Tuamotu.

En France, les archives militaires (comme beaucoup d'autres) ne peuvent être consultées qu'après un délai de trente ans à condition qu'elles ne mettent en cause aucune personne physique ou des faits qui auraient trait à la sûreté du pays. Si un dossier contient l'un de ces derniers points, le délai est alors établi à soixante ans. Les archives sont classées par cartons et si un seul papier est jugé non communicable avant l'expiration des délais, c'est tout le carton qui est soumis à un délai plus long. Certaines archives comme les dossiers de justice militaire et les archives notariées sont fermées pour cent ans et celles du Conseil de Défense présidé par le président de la République sont soumises à des délais de cent vingt ans. Les archives de santé ne sont consultables également que cent vingt ans après la naissance des personnes concernées.

Les chercheurs reconnus comme tels peuvent toujours faire une demande de dérogation.

C'est ainsi que nous avions sollicité cette dérogation pour avoir accès aux archives de l'Armée sises au château de Vincennes afin d'établir quand et comment la France avait choisi Mururoa et Fangataufa pour expérimenter la bombe. La demande exige un délai assez long et souvent des appuis de personnalités garantes de l'intégrité intellectuelle du chercheur. Ainsi, nous avions présenté notre projet au général Boileau qui dirigeait la DIRCEN. Comme il semblait avoir apprécié nos travaux sur l'histoire de la Polynésie, il nous a appuyé. Il en fut de même d'un sénateur du Nord (Guy Allouche) - notre voisin en métropole autrefois – qui écrivit au ministre des Armées Alain Richard.

La conjoncture était difficile. Le journaliste Vincent Jauvert du *Nouvel Observateur* avait publié début février 1998 un article sur les essais nucléaires et publié des documents qui démentaient la version traditionnelle de l'Armée sur l'innocuité des essais. Vincent Jauvert avait vraisemblablement eu accès à des dossiers qui n'étaient pas classifiés puisqu'ils remontaient à plus de trente ans. Mais l'archiviste avait-il mesuré que certains dossiers contredisaient la version officielle ? Les documents furent reclassifiés pour encore trente ans.

Notre objectif se limita alors à demander les documents d'avant 1966, c'est-à-dire que nous acceptions de faire momentanément l'impasse sur les essais eux-mêmes pour nous intéresser uniquement à la préparation de l'installation et à l'installation du CEP. Une demande établie le 26 mai 1998 reçut une première réponse le 29 juin. Une partie des dossiers demandés reçut une autorisation de consultation. Deux dossiers furent refusés dont un pour lequel l'inventaire indique qu'il porte sur « l'étude des retombées radioactives et la contamination en milieu marin » pour la période 1959-1964, soit avant les essais.

Une partie des archives devait recevoir l'approbation de Monsieur Pierre Messmer, ministre des Armées entre 1960 et 1969. L'autorisation arriva le 21 août, avec la précision : pas de photocopies autorisées.

Le Service historique de l'Armée de Terre (SHAT) exige en outre du chercheur l'engagement par écrit de « ne citer aucun renseignement à caractère nominatif et à remettre avant publication, un exemplaire du travail [par exemple publication d'un article à partir de ces archives] », précaution prise au cas où un document « litigieux » aurait échappé lors de la dérogation à la vigilance des archivistes. On trouve en effet dans les archives du CEP des indications sur des personnalités ayant contribué par divers moyens à convaincre les élus ou les citoyens de ne pas s'opposer à l'installation. De plus, les autorités militaires peuvent craindre l'utilisation abusive de documents sortis d'un carton. En effet, **un document ne suffit pas à lui seul à établir une vérité**. L'historien regarde attentivement l'ensemble du carton dans lequel il se trouve, cherche la raison de sa présence et, en examinant attentivement les pièces qui précèdent ou suivent, évalue la valeur qu'on peut attribuer au document. On peut trouver par exemple un démenti quelques jours après l'annonce d'un fait, un autre document peut contredire une affirmation ou bien encore la pièce a été placée dans un carton à titre de curiosité (imaginons la lettre d'un plaisantin, une dénonciation calomnieuse...).

Les études sur la politique de Défense de la France et sur la dissuasion nucléaire ne manquent pas[1]. Les travaux du Groupe d'Études Français d'Histoire de l'Armement Nucléaire (GREFHAN) ont été en partie publiés[2]. D'une façon générale, les articles et ouvrages cités ci-dessus n'évoquent les sites nucléaires et en particulier Moruroa que de façon incidente. Dans nos livres et articles[3], nous avons cherché à combler le vide qui existait et à rendre aux Polynésiens la place qu'ils occupent dans l'histoire de la Défense nationale. Nous avons émis l'hypothèse que, dès 1957, plus sûrement encore avec le retour au pouvoir du général de Gaulle, les plus hautes autorités de l'État avaient envisagé d'implanter le Centre d'essais en Polynésie, mais que des raisons techniques et/ou politiques ne l'avaient pas permis immédiatement. Le Sahara n'aurait alors été qu'une solution provisoire.

Rappelons brièvement les faits qui nous permettaient d'envisager cette hypothèse.

Le général Ailleret raconte comment ont été choisis les sites, à la suite de son rapport de janvier 1957[4]. Il n'avait retenu que deux endroits possibles : le Sahara et les Tuamotu. Il écartait le second,

---

1 Parmi les plus complets : L'aventure de la Bombe. De Gaulle et la dissuasion nucléaire (1958-1969), Plon, 1985, 382 p. (ouvrage collectif).
Duval M., Le Baut Y., L'arme nucléaire française. Pourquoi et comment ?, Collection Kronos, SPM, Paris, 1992, 304 p., préface de J-B Duroselle.
Résumé de l'histoire du nucléaire français dans :
Doise J., Vaïsse M., Politique étrangère de la France. Diplomatie et outil militaire, 1871-1991, Points/Histoire, Le Seuil, 1992, chapitre XIV.
2 Vaïsse M. (sous la dir.), La France et l'atome. Études d'histoire nucléaire, Bruylant, Bruxelles, 1994.
Dans le même esprit, on trouvera le numéro 52 de la revue Géopolitique, «Le nucléaire : un atout maître«, hiver 1995-1996, avec des articles de l'amiral Duval, du général Gallois, du professeur Georges-Henri Soutou.
Voir aussi : Le Guelte G., Histoire de la menace nucléaire, Hachette, 1997, 411 p.
3 - La bombe française dans le Pacifique, l'implantation : 1957-1964, Éditions Polymages-Scoop, Papeete, 1993, 186 p.
- Te Metua. Échec d'un nationalisme tahitien (1940-1964), Éditions Polymages, Papeete, 1996, 240 p.
4 Ailleret C., L'aventure atomique française. Souvenirs et réflexions, Grasset, Paris, 1968, p. 226 à 238. Son rapport se trouve au SHAT, cote 13 R 132, dossier 15.

malgré « ses possibilités qui sont immenses », en raison de la distance et de l'absence d'aéroport. Mais, cette mise à l'écart s'accompagne de deux nuances importantes. « Tout au moins, précise-t-il, [cette mise à l'écart durera] tant qu'on ne ferait pas exploser d'armes thermonucléaires mégatonniques ». Il avance aussi prudemment que, « du point de vue technique et en dehors de toute évaluation ou prévision d'événements politiques futurs, il semble que seule la région du Tanezrouft (Sahara) se prête à l'établissement d'un polygone d'essais atomiques... ». Il concluait qu'il fallait adopter « provisoirement » (p. 237 de son livre) le site du Tanezrouft. L'adverbe « provisoirement » ne nous paraît pas désigner le Sahara, mais bien le Tanezrouft seulement. La restriction vise le fait qu'à ce stade des études, le problème de l'eau n'était pas résolu. Il n'empêche qu'il ne devait pas échapper au général Ailleret, comme il le laisse entendre, que la situation de l'Algérie était délicate depuis le déclenchement de la rébellion, en novembre 1954.

Nous avons montré comment, quelques semaines après l'adoption du rapport Ailleret par le Comité des Applications Militaires de l'Énergie Atomique (CAMEA), le gouvernement français décidait enfin la construction de l'aéroport de Tahiti-Faaa, déployant des moyens techniques et financiers considérables, trop, beaucoup trop pour que soit crédible la version officielle d'une aide de l'État pour le développement du tourisme. La venue au pouvoir du général de Gaulle a encore contribué à l'accélération des travaux. Une attention soudaine toute particulière de la part de l'État, envers les besoins exprimés par les hommes politiques locaux, rendait légitimes nos interrogations, même si nous avons été contredit à plusieurs reprises par des militaires qui ont participé aux recherches des sites à partir de 1961 ou 1962. Mais il nous semblait que ces témoignages ne faisaient état que des problèmes techniques. Le choix politique de l'implantation dans le Pacifique (avec une hésitation sans doute sur le Territoire qui abriterait ce centre) nous paraissait avoir été pris plus tôt. S'il semble que le Général ait été décidé à utiliser le Sahara aussi longtemps que possible[5], n'oublions

---

5 Peyrefitte A., C'était de Gaulle, tome 1, p. 419-420

pas qu'il confie cela à Alain Peyrefitte, le 27 mars 1963, alors que le choix de ce site et le programme de travaux ont déjà été arrêtés. Les témoignages de Pierre Messmer et du général Gallois nous confortaient dans notre hypothèse : avant même que n'explose la première bombe au Sahara, le choix de déplacer les essais avait été fait.

Les archives du Centre d'Expérimentation du Pacifique ou CEP, au SHAT, nous permettent de faire un nouveau point sur la question des sites, d'apporter des informations jusque-là peu connues ou totalement inconnues des chercheurs. Si les archives militaires sont très riches, elles ne permettent toutefois pas d'embrasser la totalité des problèmes liés notamment à la dimension politique de la recherche des sites. Des questions demeurent donc encore sans réponse et risquent de le demeurer longtemps. Néanmoins la recherche progresse et réoriente nos hypothèses, comme nous allons tenter de l'établir.

I/ La recherche d'un site utilisable rapidement

30 novembre 1956	Commissariat à l'Énergie Atomique (CEA) chargé des études préparatoires aux explosions atomiques
5 décembre 1956	décret secret créant au CEA un Comité des Applications Militaires de l'Énergie Atomique (CAMEA)
fin janvier 1957	rapport Ailleret sur le choix des sites
18 mars 1957	général Ailleret supervise la totalité des essais au sein du groupe mixte Armées-CEA
23 juillet 1957	choix de Reggane
1er octobre 1957	bataillon du génie commence les travaux d'aménagement de Reggane
11 avril 1957	décision gouvernementale de procéder aux essais début 1960
22 juillet 1958	De Gaulle confirme la décision du 11 avril
13 février 1960	première explosion à Reggane

chronologie sommaire

Sans refaire l'historique des événements et des décisions qui ont conduit les gouvernements de la France à doter le pays de l'arme nucléaire (voir chronologie sommaire), rappelons que la crise de Suez (octobre-novembre 1956) a révélé les faiblesses françaises face aux grandes puissances et achevé de convaincre les dirigeants de la Quatrième République finissante de la nécessité d'accélérer la mise en œuvre du programme nucléaire. Le général Ailleret s'est enquis d'un site. Son rapport retrouvé au SHAT donne des informations plus précises que son livre, nul ne s'en étonnera.

Le général Ailleret, dans la conjoncture de ce début d'année 1957, s'il a écarté la solution océanienne, a néanmoins donné des détails sur les possibilités offertes sur cette région du monde. De son enquête, il résulte qu'après une étude sur de nombreux points situés en Polynésie française - mais parmi lesquels ne figure pas Moruroa - « seuls semblent pouvoir donner satisfaction l'atoll de Rangiroa[6] dans l'archipel des Tuamotu et l'île de Ua Uka dans l'archipel des Marquises ». Rangiroa est un site jugé insuffisant pour « des engins de la gamme des mégatonnes explosant au voisinage du sol ». L'atoll présente des inconvénients multiples : éloignement de la métropole considérable, impossibilité quasi complète d'atteindre les Tuamotu par voie aérienne sans escale en pays étrangers (il faudrait une base à Clipperton, ce qui paraît totalement exclu). Quant à Ua Uka, l'île présente des conditions peu favorables avec son plateau trop étroit. Le général conclut que : « les possibilités offertes par l'Océan Pacifique sont à prendre en considération mais sont lourdement hypothéquées par la distance et l'impossibilité d'y accéder rapidement par une voie aérienne indépendante de terrains étrangers[7] ».

---

6 Le général Ailleret se plaint du fait que «les renseignements qui ont pu être recueillis auprès du Ministère de la France d'outre-mer ne sont que partiels«. Par exemple, sur la population des Tuamotu : «pas de chiffre officiel. De l'ordre de 4 à 5 000«. Il ajoute cependant une remarque qui prouve que sa recherche n'a pas été superficielle : «il semble qu'il n'y ait aucune difficulté pour recruter la main-d'œuvre non spécialisée. Il n'y a pratiquement point de main-d'œuvre qualifiée«.

7 Dans son livre, il précisait - en note à la p. 237 - qu'il n'existait pas à cette époque de quadriréacteurs à grand rayon d'action capables de joindre Pointre-à-Pitre à Tahiti, en une seule étape. Une escale aux États-Unis avec du matériel nucléaire était naturellement exclue.

Les archives, avec des cartes très détaillées, montrent que des études ont également été menées à la Réunion (île Tromelin par exemple) et en Nouvelle-Calédonie (île Walpole, récifs d'Entrecasteaux avec les îles Huon, îles Chesterfield et un point zéro non matérialisé par une terre émergée au sud de l'île des Pins). On ne manquera pas de noter que les cartes ont été mises à jour le 1ᵉʳ avril 1961, quand se repose la question des sites. Les Kerguelen ou l'atoll de Clipperton, également envisagés, n'ont pas du tout été retenus en raison des problèmes climatiques et techniques.

Selon le général Ailleret, les études ont été rapidement menées au Sahara :

> « L'eau nous dictait la solution qui fut prise : établir la base de vie, non pas à la palmeraie de Reggane, mais à une douzaine de kilomètres à l'est au bord du plateau de Tidikelt, qui se prêterait d'ailleurs remarquablement à l'établissement d'un terrain d'aviation. Les points zéro seraient au contraire au sud de Reggane, à environ 70 kilomètres de cette agglomération (p. 239). »

Il manquait une décision officielle qui entérinerait « ce qui se réalisait depuis maintenant deux ans, sans le dire » (p. 300). Le 11 avril 1958, le président du Conseil, Félix Gaillard, ordonnait de prendre les mesures nécessaires permettant la réalisation des expériences pour le premier trimestre de 1960. Les gouvernements de la Quatrième République auraient-ils pu mener à bien ce projet ? Le retour au pouvoir du général de Gaulle, pour lequel l'arme nucléaire est le fondement d'une politique de défense, permet un engagement définitif vers la constitution d'une force de frappe atomique. D'après le général Albert Buchalet, ancien directeur des Applications militaires au CEA, dès le 12 juillet 1958, le général de Gaulle a tenu à faire le point sur l'avancement des études réalisées pour préparer les futurs essais et « a exprimé son désir de hâter leur dénouement »[8]. S'il confirme, le 22 juillet 1958, la décision du 11 avril, il réoriente la politique générale de la France : « la force

---

8 Buchalet A., «Les premières étapes«, in L'aventure de la Bombe, op. cit., p. 52.

nucléaire est avant tout un instrument politique, un moyen au service d'une fin, qui n'est pas tant la sécurité que l'indépendance, un atout diplomatique qui conforte le statut et le rôle du pays » [9].
C'est donc à Reggane qu'eut lieu la première explosion nucléaire. Cependant, pour autant, le projet d'un champ de tir hors de l'Algérie, et particulièrement dans le Pacifique, était-il abandonné ? La plupart des ouvrages datent la recherche d'un substitut au Sahara de la fin 1961 ou du début 1962. Les archives du SHAT permettent de montrer que, dès 1958 au moins, des problèmes *nouveaux* obligent les autorités politiques et militaires à prévoir d'autres solutions que l'Afrique du Nord.

II/ La recherche de sites de remplacement

Dès le 18 avril 1958 - avant le retour au pouvoir de de Gaulle - le général Ailleret s'adresse au colonel directeur de la section technique des bâtiments et fortifications (SHAT, 13 R 132, dossier 15) :

> « Il n'est pas exclu que des circonstances extérieures amènent à renoncer dans un proche avenir à l'utilisation d'un champ de tir saharien, soit qu'intervienne sur le plan international une renonciation générale à des essais susceptibles d'entraîner une contamination radioactive du globe, soit que l'internationalisation du conflit algérien ou l'insécurité en Afrique du Nord introduise des conditions qui ne pourraient plus permettre l'exécution commode d'essais sahariens. »

Il propose deux solutions :
    - soit transporter le site des essais dans des îles de l'Union française « suivant les résultats d'une étude déjà faite »
    - soit entreprendre en Métropole des essais souterrains en prenant exemple sur les Américains (dans une roche volcanique spongieuse en s'assurant qu'il n'y aura pas de risque de contamination des eaux souterraines).

---

9 Vaïsse M., La grandeur. Politique étrangère du général de Gaulle, 1958-1969, Fayard, 1998, p. 47.

À l'époque où cette lettre a été écrite, Américains et Soviétiques se préparent en effet à négocier un accord sur l'arrêt des essais nucléaires, « dans l'atmosphère de désarmement qui caractérise l'année 1958 » [10]. Ainsi, l'idée d'utiliser des îles françaises n'est pas abandonnée, et en particulier dans le Pacifique. Les archives du SHAT contiennent une note, du 14 décembre 1959 - donc commandée certainement quelques mois auparavant -, de l'ingénieur général Gougenheim, « sur quelques îles de souveraineté française dans l'océan Pacifique ». Il s'agit d'une étude sur des sites possibles en Nouvelle-Calédonie (îles volcaniques Matthew et Fearn, atolls et récifs coralliens Huon et Chesterfield), dans les îles Sous-le-Vent (atolls de Mopelia, Manuae et Motu One) et dans les îles les plus méridionales des Tuamotu qui sont des atolls dispersés, avec une très faible population (travailleurs occasionnels, coprah et pêche de nacre). Il semble bien que l'étude ait été surtout orientée vers cette zone. L'ingénieur indique en effet :

> « Si l'on tient compte de ce que les atolls de Tureia et Tematangi sont occupés par quelques autochtones, les deux atolls les plus isolés sont Morane et Fangataufa... les lagons ne sont pas accessibles de la mer. »

Le carton 13 R 134 du SHAT dans lequel, d'après l'inventaire, il est question de la construction du CEP avec une chronologie portant sur 1959-1964, doit contenir des indications allant dans le même sens. Mais la consultation de ce carton - et c'est le seul cas - ne nous a pas été permise.

Tandis que les préoccupations gouvernementales conduisent à rechercher un site possible pour des essais souterrains, essentiellement en métropole ou en Algérie, le transfert dans le Pacifique n'est donc pas abandonné.

A/ La recherche de sites souterrains qui, dans un premier temps - et cela dès septembre 1958 - semble avoir été limitée à la France métropolitaine et à l'Algérie.

---

10 Vaïsse M., op. cit., p. 125.

La conversation entre de Gaulle et Foster Dulles, secrétaire d'État américain, le 5 juillet 1958, n'a pas permis de trouver un terrain d'entente entre Français et Américains sur l'utilisation de la force atomique. De Gaulle est bien décidé à faire de son pays une puissance nucléaire, ce qu'il confirme, nous l'avons vu, le 22 juillet suivant.

En août 1958, les Américains proposent aux Soviétiques un moratoire d'un an des essais nucléaires, proposition acceptée peu après. Sans doute est-ce la raison de la lettre du général Ailleret au ministre des Armées, le 4 septembre 1958 (SHAT 13 R 132, dossier 9), qui semble apporter une information jusqu'ici ignorée. Il écrit : « à la suite de la décision prise par le gouvernement de réaliser les installations nécessaires à l'expérimentation d'une bombe et explosant en souterrain, vous avez prescrit de procéder immédiatement au choix d'un site... » Le général propose la création d'une commission de recherche de sites souterrains pour expériences nucléaires, composée de représentants du CEA et de la Défense nationale[11].

Le 29 novembre 1958, le colonel Dutheil, directeur de la section technique des Bâtiments, indique au général Ailleret les sites souterrains possibles (SHAT 13 R 132, dossier 9). Il a retenu, en métropole, des sites présentant à la fois des dénivelées et un isolement suffisants, n'existant que dans les Alpes ou les Pyrénées. Sur les huit sites envisagés[12], les études conduisent à des conclusions peu optimistes. Les ingénieurs se sont intéressés à :

* la Cime de Pal dans les Alpes maritimes et au Grand-Goyer (Basses Alpes). Le premier site est dans une région très complexe et très faillée. Le deuxième est très fissuré et il y a un stockage aquifère qui alimente des sources considérables. Ces deux sites ne peuvent donc pas être retenus.

---

11 Cette commission est présidée d'abord par le général Ailleret lui-même, puis, à partir du 29 avril 1960, par le général Thiry.
12 Les Pyrénées ont été laissées de côté, les ingénieurs estimant qu'on y rencontrerait probablement les mêmes problèmes que dans les Alpes.

* la haute vallée du Fournel, près de l'Argentière (Hautes Alpes), est à éliminer à cause du gneiss du socle du Pelvoux. La haute vallée du torrent de Couleau, près de Saint-Clément (Hautes Alpes) est constituée de flysch noir (sédiments de nature variable broyés et charriés). Il y a lieu de craindre une abondante venue d'eau à cause des grès surmontant le flysch et qui sont très fissurés et très aquifères.

* la Tête de Clausis (ou Tête de Vautisse ?) et la Crête des Prénetz (Hautes Alpes), dans le flysch. Pour le premier, la galerie passerait dans le socle cristallin : l'isolement ne serait pas suffisant. Pour le deuxième, aucune objection particulière n'est avancée, mais il faudrait procéder avec beaucoup de prudence (venues accidentelles d'eau sous pression, zones de moindre résistance dans la couverture du site) et un délai de plusieurs mois pour des études s'avère nécessaire, l'hiver n'étant pas propice aux études de terrains.

* la Corse n'a pas donné de résultat positif. Le rapport souligne les risques d'opposition des populations alors que débute le développement du tourisme.

Le colonel Dutheil propose plutôt le Sahara. « Devant les difficultés rencontrées dans le cas des sites métropolitains, il a été envisagé lors de la réunion du 23 septembre 1958 de rechercher, en Afrique du Nord, des régions désertiques... » Les environs de Reggane ont retenu l'attention, mais il n'a pas été trouvé de site vraiment favorable aux environs, seule la région d'Ouallen offrant des caractéristiques intéressantes (mais il faudrait connaître l'épaisseur de la masse couvrante et déterminer si elle offrirait une sécurité suffisante). Le colonel envisage une solution qui lui paraît intéressante au nord-est d'Ain Sefra.

En conclusion générale, le colonel reconnaît qu'il apparaît difficile d'opérer en territoire métropolitain ; un seul site des Alpes semble répondre aux conditions imposées (Crête des Prénetz). Encore serait-il nécessaire de procéder avant toute décision d'exécution à des études de détail (géophysique) assez longues. La poursuite de cette étude serait, selon lui, assez illusoire. « Les Pyrénées ou la Corse (partie centrale) pourraient être étudiées en détail dans le cas où il conviendrait de s'en tenir à une solution métropolitaine et où le seul site retenu des Alpes ne pourrait être utilisé pour des raisons de caractère géologique ».

La recherche de sites souterrains est restée une préoccupation gouvernementale[13]. D'autres documents d'archives montrent que si la solution alpine de la Crête des Prénetz reste envisagée, sous réserve d'études approfondies à partir de mai 1959, une mission du 20 au 24 janvier 1959, dans le Djebel Aïssa, a souligné l'intérêt que présente ce massif, particulièrement favorable aux expérimentations nucléaires. « Dans le cas où des accords internationaux nous obligeraient à effectuer de telles explosions, il serait souhaitable d'avoir mené à bien les études préliminaires envisagées : les délais d'exécution en seraient réduits de plusieurs mois » (Procès-verbal de la réunion du 16/02/ 1959, SHAT 13 R 132, dossier 9).

Mais au cours de l'année 1959 et au début de 1960, il ne semble pas que des décisions aient pu être prises facilement. Le 1er octobre 1959, le général Ailleret explique au Directeur des Applications militaires que « le haut commandement a attiré l'attention sur l'intérêt de sites semi-enterrés » (peu de radioactivité dans l'air, travaux de terrassement moindres, possibilité d'opérer à proximité de Reggane). De nouvelles études doivent être envisagées (SHAT 13 R 132, dossier 9).

Rappelons qu'à cette époque, le 20 novembre 1959 plus précisément, l'assemblée générale de l'ONU avait invité la France à s'abstenir de procéder à des essais nucléaires au Sahara. La France lance donc bien son programme nucléaire dans l'hostilité générale, comme nous le montrons plus loin.

---

13 SHAT 13 R 132, en date du 12 janvier 1959, ce rapport du général Ailleret en témoigne : «dans certaines hypothèses relatives à des accords internationaux éventuels sur les expériences nucléaires, il pourrait n'être plus possible d'effectuer d'explosion nucléaire aérienne ; dans cette perspective, M. le Ministre des Armées a prescrit d'étudier les conditions d'une explosion souterraine».

En 1960-1961, les quatre premiers tirs se sont déroulés sur tour, « en toute sécurité » affirment Jacques Chevalier et Pierre Usunier[14]. Néanmoins, les protestations des pays africains, la pression internationale[15] conduisent le gouvernement à abandonner les tirs aériens.

Le 23 février 1960, le ministre des Armées écrit au général commandant des Armes Spéciales qu'« il ressort que, pour des raisons diverses, aucune implantation convenable [de sites souterrains] n'a pu être trouvée ». Il cite une lettre du 2 février du directeur des Recherches et Études minières du CEA envisageant une solution possible en « obtenant la couverture nécessaire dans des étages profonds, réalisés à partir de puits, dans un site à proximité de Reggane ». Un long rapport du général Dutheil conclut qu'il faudrait s'orienter vers des galeries plutôt que des puits (21 avril 1960, 13 R 132, dossier 9). C'est finalement dans le massif du Hoggar, près d'In Ekker, que des galeries de tir permirent treize essais entre le 7 novembre 1961 et le 16 février 1966[16].

Mais, les premières expériences en Algérie étaient à peine commencées que la perspective d'un abandon du Sahara et le passage à des expériences d'armes de très forte puissance nécessitaient de trouver un site dans les îles lointaines.

B/ Abandon du Sahara et volonté politique de passer à des expériences de très forte puissance

a) Des recherches tous azimuts

---

14 L'aventure de la Bombe..., p. 129.
15 Voir deux études sur ce thème :
- Deney N., «Bombe atomique française et opinion publique internationale. Étude de cas«, Fondation nationale de Science Politique, Centre d'Études des Relations internationales, Série C, Recherches, n° 6, octobre 1962, 39 p.
- Barbier C., «L'Afrique face aux premières expérimentations nucléaires françaises«, Cahiers du CEHD, Histoire de l'armement nucléaire, cahier n° 8, 1998, p. 111 à 133.
16 Le Baut Y., «Les essais nucléaires français«, in La France et l'atome. Études d'histoire nucléaire (sous la direction de Maurice Vaïsse), Bruxelles, Bruylant, 1994, p. 222-223.

Le 28 mai 1960, le ministre des Armées demande au général Thiry - qui vient de succéder au général Ailleret à la tête de la commission de recherche de sites souterrains - de reprendre l'étude des possibilités offertes par les îles lointaines, pour des explosions aériennes de grande puissance[17]. Le général Thiry présente d'abord (lettre du 8 juillet 1960), les avantages des Kerguelen (isolement, limitation des retombées lointaines, difficultés politiques très restreintes), mais préférerait une solution moins risquée :

> « Nous devrions adopter une attitude analogue à celle qu'ont suivie les Anglais, c'est-à-dire expérimenter les bombes H de forte puissance uniquement par largage aérien. Cela simplifierait grandement les questions d'infrastructures expérimentales nécessaires et éviterait peut-être de nous engager dans des expéditions aventureuses lointaines. »

Plusieurs mois se passent sans que le dossier ne semble avancer. Le 3 mars 1961, le général Thiry évoque encore le problème du site des futurs essais thermonucléaires qui n'a pas reçu de solution :

> « La réalisation du programme de la force de Dissuasion française va poser dans quelques années le problème de l'expérimentation d'armes de très forte puissance... Il est douteux que de telles expériences puissent se faire en souterrain, et particulièrement dans le site actuellement choisi. Il paraît donc nécessaire de rechercher une région où l'on puisse aménager en temps voulu un polygone pouvant servir à ces essais (13 R 132 dossier 9). »

Et le temps presse puisqu'il est question de procéder à un premier essai de grande puissance vers 1967/68 (document du 27 mars 1961). Ce qui surprend, c'est que les études qui avaient été faites par le général Ailleret sont mises de côté par l'Armée, mais en même temps, il apparaît que le choix des autorités politiques a été établi en faveur du Pacifique et particulièrement de la Polynésie. Tout semble se passer comme si les principaux responsables gouvernementaux avaient déjà décidé - au moins de la région comme le montre la note

---

17 Lettre du général Thiry au DAM, SHAT, dossier 55 du 13 R 132, 8 juillet 1960.

qui précède - mais laissaient aux militaires le soin de proposer des solutions techniques à réaliser dans des zones encore indéterminées.

L'*oubli* des recherches passées tient peut-être au fait qu'il semble y avoir un désaccord entre le Directeur des Applications militaires, Jean Robert, et le général Thiry[18]. Le désaccord est surtout d'ordre personnel et porte accessoirement sur les choix techniques. Les deux hommes sont cependant d'accord pour reconnaître que « les exigences d'ordre politique comptent autant sinon plus que les exigences techniques dans le choix d'un site » (lettre du DAM du 27 mars 1961) et qu'il faut « maintenant faire un choix basé principalement sur des considérations politiques » (lettre du général Thiry du 18 mai 1961).

b) Retour à la Polynésie

C'est à la date de cette dernière lettre que réapparaît clairement l'éventualité d'un choix se portant sur la Polynésie. Le général Thiry écrit en effet au nouveau délégué ministériel à l'Armement, le général Gaston Lavaud :

> « J'ai fait le point des études entreprises en vue de rechercher un site utilisable pour les expériences thermonucléaires aériennes. Si on élimine le Centre de Reggan (sic), bien qu'il eût été normalement utilisable, on constate qu'il n'existe que trois régions du monde de dépendance française où il soit possible d'aménager un site convenable : la Réunion, la Nouvelle-Calédonie, la Polynésie française. »

Il développe les avantages présentés par la Polynésie, même si elle est à 18 000 kilomètres de la métropole: « éloignement de tous les continents, possibilité de se référer aux précédents que constituent

---

18 Voir SHAT 13 R 132, dossier 29. Le DAM avait écrit : «[Le président de la commission des sites devra être] un homme de très grande classe ayant le poids nécessaire pour pouvoir proposer l'utilisation de moyens non classiques, car j'ai le sentiment que nous n'avons de chance de réussir une entreprise aussi difficile qu'à la condition expresse de sortir des sentiers battus«. La réplique du général Thiry qui craint la dissolution de l'autorité dans un système collégial qui ferait la part belle au CEA a été extrêmement sévère.

les tirs anglo-saxons[19] » . La Nouvelle-Calédonie, quant à elle, est à proximité relative de l'Australie et de la Nouvelle-Zélande, ce qui fait craindre des risques de pressions politiques pour interdire le tir. Il résume ainsi sa réflexion :

> 1/ La Polynésie offrirait peut-être le moins de prise à des campagnes hostiles ou à l'émotion mondiale, encore qu'on ne doive nourrir aucune illusion à cet égard, compte tenu du mode de tir envisagé (contamination de type « mondial »).
>
> 2/ La Réunion apparaît comme le site le plus pratique et le moins onéreux.
>
> 3/ La Nouvelle-Calédonie est à retenir comme région de remplacement.

Mais le général Thiry ne semble pas convaincu que le choix des politiques, qui se précise peu à peu, soit le meilleur. En juillet 1961, il retient toujours quatre sites : Kerguelen, Nouvelle-Calédonie, Marquises et Réunion. On note que la vaste Polynésie est remplacée par les Marquises, ce qui semble indiquer une progression des études. Mais les Kerguelen retiennent visiblement son attention :

> « Le problème le plus complexe serait celui des risques de contamination des eaux. Même si on ne prenait la décision d'effectuer des tirs souterrains que dans un sol où les produits de fission seraient fixés par la roche fondue insoluble, il y aurait une probabilité non nulle pour qu'il apparaisse des fissures par où s'échapperaient vers le sol des produits radioactifs et pour qu'une fraction même faible des produits de fission soit entraînée par les infiltrations d'eau. Or, les régions envisagées, sauf Kerguelen, sont soumises à des érosions très actives.»

En septembre 1961, le pouvoir politique veut accélérer les choix. Une note du chef d'état-major général annonce qu'un conseil restreint doit se tenir à Matignon, le 28 septembre, pour étudier le choix d'un Centre d'Expérimentations de grande puissance. La note contient diverses indications. Il est question, par exemple d'un point zéro à Rapa, île la plus australe de la Polynésie française. Différents points de vue sont rapportés. Pour le ministre d'État chargé du

---

19 Voir article suivant.

Sahara et des départements et territoires d'outre-mer, Robert Lecourt, « l'exécution ou même la simple annonce d'expérimentations nucléaires provoquerait un sentiment de peur chez les populations, accompagnées de rancune à l'égard de la France qui les expose à des dangers considérables ; on peut craindre en conséquence, un développement des mouvements autonomistes et séparatistes ». Pour lui, les plus fortes réactions auraient lieu à Madagascar, à l'île Maurice, en Australie et en Nouvelle-Zélande. En Polynésie, les conséquences seraient très fâcheuses sur le tourisme. Robert Lecourt a attiré l'attention du Ministre des Armées sur l'intérêt des Kerguelen et de Crozet. Mais on apprend que ce ministre préfère la Polynésie avec la meilleure hypothèse aux Marquises, « excentrées et non loin de Christmas » [20].

En décembre 1961, le choix du futur site se précise (13 R 132 dossier 9) sans abandonner définitivement d'autres possibilités telles que la Réunion, la Nouvelle-Calédonie, les Kerguelen. La recherche doit se porter en priorité sur la Polynésie, précise un dossier du 20 décembre 1961. Il s'agit aussi de s'occuper de l'ensemble de la logistique en distinguant la zone des installations avancées ou ZIA (point zéro et blockhaus), de la base arrière (terrain d'aviation principal) et de la base de transit (civile ou militaire déjà existante sur laquelle s'appuiera l'ensemble des opérations). Trois solutions sont proposées :

* solution « a » : Bora Bora base arrière et de transit (Papeete ne serait qu'un centre lointain d'approvisionnement éventuel). La ZIA soit Motu Iti, soit Maupiti.

* solution « b » : Rangiroa base arrière et peut-être ZIA, ce qui exigera l'évacuation de la population de l'atoll. Sinon, la ZIA est prise sur Tikehau ou Matahiva. Le terrain d'aviation serait situé sur Rangiroa. Une variante pourrait être : Tikehau base arrière et Matahiva, ZIA. Papeete serait base de transit.

---

20 SHAT, 13 R 132, dossier 55, 14 septembre 1961.
C'est à Christmas que les Américains reprennent les essais aériens le 25 avril 1962, après la fin du moratoire.

* solution « c » : Nuku Hiva base arrière, ZIA soit la zone nord de l'île, soit Eiao ou Hatutu ou les deux. Un terrain d'aviation est envisagé à Nuku Hiva. Papeete servirait de base de transit.

c) Vers le choix de Moruroa

Le 26 décembre 1961, le général Thiry suggère à l'amiral chef d'état-major de la Marine, Georges Cabanier, qu'il serait intéressant « d'explorer les possibilités de l'atoll de Mururoa » et d'effectuer une liaison auprès du Commandement interarmées des Armes Spéciales pour obtenir des renseignements sur cette région[21]. Mais la raison est désormais clairement établie, comme l'indique le ministre des Armées :

> « Le Sahara pouvant être considéré comme indisponible pour des expérimentations nucléaires à partir de fin 1963, il apparaît nécessaire de réaliser ces sites lointains pour le début de 1964 en les concevant à la fois pour des expérimentations de puissances moyennes et fortes (13 R 132, dossier 29, 29 décembre 1961). »

Le général Thiry établit dès lors des consignes de plus en précises. Il rédige une fiche destinée au délégué ministériel à l'Armement qui détaille bien les nécessités politiques et techniques (13 R 132, dossier 55, 3 janvier 1962). Le site lointain sera destiné aux expériences nucléaires de l'ensemble du programme militaire atomique dès que le Centre d'Expérimentations militaires des Oasis (CEMO) ne sera plus disponible, donc, si possible, à partir de 1964[22]. La réalisation de ce programme comprendra :

1) des explosions A de petite puissance
2) des explosions A à rendement amélioré par réaction de fusion : puissance moyenne
3) des explosions H de forte puissance.

---

21 Le Capitaine de Corvette Valaux a effectué le levé de l'atoll en 1951. Une note isolée dans le dossier 28 (13 R 132), sans date, indique qu'une mission hydrographique, en 1959, a étudié l'atoll. Preuve que l'on s'intéressait à l'atoll, mais pourquoi ?
22 Les Accords d'Évian, signés le 18 mars 1962 avec les représentants algériens, reconnaissent l'indépendance de l'Algérie et la France ne gardera le Sahara que cinq ans encore.

Le site doit, en principe, être polyvalent, cependant, dans un premier temps, en 1964, 1965 et vraisemblablement jusqu'en 1967, le site servira exclusivement à des expériences des catégories « a » et « b ».

L'inventaire des sites possibles doit être réalisé immédiatement[23]. La solution des sites souterrains n'a pas la faveur du général Thiry qui écarte les propositions initialement retenues à la Réunion, en Nouvelle-Calédonie, aux Marquises, aux Kerguelen et finalement la Crête des Prénetz. La solution corse, quant à elle, a été complètement abandonnée. Mais aucun des sites envisagés ne donne pleine satisfaction. Il faudrait prévoir une énorme dépense pour creuser les galeries dans la mesure où l'endroit est dépourvu de main-d'oeuvre locale. La détérioration du site ou des éléments géologiques passés inaperçus à l'origine feraient courir le risque d'abandonner le site avant le terme du programme atomique. Une comparaison avec la réalisation d'un site de surface fait apparaître divers facteurs en faveur de ce dernier, car il y a un écart d'une année entre la réalisation d'une solution aérienne et celle d'une solution souterraine. « Vus les impératifs, écrit le général, il faut porter essentiellement tous les efforts vers la prospection de surface ». Sur un même site, entre solution souterraine et aérienne, le choix doit se porter sur la deuxième, pour des raisons de rapidité et d'économie. Seule une solution en métropole pourrait faire pencher le choix du côté des expériences souterraines, en acceptant le risque d'un rejet après des mois d'études préalables. Il y a lieu de retenir deux endroits pour une solution aérienne, tout en effectuant des études parallèles dans d'autres régions du Globe :

- soit dans Atlantique Sud (théâtre purement naval)

- soit plus probablement dans le Pacifique Sud (théâtre mixte naval et insulaire). Le gouvernement, une fois de plus, a nettement poussé à cette solution (13 R 132, dossier 19, 11 avril 1962).

---

23 Par décision ministérielle n° 12 401 (signée Messmer et Guillaumat) et 12 400/DMA.DAT, du 19 décembre 1961, deux commissions sont créées : une pour les sites insulaires et une pour les sites grand large.

Comme les délais doivent être raccourcis, il faut prendre contact avec les autorités du Pacifique dès février 1962, reconnaître les sites possibles de cette région en mars et avril 1962, définir la, ou des solutions, à proposer en mai-juin suivant au gouvernement (Ministre des Armées et Ministre Délégué) après étude en Commission mixte Armées-CEA. Une base d'opérations doit être mise en place en octobre et les moyens de construction envoyés en décembre 1962.

La pensée du général Thiry évolue rapidement quant aux possibilités techniques. Le 9 janvier 1962, il écrit :

> « Les avantages présentés par utilisation de points zéros en mer ne me semblent pas aussi grandes qu'il aurait été possible de le supposer au premier abord. En particulier, la présence à terre de blockhaus pour les mesures, à distance très réduite de ces points zéros vient retirer presque tout bénéfice à la solution *point zéro flottant*, en ce qui concerne du moins les tirs de petites puissances nécessitant des diagnostics précis [...] Il serait donc opportun de ne pas fonder tous les espoirs sur la seule solution du *point zéro flottant*. »

Il pense que les solutions sur tours ou ballons ne sont donc pas à exclure *a priori* et recommande la poursuite des études sur les ballons.

d) Choix technique et politique de Mururoa

Quelques jours plus tard, le général Thiry veut « resserrer le choix d'un site dans le Pacifique » et propose de diriger une mission sur Chesterfield (croiseur *Jeanne d'Arc*) et de survoler les Tuamotu. Une « extrême discrétion devrait entourer ce voyage » pour tenir compte de la mentalité des habitants de la région. L'objet de la mission pourrait être camouflé derrière une recherche de terrain de manœuvres. Le général Thiry sera présenté comme faisant partie de l'état-major de l'Armée de l'Air. Il ne sera pas fait référence aux activités du Commissariat à l'Énergie atomique.

Pourtant, le gouvernement hésite, en ce début d'année 1962. Il espère, alors que se négocient les accords d'Évian, pouvoir utiliser encore le Sahara jusqu'en 1968. Mais, « cette perspective ne résout pas tous les problèmes, car il a déjà été signalé que les tirs en souterrain ne sont qu'un pis-aller, et qu'il sera impossible d'expérimenter des tirs de grandes puissances au Sahara ». Les problèmes semblent s'accumuler. La section technique de l'Armée montre que les tirs au sol d'engins, même de faible puissance, conduisent à des zones de retombées tellement étendues que la recherche des sites devient très difficile. Sur le plan politique, les études faites font apparaître la sensibilité de l'opinion en Polynésie française et en Nouvelle-Calédonie pour tout ce qui pourrait troubler la quiétude des habitants[24]. La population peu nombreuse, mais très dispersée, rendra sans doute impossible d'effectuer des tirs sans évacuation, au moins temporaire, de certaines populations. Ces problèmes politiques expliquent pourquoi, ajoutés aux sites mal adaptés, la Nouvelle-Calédonie est écartée définitivement en mars 1962[25].

---

24 Une habile préparation psychologique s'est mise en place, comme le prouve la conférence faite par le professeur Jamet, le 21 avril 1962, à Papeete. Parlant des essais américains à Christmas, il montre que les populations polynésiennes sont moins exposées que les Norvégiens (essais soviétiques). La France s'engage à mettre en place un centre d'observations qui mesurera les risques de radiations. Voir notre ouvrage : La bombe... op. cit. p. 36 à 40.
Le gouverneur de Polynésie française a également préconisé une action en ce sens :
« quelles que soient les précautions prises, l'annonce des projets en Polynésie suscitera une vive opposition locale chez les leaders politiques autochtones et à l'assemblée territoriale.
Il importerait en particulier que le leader Pouvanaa actuellement emprisonné en France n'ait pas la possibilité de revenir dans le territoire.
Afin de combattre la réaction des populations, une campagne psychologique devrait être amorcée, leur montrant le bénéfice que le pays tirerait des expérimentations :
    installations permanentes (aérodromes...)
    emploi de main-d'œuvre
    accroissement du commerce local.
Il est indispensable que la population de Tahiti voit se réaliser pour elle-même quelques travaux d'intérêt public en relation avec l'installation du CEP (troisième quai à Papeete, approfondissement de la passe d'entrée, réfection de routes, etc) ».
(rapport de mission du général Thiry, 13 R 132, dossier 19, 11 avril 1962).
25 Compte-rendu de la commission des sites du 22 mars 1962. Toutefois, dans une fiche du général Thiry du 11 juillet 1962, il est encore noté à propos de la Nouvelle-Calédonie : « oui, avec réserves » (13 R 132, dossier 9).
Notons qu'au cours du débat sur le budget de l'outre-mer, le 24 octobre 1961, le député de Nouvelle-Calédonie, Maurice Lenormand, avait interrogé le ministre des départements et

Après la mission du général Thiry dans le Pacifique, un seul site est retenu par la commission, le 22 mars 1962, celui des Gambier-Tuamotu Sud. Des points zéro peuvent être installés à Moruroa, peut-être à Temoe, Fangataufa, Maria, Marutea. Mangareva peut servir de base arrière. Il y a possibilité d'installer un terrain d'aviation à Totegegie et Moruroa, mais les surfaces sont trop restreintes pour l'installation. Selon l'exposé du Lieutenant-colonel Payen, il n'y aurait pas de problème délicat de retombées. Pitcairn est à 300 miles nautiques. Les risques de pluies radioactives ne devraient pas apporter de surcroît de radioactivité important. Le général Thiry peut conclure le 26 mars suivant qu'il « apparaît d'ores et déjà que s'il y a une possibilité [d'expériences nucléaires], cette dernière se situe en Polynésie, dans les îles Gambier » . Il commande de procéder aux levés hydrographiques concernant les mouillages et les passes de Moruroa et Mangareva, et éventuellement Timoe [atoll à rattacher aux Gambier]. Pour « resserrer » encore le choix définitif, le général propose une deuxième mission sur place, du 16 mai au 19 juin. Celle-ci permet au comité des sites du 27 juin de prendre des décisions quasi définitives.

Le site de Moruroa est considéré comme acceptable en tant que champ de tir[26].

Le site des Gambier, difficile à aménager en base arrière, est abandonné au profit de Tahiti qui offre des possibilités pour cette fonction. Plus précisément, Papeete est retenue pour cela.

Le choix de Papeete n'a pas été fait seulement pour des raisons de commodité. Les raisons politiques ont peut-être été déterminantes. Certes, il y avait des inconvénients à établir dans l'agglomération urbaine quelques milliers de soldats (l'île de Tahiti tout entière dépassait à peine quarante mille habitants). Le général Thiry avait

---

territoires d'outre-mer sur les bruits faisant état d'un transfert des essais dans le Pacifique, ce qui rendait les populations inquiètes. Le ministre lui répondit : «vous pouvez les rassurer de ma part». (Journal officiel de la République française, 25 octobre 1961, p. 2 872 et 2 873).
26 Le 1er août 1962, le général Thiry discute encore le choix proposé d'implanter les zones de tirs dans la partie est de l'atoll (13 R 132, dossier 9). De fait, cette zone a servi aux installations aéroportuaires et à la «base de vie».

pressenti les difficultés qui allaient naître entre les populations locales et les militaires. Il avait émis le vœu que l'armée française « ne se comporte pas à Tahiti comme l'armée américaine quand elle s'installe à l'étranger » (13 R 133). Mais la création d'installations qui serviraient rapidement ou plus tard à la population était susceptible de retombées politiques positives, alors qu'aux îles Gambier et aux Tuamotu du sud-est à peine peuplées d'un millier d'habitants, il n'y aurait nul profit politique (voir en ce sens le 13 R 133).

L'intervention de De Gaulle a pesé en ce sens :

> « Il ne faudrait pas, après cette activité intense qu'il y ait un reflux, que les commerces tombent, que les bâtiments soient désaffectés. Il faut un grand port à Papeete... Le développement, l'information [en fait, la télévision], la scolarisation, la pratique du français doivent être le corollaire de l'installation du Centre et demeurer après lui[27].
> »

La prospection rapide de Fangataufa, Maria, Marutea Sud a montré que ces atolls sont fermés, donc que les aménagements seraient longs et onéreux. Une utilisation ultérieure est cependant envisagée. Pour les terrains d'aviation de secours, les recherches aboutissent à Hao. Pour s'affranchir de certaines escales posant des difficultés politiques, il est proposé d'utiliser un terrain à l'île de Pâques en collaboration avec le Chili[28].

Il ne reste plus qu'à faire entériner les choix par le Conseil de Défense. Dès le 4 juillet 1962, les textes sont prêts et ils sont confirmés le 27 juillet. La consigne est désormais de commencer les travaux début 1964, pour une utilisation fin 1966. Mais la situation politique générale de la France (fin de la guerre d'Algérie, arrivée des « rapatriés », élections après l'attentat du Petit-Clamart) explique sans doute que le gouvernement ait pris la décision de

---

27 Peyrefitte A., C'était de Gaulle, vol. 2, de Fallois/Fayard, 1997, p 121 et 122.
28 En avril 1961, on envisageait l'itinéraire des DC 8 ou Boeing 707 par les Açores et l'île de Pâques.

reporter d'une année les travaux envisagés en Polynésie, supprimant l'urgence de l'opération (dossier 19). De plus, les élections législatives qui devaient se tenir en novembre, avec les incertitudes qu'elles recelaient, ont fait que le projet de transfert des centres d'essais n'apparaît pas comme définitif (13 R 133). Mais, le Conseil de Défense du 20 novembre 1962 - deux jours après les élections - décide d'accélérer la construction du CEP. En effet, le général Thiry fait ressortir devant le comité des sites lointains, le 11 janvier 1963, l'importance et la rapidité avec laquelle la mission doit être effectuée. Il s'agit maintenant de prendre la relève du Sahara pour tous les tirs ou pour les tirs de grande puissance seulement. Le général souligne « l'intérêt politique d'avoir une solution de rechange en face d'exigences algériennes tendant à nous éliminer du Sahara »[29]. Il faudrait envisager une première campagne de tirs courant 1965 (tir précoce). Cela exige qu'il ne soit pas lésiné sur les moyens à mettre à la disposition du général commandant.

Les Polynésiens, longtemps tenus dans l'ignorance du transfert, même si les rumeurs circulaient à Papeete[30], sont informés par le général de Gaulle s'adressant à une délégation d'élus venus le rencontrer à l'Élysée, le 3 janvier 1963. Le président de la République présente le Centre d'Expérimentation du Pacifique, comme une sorte de cadeau qui soulagera les finances locales très déficitaires et relancera l'économie. Il ne reste plus alors qu'à régler les problèmes « d'intendance » : achats de terrains, l'utilisation légale de l'atoll de Moruroa qui est une terre relevant du domaine du Territoire de la Polynésie française, trouver la main-d'oeuvre. Les réticences politiques de plusieurs élus du Territoire, et en particulier de son député, John Teariki, constituent un obstacle dont le

---

29 Le dossier 5 du 15 R 15 contient des notes sur les réactions africaines et algériennes en particulier aux explosions de 1963 au Sahara. Ben Bella a d'ailleurs fait approuver par l'Assemblée nationale algérienne la demande de révision des accords d'Évian sur la présence des installations militaires au Sahara (Le Monde, articles du 17 au 22 mars 1963).
Voir comment de Gaulle accueille ces réactions : Peyrefitte A., op. cit., vol. 1, p. 419-420.
30 Parmi les nombreuses anecdotes sur le manque d'information des Polynésiens et sur les rumeurs qui circulaient, signalons l'interview du gouverneur Grimald à La Vie catholique illustrée, 28 novembre 1962. «À quoi sert Tahiti pour la France ?» interroge un journaliste. «À rien», répond le gouverneur. Le commentaire du journaliste est le suivant : «il n'avoue évidemment pas car c'est un secret, encore que tous les Tahitiens en discutent d'abondance».

gouvernement français et le gouverneur Aimé-Louis Grimald se tirent assez bien[31]. En mai 1963, un premier détachement du Génie prend possession de l'atoll de Moruroa. En septembre, les premiers travailleurs polynésiens recrutés sur l'atoll d'Anaa, débarquent sur le site des essais. Quand les ministres Gaston Palewski et Pierre Messmer visitent Moruroa, en janvier 1964, cinq cents hommes sont déjà à l'ouvrage. Cette installation *de facto* est rendue légale par la décision de la commission permanente de l'assemblée territoriale le 6 février 1964[32].

Le 2 juillet 1966, le premier essai a lieu sur une barge. La Polynésie est entrée, pour trente ans, dans l'ère des essais nucléaires qui ont tant modifié ce que Bougainville avait appelé « la Nouvelle Cythère ».

Note (1996)

L'article se prolongeait par une étude sur les conséquences politiques des essais en Polynésie française et en Nouvelle-

---

31 Quelques auteurs ont tenté de montrer que la France avait imposé le CEP à une classe politique et à une population hostile. On retrouve cette théorie en particulier chez :
- Danielsson B. et M.T., Moruroa mon amour, Paris, Stock, 1974, 434 p. (préface de Jean-Jacques Servan-Schreiber). L'ouvrage, traduit en de nombreuses langues, a été un succès éditorial.
Voir la critique que nous avons établie : «Moruroa et le système Danielsson«, Journal de la Société des Océanistes, n°99, Musée de l'Homme, Paris, année 1994 - 2, p. 209 à 214.
- Chesneaux J. et Maclellan N., La France dans le Pacifique, De Bougainville à Moruroa, Paris, La Découverte, 1992, 241 p.
Dans nos livres et articles, nous avons montré la grande complexité de l'attitude des responsables politiques du Territoire, attitude qui a beaucoup évolué entre les premières rumeurs, l'annonce officielle et le début des travaux. La plupart des conseillers territoriaux ont eu un parcours curieux, refusant puis acceptant - ou le contraire - cette installation. Ce n'est qu'une fois que le CEP est installé de jure, après février 1964, que la contestation anti-nucléaire, souvent liée à la revendication autonomiste, prend corps. À cette date, les camps deviennent plus tranchés. Les anti-nucléaires sont autonomistes et anti-gaullistes. Les autres sont favorables à la présence française et gaullistes. Le général Thiry avait donc raison de rester prudent quand il écrivait : «Il est à craindre que la Polynésie soit susceptible de réactions politiques« (13 R 132, dossier 28, 16 janvier 1963) ou que «les conditions psychologiques risquent de faire prendre des mesures de sécurité plus étendues que ne l'imposerait la sécurité technique réelle« (13 R 132, dossier 19, 11 avril 1962).
32 L'atoll appartenait au domaine du Territoire qui le louait à une société de pêche. En vertu du statut, il fallait donc établir un bail.

Calédonie. Nous montrions que c'est en vue de l'installation du CEP que Pouvanaa a Oopa et Maurice Lenormand ont été écartés de la scène politique. Cette thèse ayant été exposée dans nos divers travaux et notamment dans *Pouvanaa a Oopa victime de la raison d'État*, nous renvoyons à ces publications.

Complément (2014)

En 2013, après une longue enquête, nous réussîmes à trouver les archives de la Défense pour la période allant du 1er juin 1958 à la fin de cette même année, lorsque de Gaulle revint au pouvoir comme président du Conseil. Nous imaginions que le Général avait pris des décisions importantes et que retrouver des comptes-rendus de réunions avec les responsables de l'Armée pourrait révéler des faits importants.

Le Général organisa des « Réunions de Défense nationale », réunions dont on peut se demander si elles avaient un caractère légal puisqu'elles se sont déroulées hors de la présence du président de la République dont la Constitution faisait « Chef des armées ». Il est vrai que dans la débâcle de la IVème République, le parlement avait accordé « les pleins pouvoirs » au Général le 2 juin 1958 et ce dernier s'était attribué le portefeuille de la Défense nationale. Le problème de la légalité était devenu secondaire. C'est pourquoi j'eus tant de difficultés à retrouver ces archives. Sous la IVème République, les problèmes de Défense se réglaient dans les Comités de Défense nationale présidés par le Chef de l'État qui y jouait du reste un rôle qui dépasse celui qu'on lui attribue généralement. Les archives sont déposées aux archives nationales. Sous la Vème République, furent et sont encore tenus des Conseils de Défense dans lesquels le président de la République tient le premier rôle. Les archives se trouvent au Secrétariat général à la Défense et à la Sûreté nucléaire. Dans la période transitoire, les Réunions de Défense nationale ne répondaient à aucune procédure habituelle. Les archivistes n'arrivaient pas à m'indiquer où je pourrais trouver trace de ces réunions. Finalement, j'appris qu'elles étaient avec celles des

Conseils de Défense... comme si de Gaulle président du Conseil, ce n'était déjà plus tout à fait la IVème République.

Le 12 novembre 1958 se tint une réunion dont les historiens devront désormais admettre qu'elle est capitale pour l'histoire de la France, car c'est ce jour-là que se décida la politique de Défense nucléaire voulue par le général de Gaulle (qui concrétisa ainsi ce que les précédents gouvernements avaient préparé). Les chefs d'état-major, les ministres des Armées et des Affaires étrangères et Francis Perrin (directeur du Commissariat à l'énergie atomique) participèrent aux décisions. Une sorte de verbatim permet de connaître les échanges entre ces hautes personnalités. Manifestement, le Sahara posait de gros problèmes techniques et politiques pour des essais importants et le ministre des Affaires étrangères s'inquiéta de ce qui se passerait quand il faudrait passer aux explosions thermonucléaires. Francis Perrin répondit :

« *Dans quelques années, il sera indispensable de choisir un autre polygone situé soit dans les îles du Pacifique, soit aux Kerguelen* ».

F. Perrin prit donc à son compte les réflexions du général Ailleret de janvier 1957 et d'avril 1958. Les contacts devaient être fréquents entre les deux hommes. Au cours de cette réunion du 12 novembre, F. Perrin balaya d'un revers de main toute possibilité de réaliser des essais en métropole, même si les études se poursuivaient.

On sait que les essais aux Kerguelen ne pouvaient pas se concrétiser. Quant au Pacifique, seules la Nouvelle-Calédonie et la Polynésie pouvaient être retenues (Wallis et Futuna n'étaient pas encore un TOM en 1958) et la première posait problème en raison de sa proximité avec l'Australie et la Nouvelle-Zélande. Le général Ailleret avait bien estimé les possibilités dès 1957 (voir *La France à l'opposé d'elle-même*).

Un point capital : si, pour la première fois, il apparaît que les plus hautes autorités avouaient, ce 12 novembre 1958, que le Sahara n'était envisagé qu'à titre provisoire, force est de considérer que le professeur Perrin n'avait pas imaginé la nécessité technique et politique de quitter le Sahara le jour même et ne s'était pas forgé cette certitude sans en avoir discuté avec le général Ailleret. C'est donc sans doute avant le retour au pouvoir du général de Gaulle que le projet d'installations expérimentales en Polynésie s'était forgé parmi les principaux responsables de la Défense.

La conclusion est désormais claire. Dès 1957, les responsables de la Défense avaient prévu que la Polynésie serait le centre d'essais dont la France avait absolument besoin. Seuls les délais de mise en application de ce projet n'étaient pas réellement programmés. Il ressort de la réunion du 12 novembre 1958 évoquée plus haut que faire des essais rencontre deux problèmes : techniques et politiques. À un moment donné, surtout lorsque sont réalisées des explosions de grande puissance, les problèmes politiques égalent, voire dépassent les questions techniques. Autant dire que le choix de la Polynésie était en quelque sorte contraint, car c'était le seul endroit du territoire national où les problèmes politiques seraient limités... dès lors que l'on s'était débarrassé de l'homme qui pouvait être un trublion, Pouvanaa a Oopa.

Une des principales raisons qui firent écarter la Polynésie comme site d'essais en 1957 était l'absence d'aéroport. Nous avions alors émis une autre hypothèse : la décision de construire l'aéroport avait été prise dans l'optique du CEP. Alors que la France refusait cette construction en invoquant le manque de moyens financiers, brutalement ceux-ci furent débloqués quatre mois après que le général Ailleret ait rendu son rapport. La concordance des faits était troublante et était étayée par d'autres éléments que l'on trouve dans cet ouvrage. Mais, une fois encore, il manquait un document plus précis.

En janvier 2013, nous avons trouvé le verbatim de la réunion qui a abouti à la décision, dans les archives diplomatiques françaises. Alors que plusieurs participants insistaient sur la nécessité de créer cet aéroport pour le développement économique du Territoire, le représentant de l'aviation civile déclara : « *c'est un aérodrome dont la réalisation est prévue davantage pour des motifs d'ordre politique général que pour des motifs de transport aérien... le trafic touristique restera limité...* » (Archives diplomatiques, 139 QO 19, réunion interministérielle du 7 mai 1957).

D'autres documents montrent qu'en effet l'aéroport n'a pas été décidé pour des raisons économiques. « *Des motifs d'ordre politique général* » est une formule sibylline dont le représentant de l'aviation civile ne connaissait peut-être même pas la signification profonde. Serviteur de l'État, il avait vraisemblablement obéi à une consigne qui laissait la porte ouverte à toutes les interprétations. L'histoire, avec du recul, est suffisamment claire (notamment la précipitation avec laquelle l'aéroport fut construit) pour affirmer que la raison profonde est bien de préparer la Polynésie à recevoir le CEP quelques années plus tard.

Cartes complémentaires

☐   <u>Sites de recherches dans les Alpes</u>

Carte Arnaud Jordan

☐   <u>Sites de recherches en Corse</u>

Carte Arnaud Jordan

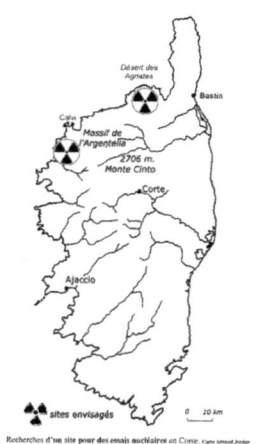

☐ <u>Sites de recherche et sites utilisés au Sahara</u>

Carte Ministère de la Défense, rapport no : 1768

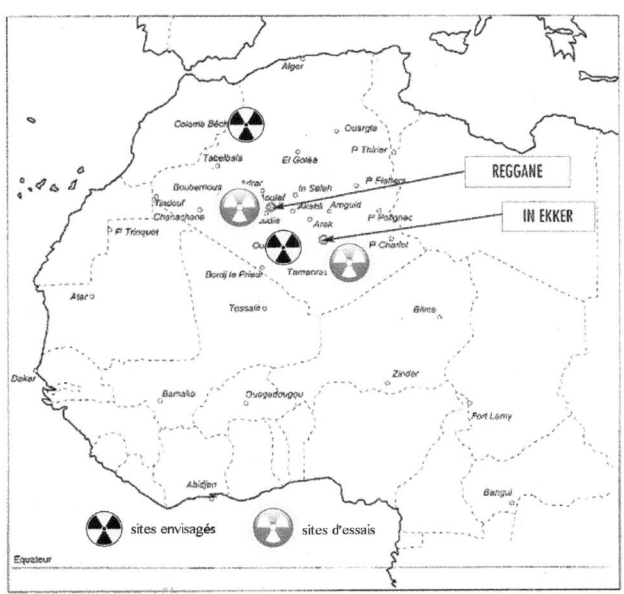

☐ <u>Sites utilisés pour des essais dans le Pacifique</u>

Carte Evasion Historia

Les essais nucléaires dans le Pacifique

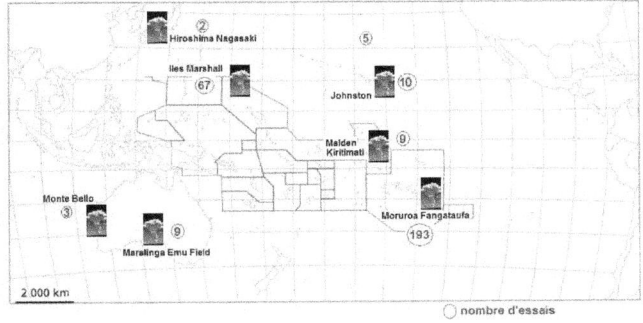

☐ <u>Sites envisagés en Nouvelle-Calédonie</u>

Carte UPF

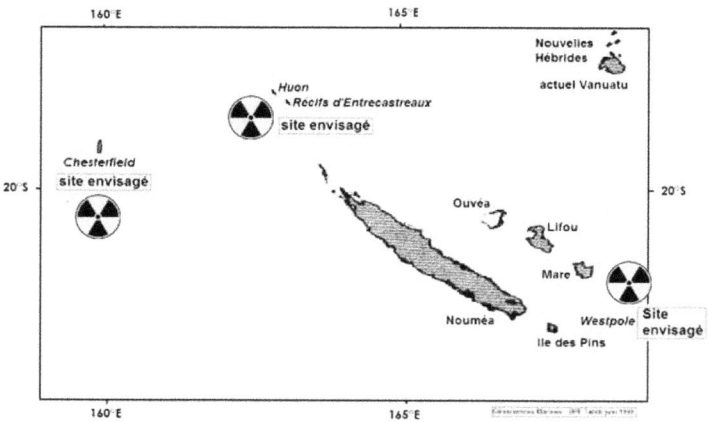

Carte des sites des essais nucléaires envisagés en Nouvelle-Calédonie

Chapitre 2

LA QUESTION NUCLÉAIRE DANS LE PACIFIQUE SUD

TRAVAILLISME, SYNDICALISME ET EGLISES OCEANIENNES DANS LES RELATIONS INTERNATIONALES

Cet article a d'abord été écrit en collaboration avec Paul de Deckker. Il a été publié dans la *Revue d'Histoire diplomatique*, 2003, n° 1, p. 63 à 81. Il est paru en anglais dans *The Contemporary Pacific*, Hawaii, 2005, n°2, p. 339 à 357.

Les auteurs ont reçu différents messages qui ont souligné à quel point sur des sujets sensibles, un travail universitaire pouvait être mal compris. Parce qu'ils livrent aux lecteurs le point de vue de la France, les auteurs sont « accusés » de défendre ce point de vue. Le rôle des universitaires est d'apporter un maximum d'éléments à la connaissance du public. Il est certain qu'à un moment donné, les universitaires peuvent être amenés à classer les informations et indiquer quel regard ils portent sur les événements ou les idéologies. Il est difficile d'exposer de façon « neutre » l'idéologie nazie et la politique concrètement menée par ceux qui la soutiennent. Sur d'autres thèmes, le récit « froid » est plus aisé à tenir et le choix de l'opinion peut être laissé aux lecteurs. Le travail qu'on appelle «scientifique » en sciences humaines peut toujours être critiqué, tout comme les travaux des scientifiques de ce que l'on nomme « les sciences dures ». L'idéologie n'est jamais très loin, même dans la recherche médicale par exemple.

L'article qui suit a été remanié par Jean-Marc Regnault pour tenir compte de documents nouveaux* et des études menées notamment sur le plan médical sur les conséquences des essais nucléaires. En conséquence – tout en remerciant le regretté Paul de Deckker pour les précieux apports qu'ont constitué ses propres recherches – Jean-Marc Regnault tient à préciser qu'il porte seul la responsabilité des faits exposés et du vocabulaire employé.

---

* Signalons le mémoire de maîtrise de Sylvain Pollet, présenté à l'Université de Cergy-Pontoise en octobre 2002 : *La question nucléaire entre la France et l'Australie, 1962-1972*. Sylvain Pollet nous a aimablement communiqué une série de photocopies de documents du ministère des Affaires Étrangères sur les réactions des pays du Pacifique devant les essais nucléaires français. Nous l'en remercions vivement.

L'arme nucléaire a-t-elle évité la guerre nucléaire ? Les experts ne finissent pas d'en débattre[1]. Toujours est-il que les États, possesseurs ou non de ces puissants moyens de destruction ont cherché diverses voies pour conjurer le péril d'une catastrophe. Le désarmement total étant une utopie, les deux grands États nucléaires se sont engagés dans des négociations pour contenir les risques et ont abouti à quelques résultats : le « téléphone rouge » en juin 1963, le traité de Moscou du 5 août 1963[2] - interdiction des expériences dans l'atmosphère et sous les mers, signée par plus de cent pays, mais ni par la France ni par la Chine - et le traité de non-prolifération (ou TNP) du 5 juillet 1968. Les signataires disposant de l'arme atomique s'engageaient dans le TNP à « ne pas transférer d'armes atomiques aux États non nucléaires ». Ceux qui ne la possédaient pas encore s'engageaient à ne pas l'acquérir. Cent onze États l'ont signé, mais là encore sans la France et la Chine (ne figurent pas non plus parmi les signataires : l'Inde, le Pakistan, Israël, l'Égypte, l'Afrique du Sud, le Brésil et l'Argentine).

D'autres négociations, avec ou sans l'accord immédiat des deux Grands, visaient à empêcher la présence du nucléaire militaire, voire

---

Abréviations :
CEP : Centre d'expérimentation du Pacifique
CFP : Change du Franc Pacifique (100 F CFP = 5,50 FF = 0,84 €)
COSCEN : Conseil d'Orientation pour le Suivi des Conséquences des Essais Nucléaires (Polynésie française)
FLNKS : Front de Libération Nationale Kanak et Socialiste
MAE : Ministère des Affaires Étrangères
OCDE : Organisation de Coopération et de Développement économique
SFHOM : Société française d'Histoire d'outre-mer
TICE : traité d'interdiction complète des essais nucléaires
TNP : Traité de non prolifération nucléaire, 5 juillet 1968
ZEAN : Zone exempte d'armes nucléaires

1 Dufour J-L, Vaïsse M., La guerre au XXème siècle, Hachette, 1993, p. 107-108 et Nouschi M., Le vingtième siècle. Tournants, Temps, Tendances, A. Colin, 2000, p. 374 à 376.
2 Ce traité interdit les expériences dans l'atmosphère et sous les mers. Signé par plus de cent pays, il n'est pas adopté par la France et la Chine.

civil, dans certaines parties du monde (les ZEAN[3]) - et même de l'espace - afin d'éviter « une surenchère déstabilisatrice » . Cette politique dite de « dénucléarisation » exprime aussi bien la volonté de diminuer les risques de dérapage que la volonté de certains États de ne pas se laisser entraîner dans des conflits ne les concernant pas directement. Elle ressortit tout autant de l'affrontement Nord/Sud (qui ne concerne pas au Sud seulement des pays en voie de développement puisque la Nouvelle-Zélande et l'Australie en sont des initiateurs) que de l'affrontement Est/Ouest.

Il y a eu en 1959, un traité sur l'Antarctique[4], le 14 février 1967, un traité sur l'Amérique latine à Tlatelolco[5] (la zone d'application englobant une partie du Pacifique sud-est, dont l'île de Pâques), en juin 1967, un traité interdit la nucléarisation de la lune et des corps célestes ainsi que la mise sur orbite spatiale d'une arme nucléaire[6]. Le 11 février 1971, il est étendu aux fonds marins. Enfin, le 6 août 1985, le traité de Rarotonga (aux Îles Cook) veut dénucléariser le

---

3 La notion de ZEAN a fait l'objet de plusieurs propositions au sein de l'ONU. Cette dernière établit quelques principes pour les définir, principes qui restent assez vagues (Trentième AG). Les pays qui adhèrent à une ZEAN ont des engagements plus contraignants que pour le TNP puisqu'ils ne peuvent pas autoriser un État disposant d'armes nucléaires, à en entreposer sur leurs territoires (ce qu'autorise pourtant le TNP). Voir l'introduction de l'article de Georges Fischer, «La zone dénucléarisée du Pacifique Sud«, in Annuaire français de droit international 1985, éditions du CNRS, 1986, p. 23 à 57.
4 Beck P. J., «The Antarctic Question : a New Strategic Role for Antarctica«, in Géopolitique et géostratégie dans l'hémisphère Sud, sous la direction de Pierre Maurice et Olivier Gohin, Université de la Réunion, 1991, p. 503 à 526.
Notons que le terme de dénucléarisation, souvent employé, l'est à tort pour l'Antarctique, puisque l'espace et le fond des mers n'avaient pas d'armes nucléaires.
5 Traité qui prévoit l'interdiction pour les pays contractants de tester, fabriquer, stocker, installer ou déployer toute forme d'armes nucléaires dans la région tout en permettant l'acquisition de technologie nucléaire civile. Mais ni le Brésil, ni l'Argentine n'y adhéraient pleinement avant 1990, Le Monde, 30 novembre 1990. Ce traité comporte deux protocoles : le premier concerne les pays ayant sous leur juridiction, de jure ou de facto, des territoires dans la zone latino-américaine, pour les engager à appliquer à leurs territoires le statut de lieu dénucléarisé. Il a été signé et ratifié par le Royaume-Uni, les États-Unis et les Pays-Bas, signé sans être ratifié par la France. Le second protocole, interdisant l'utilisation d'armes nucléaires dans la région a été signé et ratifié par les cinq puissances nucléaires. Voir Hector Gros Espiel : «Le traité de Tlatelolco : un texte novateur« in Le Monde Diplomatique, juillet 1973.
Sur l'attitude française à l'égard du Traité, voir Marret J-L., La France et le désarmement, L'Harmattan, 1997, 506 p.
6 Thierry H., «Les aspects juridiques de la course aux armements dans l'espace«, in Annuaire français de droit international 1985, éditions du CNRS, 1986, p. 7 à 21.

Pacifique Sud et plus récemment les traités de Bangkok entré en vigueur le 27 mars 1997 et de Pelindaba (signé au Caire le 11 avril 1996) touchent l'Asie du Sud-Est et l'Afrique[7]. De plus, certaines villes, comme Fa'a'a à Tahiti, se proclament « cités antinucléaires » (ou dénucléarisées) sans que cela ait une quelconque valeur juridique.

La France s'est généralement montré réservée à l'égard des traités[8]. C'est le cas de celui de Rarotonga, avant qu'elle ne se décide à le signer en 1996, « un geste de plus grande ampleur encore que l'adhésion aux autres traités »[9]. Ce traité touche une région généralement mal connue. Or, la France y a cristallisé l'opposition des États, des syndicats et des Églises parce qu'elle a eu besoin du Pacifique Sud (pour le nickel de Nouvelle-Calédonie et pour les expériences nucléaires en Polynésie française) que les puissances anglo-saxonnes considèrent volontiers comme leur chasse gardée ou leur *backyard*. Mais la France entendait poursuivre ses essais, quelles que soient les récriminations, car elle estimait être chez elle dans les trois Territoires océaniens Cependant, la France n'était pas la seule visée. Les Océaniens se lancèrent, dès le début des années soixante-dix, sous l'égide de la Nouvelle-Zélande, dans ce qu'ils considéraient comme une nouvelle croisade devant aboutir au traité de Rarotonga.

Guerre froide et essais nucléaires dans le Pacifique

Le bombardement d'Hiroshima, le 6 août 1945, et celui de Nagasaki trois jours plus tard, marquent les esprits dans le Pacifique.

---

7 Szurek S., «De Rarotonga à Bangkok et Pelindaba. Note sur les traités constitutifs de nouvelles zones exemptes d'armes nucléaires«, in Annuaire Français de Droit International, 1996, CNRS, 1997, p. 164 à 186.

Sur l'ensemble des traités régionaux, voir Le Guelte G., Histoire de la menace nucléaire, Hachette, 1997, p. 198 à 206 et La Documentation française, Documents d'actualité internationale, n° 11, 1er juin 1996.

8 Roland Dumas, alors ministres des Affaires Étrangères (juin 1988) précise que la France est favorable aux ZEAN, mais qu'il faut «qu'un tel engagement résulte de la volonté unanime de tous les États concernés et puisse être contrôlé de façon satisfaisante...«. Cité in Géopolitique et géostratégie dans l'hémisphère Sud, sous la direction de Pierre Maurice et Olivier Gohin, Université de la Réunion, 1991, p. 477.

9 Marret J-L., La France et le désarmement, L'Harmattan, 1997, p. 481.

En 1951, le Pacte de sécurité du Pacifique (ANZUS) est censé donner à l'Australie et à la Nouvelle-Zélande la garantie américaine d'une protection contre l'éventuelle résurrection du militarisme japonais (préambule du traité). Les articles 3, 4 et 5 stipulent « qu'une attaque armée dans la zone du Pacifique contre l'une quelconque des parties [signataires] serait un danger pour sa paix et sa sécurité propre ». C'est donc dans la perspective de la guerre froide que ce traité s'inscrit.

Les Américains cherchent aussi à contenir la menace soviétique dans l'Asie du Sud-Est. Le 8 septembre 1954 est signé le traité de l'OTASE. L'Australie et la Nouvelle-Zélande en sont partie prenante. Elles sont donc engagées dans l'affrontement entre les blocs, même si la menace nucléaire ne les touche - en principe - pas directement. Les navires militaires américains qui sillonnent le Pacifique et font relâche dans les ports, n'ont pas à signaler, aux termes des traités, la nature des armes à bord. Les gouvernements ne réagissent pas dans un premier temps. L'Australie accorde d'ailleurs aux Américains toutes les facilités de communication. Lorsque les tenants du pacifisme deviennent plus forts, au début des années quatre-vingts, nous verrons plus loin que la Nouvelle-Zélande surtout et l'Australie se doivent de trouver une réponse appropriée.

Mais de la fin de la Seconde Guerre mondiale à 1985, ce qui a pu inquiéter les populations, ce sont les essais nucléaires qui se sont déroulés dans le Pacifique.

De 1945 à 1963, les États-Unis ont procédé à 232 expérimentations atmosphériques. Dans le Pacifique, elles ont été effectuées dans les îles Marshall, à Bikini (42 explosions) et à Eniwetok (60), sur l'île de Johnston (11) dans le nord-est du Pacifique et sur celle de Christmas (Kirimati) (13), atoll de l'actuelle République de Kiribati. L'explosion au-dessus d'Eniwetok, le 1er novembre 1952, a pulvérisé l'îlot par sa puissance[10].

---

10 Voir Kiste R., The Bikinians, Menlo Park, California, Cumming Publishing Co, 1974, 182 p. et Firth S., Nuclear Playground. Fight for Independent and Nuclear Free Pacific, Honolulu, 1987, Hawai'i University Press, 176 p., et Tubanavau-Salabula L., Namoce J., Maclellan N.,

Le Royaume-Uni effectue ses premières expérimentations atmosphériques en Australie à partir de 1952 sur l'île de Montebello dans l'Océan Indien (3) et dans deux sites prétendument désertiques d'Australie méridionale, Emu et Maralinga (10), avec l'approbation des autorités australiennes jusqu'en 1957[11]. Les Néo-Zélandais ont apporté, en 1957, une assistance militaire et technique pour les expériences thermonucléaires dans l'île de Malden. (*Le Monde*, 20 juillet 1973).

Les dix autres essais, de nature thermonucléaire, ont lieu sur Malden et Christmas, dans la colonie britannique des îles Gilbert.

Certaines expérimentations atmosphériques n'ont pas été réalisées dans les conditions de sécurité optimales. Les explosions atomiques de juillet 1946 à Bikini, dépassent de loin le taux maximum de radioactivité prévue. Les populations d'îles micronésiennes sous tutelle américaine sont déplacées sans pouvoir revenir de façon permanente sur leurs terres ancestrales. Soutenues par divers mouvements de protestation, elles engagent des procès contre Washington au vu des taux de cancer élevés qui les affectent. Le 1er mars 1954, la première bombe thermonucléaire *Bravo* explose au-dessus de Bikini (15 mégatonnes contre 5 attendues) d'une puissance équivalent à mille fois celle d'Hiroshima. Quarante-huit heures après, la marine américaine évacue les centaines d'habitants de Rongerik, Rongelap et Utirik. Un bateau de pêche japonais, le *Fukuryu Maru*, est pris dans la zone des retombées et ses 23 marins sont gravement contaminés. Seize d'entre eux seraient morts des suites de cancer. À partir de ce moment, les militaires américains effectuent leurs expérimentations sous le sceau du plus grand secret.

En Australie, à Montebello, peu de cas est fait des populations locales (environ 5 000 personnes, Aborigènes pour la plupart). Les expérimentations effectuées à Maralinga et à Emu provoquent la mort de groupes aborigènes, nomades et cueilleurs-chasseurs,

---

Kirisimasi, Fijian troops at Britain's Christmas Islands nuclear tests, Suva-Fiji, Pacific Concerns Resource Centre, 1999, 202 p.
11 The Report of the Royal Commission into British Nuclear Tests in Australia, Canberra, Australian Government Publishing Service, 1985.

n'ayant été ni prévenus, ni écartés des zones de tirs[12]. Les Britanniques tentent de nettoyer les lieux, sans grand succès. Le laboratoire fédéral australien des radiations estime qu'il s'y trouve encore des dizaines de milliers de débris contaminés par le plutonium, interdisant aujourd'hui toute présence humaine[13]. De 1957 à 1963, les Britanniques poursuivent leurs expérimentations atmosphériques dans le plus grand secret dans le Pacifique Nord-Est.

L'Union Soviétique a procédé à ses expériences nucléaires sur son immense territoire, mais aux yeux des populations du Pacifique Sud, elle bénéficiait du fait de n'avoir pas colonisé la région et de n'y avoir pas effectué des essais.

Les capacités de destruction devenant terrifiantes, en 1959, les trois puissances nucléaires décident d'établir un moratoire sur les expérimentations atmosphériques avant d'admettre la nécessité de signer un traité d'interdiction de ces essais. Les premiers mouvements antinucléaires peuvent considérer qu'une partie de leur objectif est atteint[14], mais, avant de signer le traité de Moscou (5 août 1963), les trois puissances accélèrent le rythme et la puissance de leurs essais. Les Américains, par exemple, tirent sur l'île de Christmas, ce qui a inquiété les populations de Polynésie française (îles Marquises surtout) et des Samoa occidentales. Dans ces conditions, les initiatives de la France et la Chine qui débutent leurs expériences au début des années 1960, ne peuvent qu'être mal perçues, dans le Pacifique en particulier.

---

12 Voir la communication de Dr Anne Noonan au colloque de Papeete des 29 et 30 juin 2006, organisé par le COSCEN, «History of the British Nuclear Tests in Australia and their Impact on the Indigious People in the Areas«. Le Dr Noonan écrit : «à cette époque, les indigènes d'Australie n'étaient pas considérés comme des citoyens et ne figuraient pas sur les recensements jusqu'en 1967«. Il fallut attendre le début des années 90 pour que leur sort soit mieux pris en compte. Les Aborigènes des régions d'Emu et de Maralinga reçurent des indemnités, mais incomplètement versées.

13 Sous la pression populaire, le gouvernement travailliste engage, en 1984, une commission royale d'enquête sur les expérimentations britanniques en Australie. Les résultats sont contenus dans The Report of the Royal Commission ..., op. cit.

14 Sur le rôle du Mouvement de la Paix, des Églises et du pacifisme, voir Bendjebbar A., op. cit., p. 228-229 et 260 et Encyclopédie du protestantisme, Cerf/Labor et Fides, 1995, p. 1618-1619.

Lorsque la France doit abandonner les champs de tirs du Sahara, elle choisit les atolls de Moruroa et de Fangataufa dans l'archipel des Tuamotu en Polynésie française pour y poursuivre la mise au point de sa bombe atomique (voir notre article précédent). Les tirs commencent le 1er juillet 1966. Le 24 août 1968, le premier essai thermonucléaire a lieu à Fangataufa. La France a réalisé dans le Pacifique 41 expérimentations en atmosphère (1966-1974) et 140 expérimentations souterraines (1975-1991 et 1995-1996).

Si les réactions des Polynésiens ont tardé à se manifester, dans les territoires et États du Pacifique, le rejet a été rapide.

La montée des oppositions aux essais français, mais aussi à l'hégémonie américaine

Dès que l'installation du CEP est connue, les réactions sont vives comme l'attestent les articles de la presse néo-zélandaise. Dès février 1963, l'Ambassade de France à Wellington doit recevoir une délégation de la « Campagne pour le désarmement nucléaire ». Des réunions publiques sont organisées à Auckland, Christchurch et Hamilton. Le gouvernement français se plaint « de la campagne systématique menée en Nouvelle-Zélande contre ses projets d'expérimentation » [15]. Un responsable syndical déclare que de Gaulle a «une attitude ridicule au sujet des armes nucléaires » (*Le Monde*, 2 février 1963). Le Premier ministre conservateur proclame «l'aversion de la Nouvelle-Zélande envers les expériences nucléaires »[16] même s'il refuse toute attitude extrémiste. À l'ONU, la Nouvelle-Zélande – par la voix de son délégué, Franck Cornez - est d'ailleurs la seule « à avoir mis l'accent sur les dangers susceptibles d'être provoqués par les expériences nucléaires dans le Pacifique »[17]. L'opposition travailliste soutient l'idée d'un boycott des produits français, « même si l'économie néo-zélandaise devait en souffrir » . Les travaillistes proposent également, dès juillet 1964, la création de zones dénucléarisées et l'interdiction des armes nucléaires ce que

---

15 MAE, lettre de l'ambassadeur de France à Wellington, du 4 octobre 1963.
16 Lettre de l'ambassadeur de France du 22 novembre 1963.
17 Lettre du 4 octobre 1963.

refuse le gouvernement conservateur. L'opposition à la France se nourrit aussi de fausses rumeurs et d'images peu conformes à la réalité : les médias australiens ou néo-zélandais illustrant des reportages sur les essais français avec des images provenant de Bikini ou Eniwetok ou un montage photographique qui montrait un champignon atomique au-dessus de Tahiti *(Pacific Islands trade News,* Sydney, 17 juillet 1972).

Les syndicats néo-zélandais sont rejoints par leurs homologues australiens. Le 4 août 1963, 5 000 personnes défilent à Sydney pour manifester leurs craintes. Des particuliers expédient à l'Ambassade de France des cartes postales représentant un champignon atomique avec la mention *No French Tests*[18]. Le ministre australien des Affaires étrangères, Hasluck, déclare le 4 novembre 1964 à Couve de Murville qu'il est « résigné à la poursuite des expériences », mais il craint la prolifération et les retombées et souhaite donc une concertation[19]. En décembre 1965, à Sydney, une conférence des syndicats des pays de Pacifique Sud est consacrée à la lutte contre les expériences nucléaires françaises, mais elle n'a eu qu'un faible écho dans la presse.

Le gouvernement australien prend fermement position contre les essais français dès avril 1963. Il se déclare solidaire de la position exprimée par d'autres puissances riveraines du Pacifique. Les assurances reçues quant à l'innocuité des expériences ne calment pas les représentants du Parti Travailliste. L'un d'eux, demande au ministre des Affaires Extérieures de signifier à la France que « toute expérience nucléaire dans le Pacifique serait considérée comme un acte d'agression contre l'Australie et l'humanité » (11 septembre 1963).

L'ambassadeur de France dresse un tableau des peurs suscitées par les futurs essais :

---

18 Dossier établi par l'ambassadeur de France en Australie, n°3/AS, 15 décembre 1972.
19 Vaïsse M., La Grandeur. Politique étrangère du général de Gaulle, Fayard, 1998, p. 377.
Le Gouvernement français comprend mal les protestations australiennes car il avait assuré l'Australie que toutes les mesures de sécurité seraient prises pour protéger son territoire (lettre de l'Ambassadeur de France, 10 septembre 1963).

« Les journaux publient de temps à autre des rapports très alarmants sur les effets possibles de nos expériences, sans toutefois leur consacrer *cinq colonnes à la une*. C'est notamment le cas d'une conférence faite à Sydney par le docteur Linus Pauling (27 octobre 1964) au cours de laquelle le savant américain déclare que les tests français causeront de graves préjudices à la santé de 500 000 bébés à naître ; et le cas des conclusions d'un comité de cinq experts scientifiques consultés par le Parti Travailliste selon lesquels nos essais devraient provoquer dans le monde 1 000 à 2 000 cancers supplémentaires, environ 3 500 décès à la naissance ainsi que 350 cas de déformation chez les nouveau-nés, hypothèses formulées dans le cas d'explosions d'une puissance de 2 à 4 mégatonnes[20]. »

Le Premier ministre du Samoa occidental a demandé à l'ambassadeur de Nouvelle-Zélande à Paris de protester en son nom (juin 1963). La reine Salote de Tonga exprime également ses préoccupations. Les Églises méthodiste (les méthodistes sont les plus actifs parmi les protestants dans les deux grands États d'Océanie) et catholique rejoignent également les mouvements de protestation[21].

Cette agitation a suscité de virulentes réactions du général de Gaulle[22] qui ne comprend pas qu'on puisse s'attaquer à la politique française en la matière, puisque « notre bombe est pacifique ! C'est même ce qu'on a inventé de plus pacifique depuis que la France existe ! ». Pour le Général, les protestations néo-zélandaises ne peuvent provenir que de « ligues de vieilles demoiselles » (25 novembre 1964). Mais il a bien compris les mentalités de la région qu'il avait visitée en 1956. Il fait aussi référence à l'histoire,

---

20 Dossier établi par l'ambassadeur de France en Australie, n°3/AS, 15 décembre 1972.
21 D'après les documents de la direction d'Asie Océanie du MAE.
22 Peyrefitte A., C'était de Gaulle, vol 2, Ed. de Fallois/Fayard, 1997, 656 p.
De Gaulle s'est fâché contre les réflexions du ministre australien citées plus haut. Il observe qu'aucune protestation n'a été émise par ces pays à l'encontre de Washington, Londres et Moscou lors de leurs expériences« (Vaïsse M., op. cit., p. 377).
Le gouvernement australien avait pourtant remis (9 septembre 1963) à l'Ambassadeur de France un « aide-mémoire » démontant les reproches faits par la France et concluant que celle-ci ne comprenait pas la position australienne. (voir MAE, direction Asie Océanie, « Possessions françaises d'Océanie », n° 22.

évoquant l'affaire Pritchard[23]. De Gaulle n'est donc pas réellement étonné d'apprendre que « les pasteurs tahitiens rencontrent des pasteurs anglais et américains qui les excitent contre la France, et des pasteurs des îles du Pacifique avec lesquels ils se montent mutuellement la tête », mais l'extension de l'opposition ne l'émeut pas outre mesure. Ce qui compte pour lui, « c'est que la construction de notre force nucléaire est la grande affaire de la France et que l'installation du Centre d'expérimentation du Pacifique est une grande œuvre française ». Or, c'est précisément là-dessus que se développe ou renaît l'opposition à la France dans le Pacifique. Les pays du Pacifique se placent dans une logique qu'il faut chercher à comprendre :

> « Les États de la région estimaient que ces essais nucléaires, loin de les protéger indirectement contre une menace visant le monde occidental dans le contexte de la guerre froide [...] les entraîneraient dans la spirale de la terreur en cas de conflit nucléaire[24]. »

Pour ces pays l'arme atomique n'est pas considérée comme un instrument de dissuasion, mais comme un instrument de destruction totale. Des thèmes unissant mythes religieux pré-chrétiens ou chrétiens et écologie ressurgissent. Dieu a donné aux Océaniens leurs terres, vierges. Les Français polluent l'atmosphère, puis les entrailles de la terre à Moruroa et Fangataufa. C'est aller contre la volonté de Dieu qui entend voir se maintenir la pureté des îles. Ce type d'argument que l'on peut entendre lors des services religieux[25] s'imprime très bien dans les mentalités du Pacifique Sud qui est une région fondamentalement chrétienne et souvent

---

23 En 1842, le pasteur Pritchard qui espérait que Tahiti deviendrait un protectorat britannique est écarté par une manœuvre au profit de la France. Cette affaire est à l'origine d'un grave malentendu entre les pays protestants de la zone et la France. De Deckker P., Jacques-Antoine Moerenhout (1797-1879), Ethnologue et Consul, Papeete, Au Vent des îles, 1997, 406 p.
24 Cordonnier I., La France dans le Pacifique Sud, approche géostratégique, 1995, Publisud, p. 21.
25 L'Église évangélique de Polynésie française, engagée contre le nucléaire à partir de 1982, considère que « les essais nucléaires ont été et resteront toujours le plus grand crime commis contre le Fenua », c'est-à-dire la terre (Vea Porotetani, octobre 2000).

chrétienne fondamentaliste. « Si les essais ne sont pas dangereux, pourquoi ne pas choisir un site en France métropolitaine ? » entend-on fréquemment. Des pétitions émanant de confessions religieuses contre les essais qualifient ceux-ci de « crimes contre l'humanité ».

Les réactions ont également été nombreuses en Amérique du Sud, mais les gouvernements ont tenté de minimiser la portée des protestations.

La Nouvelle-Zélande étant l'alliée et l'amie de la France[26], on croit possible à Wellington de faire changer la position française. Le maire d'Auckland fait valoir que la population des îles serait menacée par les essais français (12 septembre 1965). D'une façon générale, les démarches pour tenter d'aboutir au renoncement de la France se poursuivent, aussi bien en Océanie qu'à la tribune de l'ONU. Alors qu'est annoncée la campagne de tirs pour 1967, les pays de l'ANZUS, réunis à Washington le 22 avril 1967, s'en prennent aux essais français et chinois :

> « Prenant note de ce que la Chine communiste et la France ont effectué des expériences atmosphériques l'an dernier, sans tenir compte de l'opinion mondiale telle qu'elle s'est exprimée dans le traité d'interdiction des essais nucléaires, le Conseil [de l'ANZUS] a affirmé son opposition à toute expérimentation atmosphérique d'armes nucléaires. »

Comme la France déçoit, la Nouvelle-Zélande entend élaborer un train de mesures au début des années 1970, en particulier entre 1972 et 1975 lorsque les travaillistes sont au pouvoir :

• faire condamner les expérimentations nucléaires françaises par l'ONU et exiger leur cessation
• saisine de la Cour internationale de Justice sur la légalité des expérimentations françaises, mais la Cour ayant prononcé son arrêt

---

26 Le général de Gaulle confie au Premier ministre néo-zélandais, Holyoake, que « la France n'oublie pas les liens amicaux qui l'unissent à la Nouvelle-Zélande, surtout depuis les deux dernières guerres » le 21 septembre 1962, soit avant que la nouvelle de l'installation du CEP soit connue. (Vaïsse M., op.cit., p. 203).

après la renonciation française aux essais aériens, elle estima que la plainte déposée par l'Australie et la Nouvelle-Zélande n'avait plus d'objet

• projet de création d'une zone dénucléarisée.

Plus modérée, l'Australie soutient néanmoins les démarches de sa voisine. À l'annonce de chaque essai une protestation officielle australienne auprès du Gouvernement français prend un caractère de plus en plus formel. Après les réactions émotionnelles de 1963 à 1965, le mouvement australien d'opposition à la France s'estompe en partie à la fin des années soixante, deux comités scientifiques du pays ayant conclu que les retombées ne menaçaient pas la santé des populations australiennes (rapports de l'*Atomic Weapons Tests Safety Committee* et le *National Radiation Advisory Committe*, rapports publiés en 1967, 1969, 1971 et 1972)[27]. Cependant, le dernier rapport suscite la méfiance des travaillistes alors que les échéances électorales approchent et que l'opinion publique semble davantage préoccupée. Une déclaration de Pierre Messmer, de passage à Nouméa en mai 1972, réveille l'opinion publique. Le ministre des DOM-TOM a déclaré en effet que l'Australie était plus compréhensive que la Nouvelle-Zélande. La presse s'enflamme et devient alors très alarmiste sur les dangers du nucléaire. Un débat d'une longueur exceptionnelle a lieu à la Chambre basse le 16 août 1972 au cours duquel les travaillistes contestent les rapports sur les retombées. Alors que le ministre de l'Environnement rapporte que «les expériences françaises n'ajoutent que 0,7 millirad à la radioactivité moyenne de 100 millirads à laquelle sont soumis les Australiens du fait de différents facteurs naturels et artificiels », l'opposition s'en prend aux groupes de pression qui poussent les

---

27 L'Ambassadeur de France en Australie avait déjà transmis à Paris en décembre 1966 un rapport de scientifiques (dont le professeur Titterton) concluant que les premiers essais français n'avaient pas eu de conséquences biologiques en Australie (MAE, direction Asie Océanie, possessions françaises d'Océanie, n° 29).
Dans son mémoire cité en introduction, Sylvain Pollet décrit la personnalité du professeur Titterton. Il était partisan d'une utilisation civile et militaire de l'atome en Australie. Il avait été reçu à Paris par le CEA et la DIRCEN en août 1964 et se montra très favorable aux thèses françaises (dans diverses revues spécialisées ou de vulgarisation). Le professeur Titterton joua un rôle important dans les commissions d'enquête et sollicitait l'avis des experts français sur ses propres rapports.

autorités du pays à coopérer avec les puissances nucléaires, en vue, accuse-t-elle, que l'Australie puisse être dotée elle-même d'armes nucléaires[28]. Une crise éclate qui surprend le Gouvernement australien enclin à la mansuétude malgré des protestations de façade. Le Gouvernement ne cherche plus à endiguer le mouvement d'opposition, voire cherche à le précipiter[29], « hanté par la peur d'une probable défaite aux prochaines élections »[30] et ne supportant guère que le voisin néo-zélandais apparaisse plus en pointe dans la défense des intérêts des populations insulaires. Il prend conscience des responsabilités australiennes dans la région et se préoccupe désormais de son environnement et de celui des territoires insulaires du Pacifique. De plus, le Gouvernement saisit une occasion de renforcer son prestige extérieur en les regroupant sous son égide et en défendant leur position à l'ONU[31]. Les déclarations des scientifiques tombent alors à plat devant une opinion publique très remontée.

L'Ambassadeur de France à Canberra a analysé les pétitions reçues. Il note qu'elles sont le fait de scientifiques, de médecins, d'enseignants du supérieur ou du secondaire (dont une forte proportion d'enseignants du français) qui entraînent leurs étudiants ou écoliers - même très jeunes - dans leurs démarches. Les sections

---

28 Commonwealth of Australia, Parliamentary Debates, House of representatives, 16 August 1972.

29 En juin 1972, le Premier ministre d'Australie prononce un discours devant l'Ambassadeur de France dans lequel il s'oppose plus vigoureusement qu'auparavant aux essais français. (MAE, direction Asie Océanie, possessions françaises d'Océanie, n° 41 du 20 juin 1972). L'Ambassadeur dénonce également une « campagne de harcèlement » suite à la diffusion d'un tract (« Squash a Frog Today ») invitant à téléphoner aux frais des appelés, lesquels sont les agents de l'ambassade (leurs noms et n° de téléphone sont publiés dans le tract).

30 MAE, lettre de l'Ambassadeur de France, Direction Asie Océanie, Océanie française, n° 42, 22 juin 1972.
Toutefois, il faut noter que si le Premier ministre australien envoie une lettre à l'Élysée attirant l'attention sur « le risque que courent les relations franco-australiennes », l'Ambassadeur d'Australie à Paris tente de préserver la qualité de ces relations (MAE, Direction Asie Océanie, Océanie française, n° 42, 16 juin 1972).

31 Du moins est-ce l'analyse de l'Ambassadeur de France (document cité).
De son côté, la France ne manque pas chaque année de présenter un rapport à l'ONU, auprès du Comité scientifique pour l'effet des radiations ionisantes. Selon Maurice Schumann, le Comité ne fait aucune remarque sur ces rapports. (MAE, Direction Asie Océanie, Océanie française, n° 43, 24 juillet 1972).

locales du Parti Travailliste, mais également du Parti Libéral, les organisations syndicales sont rejointes par les Églises protestantes (les seules organisations du reste qui penseraient aussi à la sécurité des populations insulaires)[32], tandis que les catholiques se tiennent plutôt à l'écart. La protection de la santé publique apparaît comme le principal sujet de préoccupation. L'Institut australien d'étude de l'opinion publique a effectué un sondage d'opinion montrant que 72 % des personnes interrogées étaient opposées aux essais français alors que 20 % les approuvaient[33].

Les actions menées par l'Australie et la Nouvelle-Zélande contrarient du reste les États-Unis, les deux pays se rapprochant des pays communistes et du tiers-monde.

Le Pérou menace la France d'une rupture des relations diplomatiques. L'arrêt des essais français entre août 1970 et juin 1971 est interprété comme la preuve que la France serait sensible aux pressions et cela encourage la poursuite des actions anti-nucléaires.

Dans le même temps se tient à Wellington, en 1971, la première conférence des pays du Forum du Pacifique Sud, institution au sein de laquelle les pays insulaires indépendants peuvent débattre de leurs priorités en matière de politique de développement[34]. L'Australie et la Nouvelle-Zélande n'étaient point censées en devenir

---

32 Les pétitions des communautés protestantes sont envoyées à la Fédération Protestante de France afin que celle-ci enjoigne aux chrétiens français de soutenir leur action. Maurice Schumann ayant reçu de la Fédération copie des pétitions explique longuement les raisons qui ont poussé la France à se doter de l'arme nucléaire. (MAE, Direction Asie Océanie, Océanie française, n° 43, 24 juillet 1972).

33 MAE, lettre de l'Ambassadeur de France, Direction Asie Océanie, n° 49, 7 septembre 1972.

34 Parmi les organisations régionales, la plus importante, la Commission du Pacifique Sud, est créée en 1947 (devenue en 1998 la Communauté du Pacifique) à l'instigation des puissances coloniales ayant des territoires dans la zone, suite à l'accord de Canberra du 21 janvier 1944 entre Australie et Nouvelle-Zélande. Le but était d'améliorer les conditions économiques et sociales des populations des territoires non autonomes. Ses statuts interdisaient tout débat de nature politique. Dès leur accession à l'indépendance, les entités océaniennes créèrent le Forum, institution parallèle à la Commission.

membres, mais la nécessité de financer l'organisation contraint à les y intégrer[35].

Le Forum devient rapidement un instrument actif au plan diplomatique contre la France. Il conteste avec virulence les essais nucléaires en Polynésie et le « colonialisme » en Nouvelle-Calédonie qui est un territoire mélanésien non indépendant (comme l'Irian Jaya) alors que Fidji, la Papouasie Nouvelle-Guinée, les Salomon et Vanuatu le sont devenus entre 1970 à 1980. Le Forum déclare que ses membres « ont, de façon unanime, exprimé leur profonde préoccupation devant le peu de cas que la France faisait de l'opinion des pays de la région en poursuivant ses expériences nucléaires ». Le Forum critique avec constance l'attitude, jugée « arrogante » , de la France sur les deux points cités plus haut. L'Ambassadeur de France en Australie note que les journaux parlent de *gallic arrogance*, que la France parle ou qu'elle se taise. Cette « arrogance » finit par agacer même les dirigeants enclins à la modération.

Wellington et Canberra mènent une campagne anti-française en combinant la crainte du nucléaire, les sentiments religieux et l'anticolonialisme.

En dehors du Forum, d'autres pays riverains du Pacifique sont concernés par les essais français. Le Sénat chilien dénonce «une menace pour les pays voisins ». Le Pérou envisage, on l'a noté déjà, de rompre ses relations diplomatiques avec la France. Le gouvernement équatorien proteste également. Celui des Philippines voudrait que des mesures soient prises contre les essais français.

Le président Marcos établit même un lien entre les essais français et le typhon qui a ravagé le pays.

---

35 Les populations du Pacifique estiment que pour appartenir à la région, il faut avoir été présent avant l'arrivée des Européens. Cela ne signifie pas forcément qu'elles rejettent les autres, mais réclament ce qu'on appelle parfois les droits de premiers occupants. Le regard porté sur les dirigeants de Nouvelle-Zélande et d'Australie aurait donc pu être totalement négatif. Mais les critères religieux, l'histoire, et l'habileté politique des deux grandes nations ont rassemblé derrière eux les habitants du Pacifique Sud, surtout contre la France.

L'année 1972 a donc été particulièrement riche en mouvements d'opposition à la présence du CEP. Le boycott des navires et aéronefs français par les syndicats australiens et néo-zélandais ont eu des conséquences sur les approvisionnements des Territoires français et en particulier de la Nouvelle-Calédonie. Le ministre des Affaires Étrangères, Maurice Schumann, s'en émeut d'ailleurs et s'efforce d'atténuer les difficultés[36]. Le Gouvernement australien a du reste cherché à montrer aux syndicats que leur action gênait davantage l'économie du pays que celle de la France, l'Australie exportant 28,7 millions de dollars australiens vers la France et n'important que moins d'un million[37].

De plus, la conférence des Nations Unies tenue à Stockholm (en l'absence de l'URSS et de ses satellites) est consacrée à l'environnement. La résolution du 16 juin 1972 adopte 26 principes et 10 recommandations. Sur proposition de la Nouvelle-Zélande, les essais nucléaires – principalement dans l'atmosphère - sont condamnés. La France et la Chine ont voté contre.

L'agitation anti-française dans le Pacifique tend à se calmer en fin d'année 1972, sans que l'appréhension de l'opinion publique ne diminue. « L'Australie veut bien entrer dans le monde moderne, mais à condition de ne pas avoir à en subir les souillures industrielles et techniques », écrit l'Ambassadeur de France. Il semble que les Australiens prennent conscience que leur « paradis » est menacé et qu'ils ont un rôle à jouer dans le monde en prenant la tête d'une croisade pour la sauvegarde de l'environnement. D'après l'Ambassade de France à Canberra, les petits pays comme les Samoa occidentales, Tonga et Nauru adopteraient des positions plus mesurées qu'auparavant. Il est vrai que Fidji et les Cook ne désarment pas[38].

---

36 MAE, Direction Asie Océanie, Océanie française, n° 43, 5 juillet 1972, lettre aux ambassadeurs de France à Canberra et Wellington.
37 Commonwealth of Australia, Parliamentary Debates, House of representatives, 16 August 1972.
38 En avril ou en mai 1972, le Premier ministre fidjien, Sir Kamisese Mara, a déclaré que si les essais français étaient inoffensifs, il ne comprenait pas pourquoi la France ne procédait pas à ses expériences sur le territoire français et notamment en Corse. (MAE, Direction Asie Océanie, Océanie française, n° 44, note du 9 octobre 1972).

Le gouvernement français étudie les moyens de conjurer l'opposition qu'elle rencontre. Une note de la Direction des affaires politiques du Quai d'Orsay (20 octobre 1972) formule un certain nombre de propositions. Il faudra développer une campagne d'information scientifique sur l'innocuité des essais : les ambassades recevront des crédits à cet effet. Le moyen considéré comme le plus efficace serait de « tisser des liens difficilement réversibles [avec les pays protestataires], ce qui reviendrait à se constituer une clientèle [capable de faire pression sur les gouvernements] ». C'est surtout en direction des petits États qu'il faudrait porter l'effort. Enfin, des mesures de représailles ne sont pas à exclure, mais elles seraient difficiles à mettre en œuvre.

En Polynésie française même, la contestation antinucléaire prend de l'ampleur, sous l'impulsion des autonomistes locaux et de pacifistes métropolitains ou étrangers[39]. La menace est prise suffisamment au sérieux pour que le Secrétariat général de la défense nationale examine avec soin le fonctionnement des services de renseignement et cherche à leur donner un maximum d'efficacité[40]. Le ministère des Affaires Étrangères, de son côté, cherche à dresser des obstacles à la démarche du député Francis Sanford qui veut attirer l'attention des comités de l'ONU sur la décolonisation et les radiations ionisantes, fin juin 1972[41]. De fait, Francis Sanford n'a pu rencontrer que des responsables de second ordre[42].

---

39 À partir de 1967, les autonomistes mènent un dur combat contre le CEP. Ils sont ensuite relayés par les partis indépendantistes à partir de 1977. En 1972, l'association Greenpeace tente de s'opposer aux essais en naviguant aux abords de Moruroa. En 1973, des personnalités françaises (dont Jean-Jacques Servan-Schreiber, le général de la Bollardière et Brice Lalonde) viennent à Tahiti soutenir le mouvement antinucléaire. Des Néo-Zélandais prolongent le mouvement avec la frégate Otago. Leur Premier ministre déclare : «Nous ne sommes pas là pour nous immiscer dans ce que font les Français, mais pour être les témoins d'actions illégales« (Le Monde, 13 juillet 1973).
Voir l'ouvrage collectif : Le Bataillon de la Paix, Buchet-Chastel, 1974 et Dumortier B., Les atolls de l'atome, Marines édition, Nantes, 1997, p. 105-106. Voir aussi le rapport de la Commission d'enquête sur les conséquences des essais nucléaires, Assemblée de Polynésie française, délibération du 15 juillet 2005.
40 MAE, Direction Asie Océanie, n° 45, fiche du SGDN, division du renseignement, 116/SGDN/REN/O/DR du 6 décembre 1972, pour une réunion du SGDN du lendemain.
41 Note au délégué français à New York, 27 juin 1972, MAE, Direction Asie Océanie, Océanie française, n° 42.
42 C'est ce qui ressort du compte-rendu que le député fait de son voyage (in Bengt et Marie-Thérèse Danielsson, Moruroa, notre bombe coloniale, L'Harmattan, 1993, p. 345).

Symboliquement, il se rend à Hiroshima le 6 août suivant pour la commémoration du bombardement. Le 13 juin 1973, c'est au tour de l'assemblée territoriale de Nouvelle-Calédonie d'adopter une longue motion contre les essais à Moruroa par 18 voix contre 15. Le 23 juin suivant ce sont 5 000 personnes qui défilent à Papeete, toujours dans même perspective d'opposition aux essais.

L'Australie reste en pointe dans le combat. Le Premier ministre Whitlam déclare au quotidien *Le Monde* (mars 1973) que les expériences françaises sont un affront à son pays et à la Nouvelle-Zélande. Pour lui, la France utilise ses colonies du Pacifique dix ans après avoir été «expulsée » du Sahara par « une ancienne colonie ». Les essais constituent alors un anachronisme.

Cependant, la France n'est plus la seule visée par les opposants au nucléaire. Les États-Unis sont de plus en plus perçus comme menaçant indirectement la sécurité et la paix dans cette région. La Nouvelle-Zélande est souvent en pointe dans ce combat, sans remettre véritablement en cause les liens entre les puissances anglo-saxonnes.

De plus, se crée à Fidji, en 1970, un mouvement antinucléaire à forte connotation religieuse[43] : ATOM (*Against Tests on Moruroa*). Ses membres émanent de l'Université de théologie protestante de Suva, de l'Université du Pacifique Sud et du *Young Men's Christian Association* (YMCA) de Fidji. Cette organisation obtient rapidement

---

43 Pour le théologien protestant allemand Helmut Gollwitzer, cette arme présente des caractères particuliers : «atteinte grave ou irréversible (y compris pendant les essais) à la création de Dieu (nature et humanité) et possibilité de détruire l'ensemble du globe. Il s'agit donc de s'opposer à toute utilisation de cette arme, mais aussi à son recours dans le cadre d'une politique de dissuasion, ainsi qu'à toute recherche en ce domaine...« (Encyclopédie du protestantisme, op. cit., p. 1 618-1 619). Cette vision a fait l'objet d'une déclaration solennelle à la réunion du Conseil œcuménique des Églises, en 1983.
En 1955, Pie XII s'était prononcé contre les armes nucléaires. L'encyclique Pacem in Terris, en 1963, propose la «proscription de l'arme atomique et le désarmement«. Bientôt, protestants et catholiques, dans des styles différents, marquent de concert leur opposition au nucléaire. Voir le pacifisme intégral de Mgr Riobé, évêque d'Orléans, Le Monde, 12 juillet 1973.

le soutien de la Conférence des Églises du Pacifique[44] et organise la première conférence pour un Pacifique dénucléarisé en 1975. Le 11 décembre 1975, l'AG de l'ONU examine une résolution en ce sens, cosignée par la Nouvelle-Zélande, la Papouasie Nouvelle-Guinée et Fidji et l'adopte par 110 voix contre zéro et 20 abstentions (dont les États-Unis et l'URSS).

ATOM élargit son assise en accueillant syndicats, ONG, mouvements féministes, groupes religieux et divers lobbies en faveur du désarmement. L'argumentation utilisée par ATOM est la suivante : si toutes les îles bénéficiaient de l'indépendance constitutionnelle, les « puissances coloniales » seraient forcées de poursuivre leurs expérimentations ailleurs. Dès lors, il faut que tous les archipels deviennent indépendants.

Les pays du Pacifique Sud ont salué la victoire de François Mitterrand en 1981. Mais ils n'avaient pas mesuré l'évolution opérée par le parti socialiste à la fin des années soixante dix, notamment sous l'influence de Charles Hernu[45]. Devenu ministre de la Défense, ce dernier se dresse contre les mouvements pacifistes, et en particulier contre l'épiscopat américain[46]. Quant au président de la République, il considère que « renoncer si peu que ce fût aux moyens actuels de défense reviendrait à s'abandonner au bon plaisir des puissants »[47].

La conférence antinucléaire de Port Vila, en 1983, prévoit la création d'une zone dénucléarisée embrassant, en plus du Pacifique

---

44 La Conférence des Églises du Pacifique (PCC) a été créée en 1966 par les protestants. La Conférence des Évêques du Pacifique y adhère en 1976. La PCC a été une organisation très active contre les formes subsistantes de colonialisme et contre le nucléaire.
45 Hernu C : Soldat-citoyen. Essai sur la défense et la sécurité de la France, Flammarion, 1975.
46 Le Monde, 22 janvier 1983.
Les évêques américains ont préparé, à partir de novembre 1980, une lettre pastorale plusieurs fois remaniée. Voir l'ouvrage collectif Églises contre la bombe. Les Églises chrétiennes et les armements nucléaires, Cerf, 1985, p. 15 à 68.
47 Cité in Fischer G., «La France et le Désarmement«, AFDI, 1982, p. 79 à 126.
Voir : Buffotot P., Vaïsse M., «La politique de défense de François Mitterrand pendant les trois gouvernements Mauroy«, in François Mitterrand, Les années du changement, 1981-1984, Perrin, 2001, p. 160 à 194.

Sud, la Micronésie, les Philippines, le Japon et Hawaï. Toute arme nucléaire en serait bannie, même à bord des navires. La conférence préconise aussi l'indépendance pour les Kanak, l'arrêt de la politique de transmigration indonésienne en Irian Jaya[48], la fermeture des bases militaires américaines aux Philippines, l'interdiction de l'immersion des déchets nucléaires dans le Pacifique et de l'utilisation de l'atoll de Kwajalein pour la réception des missiles MX. Les positions prises à Port Vila vont loin comme le montre cet extrait de résolution :

> « Notre environnement continue d'être pollué par des puissances étrangères... Le prix à payer est la destruction de nos coutumes, de notre mode de vie, la pollution de nos eaux à la clarté cristalline et la menace toujours présente de désastre par l'empoisonnement radioactif[49]. »

Les partis travaillistes australien et néo-zélandais, ayant préconisé des dispositions anti-nucléaires, accèdent au pouvoir respectivement le 5 mars 1983 et 14 juillet 1984. Cet élément semble renforcer le camp des opposants à la France.

En août 1984, le Forum décide de faire rédiger un traité visant à ce que le Pacifique insulaire devienne une zone dénucléarisée. Cette tâche est confiée à un groupe de travail et aux juristes du ministère des Affaires étrangères de l'Australie dont la position est finalement modérée. Son Premier ministre, Bob Hawke, entend maintenir à la fois la liberté de navigation dans les eaux internationales et la souveraineté de chaque État de la zone en matière d'autorisations de transit dans les eaux nationales ou encore d'escales dans les ports comme le révèle l'incident survenu lors de manœuvres militaires. Un porte-avions anglais, l'*Invincible*, connaît des avaries et demande à pouvoir les réparer dans l'arsenal de Sydney. Canberra refuse. Après une intervention du Secrétaire d'État américain, George Shultz, l'autorisation est finalement accordée début 1984.

---

48 Jakarta revendique comme partie intégrante de l'Indonésie la Nouvelle-Guinée hollandaise et en fait une province indonésienne à part entière en 1963 (actuelle Irian Jaya).
49 Nuclear Free and Independent Pacific Conference, 1983, Port-Vila, p. 11.

Rendez-vous est pris pour l'année suivante à Rarotonga, aux îles Cook, pour concrétiser le traité envisagé.

1984-1995 : Les avatars du Traité de Rarotonga

Le traité rencontre des « turbulences » aussi bien lors de sa préparation que pour son application.

Le groupe de travail adopte les principes suivants : aucune utilisation, aucune expérimentation et aucun stationnement d'engins nucléaires explosifs dans le Pacifique. Mais sur le plan juridique, on ne peut interdire, au regard du droit international, le transit en haute mer de bâtiments parce qu'ils sont susceptibles de transporter des engins nucléaires. Comment faire appliquer une telle interdiction sans discréditer d'emblée le traité ?

Comment dénommer la future zone dénucléarisée: Pacifique ? mais c'est trop général. Pacifique Sud est trop restrictif, tout en mettant bien en avant l'identité régionale. Vanuatu entend ajouter le mot « indépendant » puisqu'il lie statut politique et « sans nucléaire ». « *Nuclear free* » est préféré à « *nuclear weapon free zone* » dans la mesure où cet intitulé permet également d'englober l'immersion des déchets radioactifs[50].

Il est envisagé d'ajouter au Traité trois protocoles particulièrement contraignants pour les cinq puissances nucléaires.

Malgré la volonté consensuelle d'aboutir, il existe aussi des divergences importantes au sein des États membres du Forum. Pour simplifier les choses, scindons les positions entre modérés et extrémistes.

Pilote du projet, l'Australie dirige le camp des modérés. Fidji se rattache à ce camp, après avoir renoncé à ses positions tranchées, car l'archipel a besoin du soutien financier américain.

---

50 C'est le Japon qui est visé (Fischer G., art. cité).

Dans le camp maximaliste, se trouve le Premier ministre de Vanuatu, Walter Lini[51] et surtout son homologue néo-zélandais, David Lange[52]. La victoire du parti travailliste en 1984 est la victoire de ce dernier ; son programme était articulé sur l'écologie, le pacifisme et donc sur la nécessité d'en terminer avec le nucléaire. Pour David Lange, protestant rigoureux, les notions de désarmement généralisé et de paix mondiale vont de pair avec l'obligation morale d'être contre tout recours à l'énergie nucléaire. Il fait élaborer un autre projet intransigeant, voire irréaliste, correspondant à l'état d'esprit de la Nouvelle-Zélande qui entend, pour se donner une place sur la scène internationale, devenir le porte-parole des utopies pacifistes et écologistes.

La signature du traité est prévue le 6 août 1985, lors du sommet du Forum à Rarotonga. Une soixantaine de journalistes y assistent et préparent divers reportages sur « la présence coloniale » de la France en Nouvelle-Calédonie et l'oppression que subissent les Kanak, les essais nucléaires de la France, un rappel historique des accidents nucléaires américains et britanniques dans la zone, par exemple. S'y ajoute l'émoi provoqué la même semaine par cette révélation : les « époux » Turenge, responsables du sabotage du *Rainbow Warrior*, coulé le 10 juillet précédent dans le port d'Auckland, sont en fait deux officiers français. Les Océaniens sont choqués par ce qu'ils considèrent comme *un acte de terrorisme d'État*.

Des délégations de tous les pays membres du Forum et des ONG telle *Greenpeace* sont présentes ainsi que des indépendantistes kanak[53] et Gaston Flosse, président du gouvernement de Polynésie française, qui souhaite obtenir pour son Territoire un statut d'observateur auprès du Forum, ce qui lui est refusé.

---

51 Walter Lini, prêtre anglican, Premier ministre de 1980 à 1991. Anglophone, il s'est fréquemment opposé à la position de la France dans le Pacifique. Décédé en 1999.
52 David Lange (1942-2005), Premier ministre de 1984 à 1989.
53 Jean-Marie Tjibaou rencontre le ministre des Affaires étrangères australien, sollicitant son appui pour activer le processus d'indépendance. Bill Hayden ne peut souscrire à sa demande car le plan de Laurent Fabius est bien accueilli par les Australiens.

David Lange est choisi, malgré ses positions, pour présider le sommet. Il s'oppose à Sir Tom Davis, Premier ministre des Îles Cook, sur la question de l'interdiction de l'accès aux ports néo-zélandais pour les bâtiments nucléaires. Les îles Cook, liées par un statut d'association à la Nouvelle-Zélande, n'entendent pas être contraintes de procéder pareillement. David Lange menace d'arrêter les transferts financiers et de retirer la double citoyenneté aux Cookiens qui ne pourront plus aller travailler en Nouvelle-Zélande. Bob Hawke se sert de la question de l'indépendance calédonienne - qu'il soutient - pour favoriser l'adhésion des autres membres du Forum sur le projet minimaliste de traité de dénucléarisation et aussi reconquérir son électorat travailliste[54]. Les États mélanésiens jugent trop timoré le projet « australien » et veulent aussi apporter un soutien inconditionnel à la cause kanak.

Les antinucléaires considèrent que la priorité porte sur le traité et non sur le statut calédonien. D'autres éléments perturbent la sérénité du sommet : Kiribati, par exemple, entend conclure un accord financier avec l'Union Soviétique dans le domaine des pêcheries ne pouvant plus attendre la concrétisation des promesses faites par les États-Unis.

Après les compromis nécessaires, le communiqué final traite de l'autodétermination en Nouvelle-Calédonie, de son inscription sur la liste des pays non-autonomes du comité des 24 à l'ONU[55], ce qui est d'ailleurs obtenu le 2 décembre 1986, quand la résolution en ce sens recueille 89 voix contre 24 et 34 abstentions. Il est aussi question de coopération commerciale, politique, de développement, de soutien aux États Fédérés de Micronésie et de Palau, soumis aux pressions américaines en matière nucléaire. Les expérimentations françaises et l'immersion des déchets nucléaires dans l'Océan sont

---

54 «Le gouvernement travailliste mena une véritable politique conservatrice... Les électeurs avaient le sentiment d'être trahis« (Bernard M., Histoire de l'Australie de 1770 à nos jours, L'Harmattan, 1995, p. 125).

55 Pour appuyer cette revendication, Walter Lini participe au sommet des non-alignés de Harare (6 septembre 1986) et y fait passer une résolution sur l'auto-détermination des Kanak et l'indépendance de la Nouvelle-Calédonie, proposant au Comité des 24 d'inscrire la Nouvelle-Calédonie sur la liste des pays à décoloniser lors de la 41ème session de l'AG de l'ONU. La France conduit une intense bataille diplomatique qu'elle perd.

sévèrement condamnées. Enfin, le Forum prend acte de la volonté exprimée par la Chine d'élargir ses liens avec les États océaniens et par le Japon d'accroître son aide aux membres du Forum.

Quant au Traité lui-même, il comporte un préambule très général sur « un monde pacifique » et le souci de « garder la région exempte de toute pollution environnementale par des déchets radioactifs », seize articles, quatre annexes qui précisent les limites géographiques et les modalités de suivi de l'application et trois protocoles destinés aux grandes puissances. Il va plus loin que le TNP en garantissant mieux la non-prolifération nucléaire, en interdisant les armes et dispositifs nucléaires sur les territoires des parties, quiconque en ait le contrôle, en interdisant « le stationnement de tout dispositif explosif nucléaire » (article 5), mais le transit de navires n'est pas explicitement interdit. Cet article 5 laisse à chaque État la possibilité de refuser ou d'autoriser les escales de navires qui pourraient être pourvus de ces dispositifs nucléaires. La notion d'escales n'est pas définie.

Le traité est signé par huit pays : l'Australie, les îles Cook, Fidji, Kiribati, Niue, la Nouvelle-Zélande, les Samoa occidentales et Tuvalu. Bob Hawke force, quelques mois plus tard, la Papouasie Nouvelle-Guinée à signer en échange d'un accroissement de l'aide australienne. Vanuatu et Tonga, pour des motifs différents, refusent catégoriquement de signer, le premier parce que le traité n'empêche pas les escales de navires, et le second parce qu'il n'a jamais été réellement antinucléaire sauf en 1963.

Bob Hawke est critiqué. Il se fait malmener par la presse qui juge hypocrite son attitude dans la mesure où l'Australie vend de l'uranium à la France. Concernant l'interdiction du stationnement de bâtiments nucléaires, David Lange se demande quelle différence fait l'Australie entre le transit et les escales prolongées étant donné que des sous-marins nucléaires américains relâchent à Fremantle. Escale ou stationnement ? Embarrassé, Bob Hawke requiert du temps pour lever les ambiguïtés, car il doit ménager Washington, très intransigeant à ce sujet.

Côté néo-zélandais, la presse se félicite de ce traité, même s'il a surtout une valeur symbolique. David Lange déclare que la France donnerait à nouveau d'elle-même une image d'arrogance si elle ne signait pas au moins deux des trois protocoles, mais la France n'est pas seule en cause. Australiens et Néo-Zélandais mettent en avant que le Traité doit renforcer le TNP et inciter les autres pays à suivre la voie tracée : le Traité n'est qu'une étape vers la paix et la sécurité généralisées.

Malgré des divergences, un an plus tard, dix pays insulaires ont signé le traité et quatre d'entre eux l'ont déjà ratifié : Fidji, Cook, Niue et Tuvalu. Une clause spéciale de retrait est incluse pour permettre l'annulation des engagements des signataires pour le cas où surgiraient des circonstances imprévues, menaçant leur sécurité. Dans les mois qui suivent les Samoa occidentales, Kiribati, la Nouvelle-Zélande, l'Australie et Nauru le ratifient. La Papouasie Nouvelle-Guinée et les Salomon le font fin 1989. Vanuatu le signe finalement en septembre 1995 et le ratifie, le Premier ministre Maxime Carlot étant plus modéré que son prédécesseur.

Pour que le traité ait une valeur, il faudrait l'approbation des puissances. Toutes sont favorables, en principe, à l'émergence de ZEAN, mais le Royaume-Uni, la France et la Chine souhaitent une réduction de l'écart entre les arsenaux des deux grandes puissances d'une part, et les leurs d'autre part. La France, quant à elle, pose trois conditions supplémentaires, rappelées par François Mitterrand à l'ONU le 28 septembre 1983 et par Jacques Chirac, le 24 septembre 1986 :

• le désarmement nucléaire doit aller de pair avec l'interdiction totale des essais,
• corriger les importants déséquilibres en matières d'armes chimiques et conventionnelles,
• s'assurer qu'aucun système nouveau, en particulier défensif, ne vienne remettre en cause les fondements actuels de la dissuasion, donc de la paix.

Jacques Chirac crée un Secrétariat d'État chargé des problèmes du Pacifique Sud. Il le confie au Polynésien, Gaston Flosse. Sa mission est de renouer le dialogue dans la zone et de faire valoir le bien-fondé des positions de la France. Par manque de temps - le gouvernement Chirac dure deux ans - l'action de Gaston Flosse se concentre principalement sur le triangle polynésien et Fidji. Il n'a guère pu s'occuper de la Nouvelle-Calédonie en raison de la rivalité qui l'oppose à Jacques Lafleur. Il fait visiter Moruroa à plusieurs personnalités politiques de la zone et développe une image de la France différente de celle à laquelle les médias ont habitué les populations. Un fonds d'aide et de coopération pour le Pacifique Sud est mis à sa disposition[56].

Le Royaume-Uni doit tenir compte du fait que la modernisation et l'expérimentation de ses armements nucléaires, comme leurs modalités d'emploi dépendent des États-Unis et qu'une partie non négligeable de la classe politique britannique (travaillistes et les libéraux) est opposée au concept de dissuasion nucléaire. La position évasive de Londres gêne Paris dans la mesure où Moscou renforce ses tentatives de s'immiscer dans la zone du Pacifique Sud. Les services de renseignements français et américains s'interrogent : certains pays comme Vanuatu, qui entretient des liens avec la Libye et Cuba, ne vont-ils pas devenir des pôles de déstabilisation du camp occidental dans la zone ? Mais la menace communiste dans le Pacifique Sud est davantage de l'ordre du fantasme que de la réalité. L'attitude de plus en plus hostile de la Nouvelle-Zélande qui interdit, par une loi de 1987, l'entrée de ses ports aux bâtiments contenant des explosifs nucléaires ou même à propulsion nucléaire agace les Américains qui excluent de fait ce pays de l'ANZUS. Face aux agissements néo-zélandais et soviétiques, Washington annonce finalement, le 5 février 1987, son refus officiel de signer les protocoles. Il en est de même pour le Royaume-Uni, le 20 mars suivant.

Dès le lendemain du sommet, l'agence Tass transmet les félicitations de l'URSS aux pays du Forum d'avoir adopté un traité de

---

56 Sur le bilan du Secrétariat d'État, voir Isabelle Cordonnier, op. cit., p. 160 à 169.

dénucléarisation en dépit de la pression des États-Unis, de la France et du Royaume-Uni. L'URSS est la première puissance nucléaire à signer les deuxième et troisième protocoles (le premier ne concernant que les États possédant des territoires dans la zone), le 15 décembre 1986. La Chine, parce que le traité prône une certaine indépendance face aux deux superpuissances, les ratifie le 21 octobre 1988.

Le traité de Rarotonga était surtout dirigé contre les essais nucléaires français. Le président Mitterrand a bien essayé de redresser l'image de la France dans le Pacifique : envoi de missions scientifiques (Haroun Tazieff, J. Cousteau, le savant néo-zélandais Atkinson), mission diplomatique confiée à Régis Debray, invitation des pasteurs tahitiens à Moruroa, organisation d'une Table Ronde à Papeete (octobre 1989) sur les conséquences sur la santé et l'économie des essais nucléaires, création de l'Université française du Pacifique. Ces initiatives n'ont pas eu le succès escompté. À partir de 1991, François Mitterrand fait évoluer la politique française en annonçant sa volonté d'adhérer au TNP. En avril 1992, il décide, pour des raisons de politique intérieure et de politique extérieure, de suspendre les expérimentations pour une année. Il indique que la France entend « donner un coup d'arrêt au surarmement et à l'accumulation des armes nucléaires dans le monde ». Cela vaut à la France les félicitations des pays du Pacifique Sud[57] ; toutefois, les leaders du Forum restent prudents, craignant une reprise des essais et redoutent les conséquences à long terme des essais (*Le Monde*, 22 juin 1994). Ce moratoire unilatéral ne signifie aucunement un abandon par la France du principe de dissuasion nucléaire, au contraire il «demeure la clef de voûte de la politique de défense » française. George Bush senior, d'abord réticent, accepte un moratoire de neuf mois. La France prolonge le sien au-delà de 1992. Sous la présidence de Bill Clinton, un moratoire de quinze mois est annoncé, ainsi que l'intention d'aboutir à un traité d'interdiction complète des essais nucléaires ou *Comprehensive Test Ban Treaty*, (CTBT, en français TICE).

---

57 Toutefois, les leaders du Forum restaient prudents, craignaient une reprise des essais et redoutaient les conséquences à long terme des essais (Le Monde, 22 juin 1994).

Le 13 juin 1995, le nouveau président, Jacques Chirac, annonce une ultime campagne d'expérimentation nucléaire en Polynésie française, en mettant en avant des considérations techniques et le maintien de la capacité de dissuasion du pays. Des considérations de politique intérieure expliquent certainement également sa décision : celui qui se veut l'héritier de de Gaulle et Pompidou doit faire de la dissuasion une priorité. « La décision qui a été prise était une façon d'affirmer la virilité de la politique française qui prenait en compte le risque d'avoir des réactions » commente l'Ambassadeur de France de l'époque en Australie. Ce dernier ajoute : « personne n'avait prévu [que les réactions] seraient aussi fortes »[58]. Dans le même temps, il fait part de la détermination de la France à signer le CTBT - dès lors qu'il aurait été élaboré - et le traité de Rarotonga.

Tandis que dans les pays du Pacifique Sud, les protestations se multiplient soutenues par le Conseil oecuménique des Églises[59], que Fidji suggère à la France de rappeler son ambassadeur, des marches pacifiques regroupent des milliers de personnes à Tahiti, en juin et juillet 1995, à l'initiative des mouvements indépendantistes et de l'Église évangélique[60].

Le 5 septembre 1995, explose Téthys, forte de 20 kilotonnes, et premier des six engins nucléaires de la dernière campagne. Le lendemain, de violentes émeutes éclatent à Papeete, filmées par des journalistes venus du monde entier, attirés par les perspectives du spectacle que ne manquerait pas de produire la confrontation entre l'armée et *Greenpeace*, dont cinq bateaux étaient annoncés dans les

---

58 Interview réalisée par Sylvain Pollet, op. cit., le 16 janvier 2002. Dominique Girard était alors à cette date directeur de la section Asie Océanie au Quai d'Orsay.

59 En août 1995, le COE édite une brochure («Au nom du Dieu de vie... Non !«) très virulente à l'égard de l'annonce de la reprise des essais. On y trouve une lettre du pasteur Raiser, Secrétaire général du COE, ainsi que la liste des lettres de protestations envoyées par des autorités religieuses du monde entier au président Chirac, un communiqué de presse de la Conférence des Églises du Pacifique (Ainsi l'archevêque de Papeete a lui aussi réagi négativement).

60 Une anecdote révèle la complexité des comportements en Océanie. Une personnalité de Polynésie française, très attachée à l'Église évangélique, participait activement au comité de soutien à la candidature de Jacques Chirac. En juillet 1995, cette personnalité figure aux premiers rangs des manifestants contre la reprise des essais, parmi les représentants de l'Église évangélique.

eaux territoriales de Polynésie française. Le bilan des émeutes est de vingt blessés dont quatre graves. Les dégâts matériels sont estimés à plusieurs milliards de F CFP. Transmises par les chaînes de télévision, des images d'une violence extrême ternissent en profondeur la vision extérieure de la Polynésie, le tourisme étant par ailleurs la ressource essentielle du Territoire. Plus de dix mille manifestants se rassemblent à Papeete le samedi suivant pour critiquer d'abord l'attitude de l'État - qui n'a pas voulu prendre les dispositions propres à empêcher les émeutes - et le recours à la violence de quelques leaders indépendantistes et syndicalistes.

Les cinq dernières expérimentations nucléaires françaises ont lieu dans le calme en Polynésie française. Dès l'annonce de chaque expérimentation, la réprobation régionale et internationale est généralisée. La dernière explosion se déroule le 27 janvier 1996.

De 1996 à nos jours : un retour aux îles heureuses ?

« La pratique montre que des traités importants sont entrés en vigueur longtemps après leur adoption et qu'il suffit d'avoir un peu de patience» [61]. C'est le cas du Traité de Rarotonga.

Le 20 octobre 1995, la France, le Royaume-Uni et les États-Unis annoncent leur intention de signer les trois protocoles. Dix ans après le sommet de Rarotonga, la dénucléarisation du Pacifique Sud s'apprête à devenir effective. Dans l'intervalle, le monde a changé et sans doute les îles du Pacifique ont-elles perdu de leur importance aux yeux des grandes puissances. Pourquoi refuseraient-elles encore longtemps d'adhérer au Traité ?
Le 29 janvier 1996, le président Chirac annonce «l'arrêt définitif des essais nucléaires français ». «Grâce à l'ultime série qui vient d'être effectuée, déclare-t-il, la France disposera durablement d'une défense fiable et moderne ; la sécurité de notre pays et de nos enfants est assurée ». Il ajoute que la France va « jouer un rôle actif et déterminé pour le désarmement dans le monde ». Reconnaissant que sa

---

61 Tavernier P., «L'adoption du traité d'interdiction complète des essais nucléaires«, in *Annuaire français de droit international*, 1996, p. 135.

décision de reprendre les expérimentations avait suscité « en France et ailleurs, inquiétude et émotion », Jacques Chirac indique qu'il n'avait pas été « insensible à ces mouvements d'opinion » assurant aussi que l'arme nucléaire est « une arme au service de la paix ».

Le Président mandate Gaston Flosse pour qu'il signe les trois protocoles à Suva, le 25 mars 1996. La cérémonie a lieu en présence des ambassadeurs des États-Unis et du Royaume-Uni, cosignataires avec Gaston Flosse, au nom de leurs pays respectifs.

La France assortit sa signature de réserves et déclarations interprétatives, comme elle l'avait fait pour le traité de Tlatelolco. Par exemple, elle introduit cette réserve : « Aucune disposition des Protocoles ou des articles du Traité auxquels ils renvoient ne saurait porter atteinte au plein exercice du droit naturel de légitime défense prévu par l'article 51 de la charte des Nations Unies ».

À l'issue de ces signatures, Ieremia Tabai, Secrétaire général du Forum, prononce une allocution en présence de nombreux journalistes. Il indique combien ce moment est l'aboutissement d'un quart de siècle d'efforts diplomatiques et politiques et qu'il n'est qu'une étape « vers un monde libéré des armes nucléaires. Julius Chan, Premier ministre de Papouasie Nouvelle-Guinée, président du Forum, précise qu'il aurait « préféré un accord plus complet », portant sur l'exportation de l'uranium, la présence et le transit de bâtiments à propulsion nucléaire et entend aussi que soit poursuivie la surveillance de l'environnement pour tout ce qui résulte de l'activité nucléaire et, le cas échéant, que soient attribuées des compensations financières.

Gaston Flosse insiste sur le fait qu'aucun champ d'expérimentation nucléaire n'a été autant surveillé que Mururoa du point de vue écologique. La mission d'expertise demandée à l'Agence internationale de l'énergie atomique (AIEA)[62] la contraint à rendre publics ses résultats sur l'innocuité des essais.

---

62 AIEA : Institution spécialisée des Nations Unies dont le siège est à Vienne, créée en octobre 1956, a pour but de promouvoir l'utilisation pacifique de l'énergie atomique et de

Avec ces changements, les relations de la France et des États insulaires s'améliorent rapidement. Le président de la République de Kiribati, M. Tito, en visite à Suva cette semaine-là, rencontre officiellement l'ambassadeur de France et lui fait part de son désir de renouer les relations diplomatiques avec la France (rompues dès la reprise des expérimentations nucléaires). Nauru procède de même. Florence de Changy note dans *Le Monde* (6 septembre 1996) que « la volonté des États [du Pacifique Sud] est de tourner la page ». En Australie, les conservateurs reviennent au pouvoir, ce qui montre que le combat antinucléaire n'est pas considéré par les électeurs comme fondamental.

Traité sur l'Antarctique, traités de Tlatelolco, Rarotonga, Bangkok et Pelindaba : c'est désormais l'ensemble de l'hémisphère Sud qui est une zone exempte d'armes nucléaires. TICE signé en 1996, conférence d'examen du TNP à New-York en avril-mai 2000 : le monde va-t-il être débarrassé de l'Apocalypse nucléaire et les îles du Pacifique redevenir « les îles heureuses »[63] ?

Non seulement ce n'est pas si simple[64], mais « nul ne peut espérer construire un havre de paix isolé du reste de la planète »[65]. Pour le Pacifique Sud, depuis l'adoption définitive du Traité de Rarotonga, la situation est contrastée, certains problèmes connaissant une heureuse évolution, mais d'autres menaces s'annoncent désormais.

Un point nettement positif est la détente entre la France et les pays du Pacifique Sud. Lors d'un colloque à l'Assemblée nationale, en mai 1996, les représentants de l'Australie et de la Nouvelle-Zélande « ont estimé que les récents engagements de la France [sur l'arrêt des

---

contrôler les activités nucléaires afin que celles-ci n'aient pas de finalité militaire. L'AIEA est impliquée dans la vérification du respect des règles édictées dans le cadre du TNP, des traités instituant des ZEAN. (in Ramsès 1998).

63 Coutau-Bégarie H., *Géostratégie du Pacifique*, Paris, Economica, 1987, p. 265.

64 Rappelons les essais indiens et pakistanais en mai 1998, le refus américain de ratifier le TICE, le projet de bouclier antimissile de George W. Bush, la volonté de l'Iran de développer le nucléaire et d'une façon plus générale toutes les autres menaces que font courir les armes actuelles.

65 Le Guelte G., op. cit., p. 206.

essais et les évolutions statutaires des Territoires français] permettaient d'envisager de façon constructive la définition de sa place dans la région Pacifique ». À Paris, fin octobre 1997, Jim Bolger, Premier ministre néo-zélandais, déclare que son pays « a pardonné à la France pour le *Rainbow Warrior* » et en décembre 2000, de passage en Nouvelle-Calédonie, le ministre des Affaires étrangères néo-zélandais estime que ce Territoire français est un exemple, surtout dans le contexte de dégradation de la situation intérieure de certains États que nous verrons plus loin.

La France entend se donner l'image d'une puissance amie et altruiste alors que le Royaume-Uni s'est retiré des institutions régionales en 1996[66], que les États-Unis ferment leurs ambassades dans le Pacifique Sud ou dégraissent leur personnel et réduisent « considérablement leur aide »[67] et que l'Australie semble se désengager[68]. Paris a donc maintenu l'existence du Fonds d'aide au Pacifique Sud créé par Jacques Chirac et que François Mitterrand avait confié à un diplomate (exerçant les fonctions de secrétaire permanent pour le Pacifique Sud) et rattaché aux services du Premier ministre. Depuis quelques années, ce fonds est doté d'environ 2, 3 millions d'euros. Le Musée du quai Branly est aussi un signe lancé aux populations insulaires du Pacifique. Il illustre les contradictions du président de la République qui d'un côté vante les qualités des « peuples premiers » et d'un autre a pratiquement nié leur existence dans les années 1986-1988 en Nouvelle-Calédonie et pendant les trente années d'essais nucléaires.

Paradoxalement, la présence française dans le Pacifique trouve une justification dans les évolutions récentes de la région. De nombreux problèmes se posent en effet.

---

66 L'année suivante, le Royaume-Uni a décidé de revenir dans la Communauté du Pacifique en se servant du prétexte qu'il possédait un territoire microscopique, Pitcairn, l'ancien refuge des mutins du Bounty. Cela lui permet de siéger lors des conférences de l'institution, en apportant seulement une contribution de quelque 0,007% du budget de celle-ci.
67 Le Monde, 6 septembre 1996.
68 John Howard, Premier ministre a déclaré fin août 2001 :
> Le Pacifique doit trouver lui-même ses solutions. L'Australie ne peut, et n'a pas l'intention de déterminer le cours des choses dans la région. Nous viendrons en aide à chaque fois que nous le pourrons... L'Indépendance, cela veut aussi dire assumer la responsabilité de sa propre destinée.

La situation est préoccupante aux Fidji (coups d'État à répétition), en Papouasie-Nouvelle-Guinée et aux Salomon (tensions ethniques), au Vanuatu (instabilité politique). Devant les exodes massifs des populations de nombreuses îles, Australie et Nouvelle-Zélande sont beaucoup moins hostiles à la présence française dans le Pacifique et n'apportent plus qu'un soutien modéré aux mouvements séparatistes.

On peut dresser des îles du Pacifique un tableau alarmant. Le risque est réel de voir la plupart des entités du Pacifique insulaire devenir des laissées pour compte de la mondialisation ? De nombreuses îles ne sont plus touchées par les nouveaux bâtiments marchands ne pouvant débarquer leurs conteneurs, par manque d'appareillage grutiers. Certains États, et principalement leurs élites corrompues, se laissent manipuler pour blanchir de l'argent sale. Des réseaux douteux, liés à la drogue ou aux opérations bancaires frauduleuses, opèrent dans la région.

L'Australie a changé de cap et a décidé, sous la pression de George Bush de se faire le « gendarme » de la région. Ses interventions suscitent bien des réactions (aux Salomon notamment), mais elles donnent la mesure des risques courus. Les sociétés du Pacifique seront peut-être davantage bouleversées qu'elles ne l'ont été.

Sur l'ensemble des problèmes actuels du Pacifique, nous renvoyons à nos travaux[69].

L'image positive que la France a cherché à se donner est cependant difficile à établir, car elle n'en a pas fini avec la contestation. La bataille continue autour du thème de l'innocuité des essais.

L'Observatoire des armes nucléaires, créé en 1984, édite des *Cahiers* fort critiques à propos de la santé des anciens travailleurs de

---

69 « Une zone d'instabilité : le Pacifique insulaire intertropical », Cahier d'Histoire immédiate, Université de Toulouse, n° 25, printemps 2004, p. 87 à 100.
Cette étude a été reprise par Le Monde Diplomatique en juin 2005.

Moruroa et, malgré le rapport plutôt rassurant de l'AIEA[70], s'inquiète d'une possible contamination de l'Océan dans un avenir plus ou moins proche. Un article du *Monde* notait déjà en 1994 :

> « Pour nombre de Polynésiens et de Mélanésiens qui se nourrissent de la mer, imaginer les poissons empoisonnés, les récifs détruits est insupportable. On aura beau publier rapport sur rapport démontrant l'absence de fuite ou de pollution, ils n'entameront pas les certitudes largement partagées par les peuples du Pacifique Sud. Les raisonnements froids et la logique cartésienne n'ont pas de prise sur un discours émotionnel. Les populations d'Océanie perçoivent les essais nucléaires comme « un viol, un sacrilège ». »

L'action de l'Observatoire a permis la rédaction d'un ouvrage d'enquête sur la santé des anciens travailleurs des sites nucléaires[71] et la création d'une association, *Moruroa e Tatou*, en juillet 2001, présidée par Roland Oldham. Elle prolonge l'action de l'Association des Vétérans des Essais nucléaires du Sahara (ARVEN) née un mois plus tôt[72].

L'action de ces divers mouvements est relayée en Polynésie française par l'Église évangélique et dans le Pacifique par les Églises protestantes, mais aussi, quoique plus discrètement par les catholiques. Plus le temps passe d'ailleurs, plus l'Église évangélique (devenue l'Église protestante maòhi) semble durcir sa position. L'ancien président, le pasteur Ihorai, a déclaré qu'avec les essais « le gouvernement français, avec la complicité du gouvernement local [celui de Gaston Flosse], a manqué de respect envers mes enfants et envers mon peuple ». Les protestants admettent mal la « politique

---

70 Situation radiologique sur les atolls de Mururoa et de Fangataufa. Rapport de l'AIEA.
Voir aussi l'ouvrage critique de Bruno Barillot, L'héritage de la bombe, Polynésie-Sahara, 1960-2002, Centre de Documentation et de Recherche sur la Paix et les Conflits, Lyon, 2002, 320 p.
71 Pieter de Vries, Hans Seur, Moruroa et nous. Expériences des Polynésiens au cours des 30 années d'essais nucléaires dans le Pacifique, CDRPC, Lyon, 1997, 224 p.
72 Christine Chanton, Les vétérans des essais nucléaires français au Sahara, 1960-1966, GRHI de l'Université de Toulouse-Le Mirail, 2003, 178 p.

du secret » pratiquée par la France, critique confortée par le député Christian Bataille qui demande que soit levé « le secret défense » pour « laisser le libre accès à toutes les données indispensables pour contrôler et apprécier les conséquences environnementales et éventuellement sanitaires des essais nucléaires » [73]. Un geste de repentance, mais aussi des compensations financières sont réclamés à la France. À plus grande échelle, le COE - dont le Polynésien John Doom est membre du comité central - a placé les conséquences des essais nucléaires parmi les quatre grandes priorités spécifiques à l'Océanie (*Les Nouvelles de Tahiti*, 12 septembre 2006).

La nouvelle majorité issue des élections de 2004 et 2005 s'est naturellement préoccupée des conséquences des essais puisque la plupart de ses élus menaient depuis longtemps un combat antinucléaire. L'assemblée de Polynésie a alors constitué une commission d'enquête qui a produit un rapport fort documenté adopté le 15 juillet 2005. Plusieurs recommandations sont adoptées qui devront être mise en œuvre par le COSCEN :

- assainir et réhabiliter certains sites
- établir l'inventaire des déchets radioactifs rejetés en mer
- créer un laboratoire d'analyses radiologiques
- créer un centre d'archives et de la mémoire des essais nucléaires et demander à l'État la transmission de tous les rapports sur les retombées des essais
- mettre en place une cellule de suivi médico-social des populations qui ont été exposées et des anciens travailleurs des sites
- entamer des discussions avec l'État pour que le développement du Pays s'inscrive dans le « développement durable »
- indemniser les anciens travailleurs des sites.

Un colloque a été organisé à Papeete les 29 et 30 juin 2006 réunissant des scientifiques et des politiques de diverses nationalités.

---

73 Rapport n° 541 du 15 décembre 1997 de Christian Bataille à l'AN : L'évolution de la recherche sur la gestion des déchets nucléaires à haute activité, tome 2, Les déchets militaires.

Les nombreuses communications font ressortir que les États n'ont pas fait toute la lumière sur les essais.

Le docteur Florent de Vathaire, de l'unité 605 de l'INSERM, a exposé le résultat – encore incomplet – de ses recherches tendant à montrer que les essais avaient accru le nombre de cancers de la thyroïde, mais de façon limitée. Quelques semaines plus tard, il écrivait au délégué à la sûreté nucléaire, M. Jurien de la Gravière, qu'il était maintenant acquis « que les essais nucléaires atmosphériques réalisés par la France ont contribué à augmenter l'incidence du cancer de la thyroïde en Polynésie française » (*Les Nouvelles de Tahiti* du 29 juillet 2006).

Cette affirmation du chercheur mettait à mal la volonté de transparence que les autorités de la République prétendaient montrer.

En Polynésie française, les essais continuent donc à alimenter les joutes politiques entre Polynésiens et entre le Pays et l'État. Cette situation se retrouve ailleurs dans le Pacifique.

Un laboratoire néo-zélandais a effectué une enquête sur la santé des vétérans du pays ayant participé aux essais de Christmas et Malden et a conclu que l'on trouve chez eux des atteintes génétiques, limitées mais significatives, appelant à la surveillance de leur descendance[74].

Les vétérans des essais américains mènent également un combat contre le Gouvernement fédéral. Aux Marshall, les autorités américaines ont d'abord nié qu'il puisse y avoir un lien entre les maladies des habitants des îles irradiées et les essais. En 1985, toutefois, le Congrès a lancé une étude qui a établi ce lien. Un fonds de compensation pour réparer les dégâts matériels et les

---

74 Communications du Professeur Al Rowland, colloque de Papeete du COSCEN, « New Zealand Nuclear Test Veterans' Study - a pilot project – (Sister Chromatid Exchange) » et du Docteur Nick Smith, « Towards Internationally Recognised Rights for Nuclear Test Victims».

victimes a été créé en 1986[75], mais il a été épuisé en 2003. Le gouvernement des Marshall entame alors une nouvelle demande, estimant que le suivi et la protection des populations exposées et de leur descendance ne peuvent plus être assurés[76].

Aux États-Unis mêmes, le sénateur Harry Reid poursuit un combat pour l'indemnisation des vétérans des sites du Nevada.

Conclusion
Les retombées des essais constituent donc une préoccupation, sans doute limitée à des cercles restreints, les États ayant su longtemps cacher la vérité et détourner l'attention. Cependant d'autres menaces touchent l'Océanie.

Le dérèglement climatique est devenu une vive préoccupation, principalement pour les archipels constitués d'atolls. Le Forum de 2001 a exprimé son inquiétude et a demandé aux États-Unis de revoir leur position au sujet du protocole de Kyoto. Le préambule du Traité de Rarotonga indiquait que les États du Pacifique Sud étaient «déterminés à s'assurer que les richesses et la beauté des terres et des mers de leur région demeurent à perpétuité le patrimoine de leurs peuples et de leurs descendants». Ce n'est plus tant le nucléaire qui les menace désormais que la montée des eaux océaniques et la violence des cyclones.

Dans l'esprit de nombreux Océaniens, dans les petites îles notamment, ces signes inquiétants ne peuvent provenir que de dérèglements annonciateurs d'épreuves encore plus grandes prophétisées par la Bible. Doivent-ils les redouter ou en espérer la Parousie ? Les prières ne manqueront pas de s'élever dans les lieux de culte et dans les enceintes politiques elles-mêmes.

Complément 2014 :

75 Voir B. Barillot, op. cit., p. 110.
76 Communication de Carah Ong, colloque de Papeete, « Legacy of US Nuclear Testing in tthe Marshall Islands »

Les travailleurs du nucléaire ont pu estimer qu'ils réalisaient de bonnes affaires avec les salaires qui leur étaient versés et considérer aujourd'hui que les autorités militaires les ont délibérément exposés à des risques considérables et qu'il leur a été menti jusqu'à aujourd'hui avec la timide reconnaissance du fait nucléaire et de ses conséquences que contient la loi Morin[77]. Cette loi Morin sur l'indemnisation des victimes des retombées des essais n'apporte que des réponses partielles aux questions des populations. Contestée dès sa parution, elle a subi quelques «toilettages», en subira sans doute encore quelques-uns. La marge est encore grande entre la reconnaissance et l'indemnisation des victimes ou de leurs descendants. Nous renvoyons au combat de l'association *Moruroa e Tatou* et aux travaux parlementaires du sénateur Richard Tuheiava en vue d'obtenir à la fois une pleine reconnaissance et une indemnisation, ainsi qu'aux débats sur le devenir de l'atoll de Moruroa.

Bibliographie complémentaire :

- Duval M., Le Baut Y., *L'arme nucléaire française. Pourquoi et comment* ? S.P.M., Paris, 1992, 306 p.
- Crocombe R., *The Pacific Islands and the USA*, Suva, 1995, Institute of Pacific Studies, 418 p.
- Denoon D., Mein-Smith P., Wyndham M., *A History of Australia, New Zealand and the Pacific*, Blackwell Publishers, Oxford, 2000, 524 p.
- Howe K., Kiste R. & Lal B., *Tides of History, The Pacific Islands in the Twentieth Century*, Sydney, Allen & Unwin, 1995, 475 p.

---

77 Loi 2010-2 du 5 janvier 2010 (JORF, 6 janvier 2010).

Chapitre 3

DE GAULLE À TAHITI EN 1956

Nos recherches nous ont amené à chercher à partir de quand la France avait décidé d'utiliser la Polynésie comme centre d'essais nucléaires.

Lorsque de Gaulle est venu à Tahiti en 1956, il n'avait plus de fonctions politiques et son avenir politique paraissait bouché. Néanmoins, on lui attribue parfois une telle puissance que certains pensent qu'il était venu pour préparer l'arrivée du CEP.

Le discours prononcé par le général de Gaulle (et traduit par John Martin) place du Maréchal Joffre (l'actuelle place Tarahoi) le 30 août 1956, a suscité bien des commentaires *a posteriori* et encore aujourd'hui, il est utilisé comme preuve de la « perfidie » de la France à l'égard de ce Territoire. Il est vrai que le Général a prononcé - comme à son habitude - des phrases qui peuvent prêter à toutes les interprétations. Il faut le lire avec la plus grande attention et faire preuve de prudence. Nous-mêmes, dans notre premier livre[78], n'avions sans doute pas été assez mesuré en défendant l'hypothèse d'un Général imaginant déjà - et le laissant entendre - que des essais nucléaires français pourraient avoir lieu dans le Pacifique. Tentons de comprendre.

---

78 La bombe française dans le Pacifique, l'implantation : 1957-1964, Editions Polymages-Scoop, Papeete, septembre 1993, 186 p.

Photographe : A. SYLVAIN –
Collection de l'Assemblée territoriale

Le contexte du voyage

Depuis décembre 1955, quand il a mis son parti - le RPF. - en sommeil, de Gaulle annonce qu'il ne se mêlera plus de politique. Il publie néanmoins ses *Mémoires*. Cette période est connue sous l'appellation « la traversée du désert », ce qui ne l'empêche pas de souhaiter visiter les territoires français d'outre-mer, façon certainement de renouer avec la grande époque des ralliements à la France libre de 1940 (les allusions contenues dans le deuxième paragraphe du texte cité plus loin sont claires). Après un voyage avorté en 1954, invité par les associations d'anciens combattants (et l'assemblée territoriale des EFO, ainsi que par le conseil général de Nouvelle-Calédonie), il entreprend un long voyage, en août 1956.

Il emmène quelques fidèles : Olivier Guichard (chef du service de presse au Commissariat à l'Énergie Atomique), Jacques Foccart (son conseiller pour les affaires d'outre-mer), le colonel de Bonneval (son aide de camp), Jean Mauriac (journaliste à l'agence France-Presse[79]) et Roger Frey (natif de Nouvelle-Calédonie, à l'époque secrétaire général d'un petit parti qui se réclame du Général). Il ne souhaitait pas être accompagné de journalistes, mais finit par accepter une équipe de *Paris-Match*.

Il s'embarque avec son épouse pour un long périple qui le conduit à la Guadeloupe, à la Martinique. C'est toujours en bateau qu'il passe par le Canal de Panama pour gagner le Pacifique.

Il prend *Le Calédonien* pour venir en Océanie (les EFO, les Nouvelles-Hébrides et la Nouvelle-Calédonie) pour accomplir un voyage triomphal[80]. Peut-il espérer quelque chose de la visite à ce qu'il a appelé un jour « des poussières sur l'Océan » ? À l'époque, les sondages révèlent que moins de 10 % des Français seulement pensent qu'il pourrait jouer à nouveau un rôle politique. Lui-même espère-t-il encore en son destin ? Si on se réfère à ses propos tenus à Tahiti, il laisse entendre une chose et son contraire. « *Il se peut qu'avant longtemps, j'ai encore besoin de faire appel à vous* » dit le Général aux anciens combattants rassemblés à l'école de

---

79 Jean Mauriac fait un récit très coloré de « La croisière du Général », 48 ans après, dans Le Nouvel Observateur, 17 juin 2004.
80 Voir le documentaire réalisé par Bernard Baissat, 1956, La grande tournée outre-mer du général de Gaulle, diffusé sur RFO Polynésie, le 20 septembre 2006.

Mamao. Mais place Joffre, il évoque la situation difficile dans laquelle se trouve la France. Dans la dernière partie de son discours il est question de « *l'affaiblissement apparent et momentané de la France* ». Mais celle-ci « est appelée de nouveau à un très grand rôle mondial », qu'il situe dans « le lointain de l'avenir ». Il semble donc plutôt pessimiste quant à la perspective de son propre retour au pouvoir, car il n'imagine pas qu'un autre que lui puisse redonner à la France « sa grandeur ». Ses discours à Nouméa vont encore davantage dans ce sens.

De Gaulle et les Tahitiens

De Gaulle se souvient des ralliements des territoires français du Pacifique. Dans l'article sur les ralliements, nous avons montré comment il avait entretenu la légende de glorieux ralliements. Lors de son voyage de 1956, il entretient encore cette légende par des paroles fortes (paragraphe 2 du discours), sans se soucier des circonstances exactes de ceux-ci comme nous l'avons expliqué dans l'article cité.

Partant des liens qu'il estime très forts entre les Tahitiens et lui, le Général donne son sentiment sur l'avenir du Territoire. Si le droit des peuples à disposer d'eux-mêmes est affirmé, il considère que la Polynésie est trop petite pour être réellement indépendante et que son intérêt est de se rattacher à une grande nation. La Polynésie doit donc rester française. De Gaulle a dit : « *votre pays doit continuer de faire route avec la France, vers le destin commun du progrès, du bonheur et de la grandeur* ».

L'accueil de la population a-t-il été aussi enthousiaste qu'on le dit parfois ? Deux témoignages tempèrent cette idée. Olivier Guichard par exemple, dans un livre de souvenirs (*Mon Général*, Grasset, 1980, p. 321), évoque « l'amicale indifférence des Tahitiens ». Une note des services du gouverneur (Archives territoriales de Papeete) fait état d'un « enthousiasme qui n'a pas toujours été délirant » et explique cela par « un trait du caractère polynésien lent à s'enflammer ».

À Huahine, l'accueil aurait même été « réservé ». La faute en serait à des consignes très strictes données par Pouvanaa, de passage dans l'île huit jours avant le Général.

De Gaulle et l'énergie atomique

Le passage de son discours qui a le plus suscité de commentaires a trait à l'énergie atomique. Elle est l'avenir du monde, mais elle est aussi « une terrible menace ». Y aurait-il la moindre allusion à l'utilisation future d'un champ de tirs nucléaires? Ce serait plutôt le contraire qui ressort du message. Que signifierait autrement cette phrase : « *Tahiti, là où elle est, entourée d'immensités invulnérables de l'Océan, Tahiti peut être demain, un refuge et un centre d'action pour la civilisation tout entière* » ? C'est un peu comme si, avec la troisième guerre mondiale qu'il redoute (une obsession chez lui disent même certains) et la destruction des grands pays qui y auraient participé, le monde devrait se reconstruire à partir des îles du Pacifique. Autrement dit, Tahiti serait épargnée par l'atome en raison de son isolement, et en cas de destruction massive de la planète, c'est du Pacifique que la résurrection pourrait venir.

De Gaulle a-t-il réellement pensé que la civilisation pourrait un jour renaître depuis l'Océanie? Ce serait une affirmation insuffisamment étayée.

Notons encore que Maurice Lenormand, l'homme politique de Nouvelle-Calédonie, se fondant sur des bribes de conversation qu'il a eues avec de Gaulle en 1966, a émis l'hypothèse que de Gaulle (toujours dans la perspective d'une troisième guerre mondiale) envisageait qu'un gouvernement français aurait peut-être à chercher refuge soit au Canada, soit en Océanie (pour Maurice Lenormand, Nouméa aurait été « une capitale » de remplacement). Ainsi s'expliquerait le fait que de Gaulle tenait absolument à ce que la France gardât ses possessions dans le Pacifique. Là encore, rien ne vient étayer une telle hypothèse qui n'est rapportée que parce qu'elle a été écrite (dans le *Journal de la Société des Océanistes*) et parce qu'elle circule parfois encore.

Certes, une autre lecture encore peut être faite (le Général aurait préparé psychologiquement les Polynésiens à l'idée qu'un jour les essais nucléaires s'effectueraient sur leur Territoire), mais elle a le défaut de lire un texte à la lumière de faits ultérieurs et elle donne le sentiment que le Général serait à la fois, tout puissant (en 1956) et devin. Examinons néanmoins cette « autre lecture ».

En venant à Tahiti, de Gaulle possède un certain nombre d'éléments sur les recherches atomiques. Des hommes proches de lui détiennent des postes clés au Commissariat à l'Énergie Atomique. Le directeur en est Pierre Guillaumat et le chef de service des informations est Olivier Guichard (voir plus haut : il accompagne de Gaulle à Tahiti). Dès 1954, de Gaulle se prononce pour que la France fabrique l'arme nucléaire. Le 2 avril 1956, le colonel Pierre Gallois met de Gaulle au courant des recherches de l'OTAN en matière nucléaire. De Gaulle définit alors en une formule, dont il a le secret, ce qu'est la dissuasion nucléaire : « il suffit à la France d'être capable d'arracher un bras à son agresseur ... » Dans cette perspective, faut-il imaginer que, ce 30 août 1956, de Gaulle pense fortement que la Polynésie sera, dans un temps plus ou moins lointain, l'espace dont la France aura besoin pour une ambitieuse politique de défense ?

Or, à cette époque, les gouvernements français n'ont encore pris aucune décision concernant la possession de l'arme atomique. Et, ce 30 août, même si de Gaulle pense la France affaiblie, il ne peut savoir que des événements vont révéler à quel point c'est vrai. Quelques semaines plus tard, début novembre 1956, l'expédition franco-anglaise sur le canal de Suez est un fiasco dès lors que les deux Grands exigent l'arrêt de l'offensive. Boulganine menace Londres et Paris de représailles « avec de terribles moyens de destruction modernes » et Eisenhower utilise le chantage au pétrole et à la valeur des monnaies. Ce n'est qu'après cet échec que les gouvernements de la IVème République envisagent sérieusement de se doter de l'arme nucléaire sans laquelle « on n'est rien ».

Donc, pour envisager cette lecture du discours de de Gaulle, il faudrait imaginer qu'il est sûr que la France se dotera un jour de l'arme nucléaire. C'est lui donner des talents de visionnaire ou c'est formuler une hypothèse que rien, pour l'instant, ne permet de confirmer. Tout au plus peut-on retenir deux éléments. Il faut citer ce passage du livre de Jean Lacouture (*De Gaulle*, tome II, Le Seuil, 1985) - livre qui doit être lu avec une certaine réserve - dans lequel on présente un général de Gaulle ragaillardi par son voyage dans le Pacifique et qui s'adresse ainsi à Edmond Michelet :

> « La France est présente dans le Pacifique. Elle n'y est pas beaucoup, mais elle y est ; et croyez-moi, Michelet, elle n'est pas minable ! »

Il y a aussi la curieuse insistance du Général sur les communications aériennes. À l'assemblée territoriale, il reprend ce thème en répondant à Walter Grand :

> « Je crois que la force des choses fait son œuvre et que, en ce qui vous concerne, les questions, tout au moins l'une d'elles - **je parle de l'aérodrome, c'est-à-dire l'organisation du tourisme** - cette question-là, je le crois, fera prochainement des pas importants parce que, je le répète, la force des choses l'impose ; l'impose au point de vue de l'Union française, l'impose au point de vue de Tahiti, bien entendu mais l'impose aussi au point de vue international. »

On pourra se demander : est-ce seulement pour faire plaisir à ses hôtes qu'il parle de l'aéroport et du tourisme ? Ou insiste-t-il pour que Tahiti ait une piste qui permettrait un jour l'installation d'un centre d'essais ? Rien, là encore, ne permet d'aller plus loin que de formuler des hypothèses.

De Gaulle en voyage

Il faut savoir interpréter les discours du Général, surtout quand il est en voyage et encore plus quand il n'a aucune fonction politique. Rappelons une anecdote. Au cours de l'entretien qu'il accorde à Jacques Foccart, le 2 novembre 1967, le Général est très en colère contre Pierre Billotte, ministre des DOM-TOM, qui aurait, de son propre chef, encouragé Francis Sanford, député, et Alfred Poroi, sénateur, - tous deux de Polynésie - à demander l'extension des attributions des conseillers de gouvernement, c'est-à-dire un retour à la loi-cadre de 1956. « C'est ridicule ! C'est grotesque ! » tempête le Général. « Ce Billotte est assommant, dit-il encore, c'est un politicien et il ne vaut pas mieux que Sanford et Poroi ». Foccart lui explique que Billotte avait interprété les paroles du Général à Papeete en septembre 1966 (le Général se serait simplement enquis des attributions des conseillers). De Gaulle réplique alors :

> « Mais c'est ridicule, c'est stupide ! Ce n'est pas parce que je
> vais dire telle ou telle chose en voyage, et il y a plus d'un an
> de cela, que maintenant il faut en tirer une conclusion. Ce
> Billotte ![81] »

Ainsi donc s'expliqueraient les contradictions du Général. Il reconnaissait qu'au cours de ses voyages, il lui arrivait de prononcer des paroles auxquelles il n'y avait pas lieu de porter attention. Il faudrait le dire à ceux qui étaient présents à Mostaganem en 1958 (où le Général s'est écrié : « vive l'Algérie française ») et à Montréal en 1967 (avec le fameux « vive le Québec libre »). Des « paroles historiques » ne font pas forcément bon ménage avec la réalité historique.

Quant à l'appui porté à l'aéroport, il faudrait peut-être le replacer dans la pratique des promesses des grands voyages. Certes, le Général n'a aucun pouvoir à l'époque, mais son charisme fait sans doute croire à ses hôtes qu'il peut beaucoup. Dix ans plus tard, président de la République, cette fois, il cherche à faire plaisir aux Polynésiens. Ne sachant qu'annoncer comme bonne nouvelle, il reprend une idée qu'on lui a soufflée : la route traversière (une route qui partirait de la côte est le long de la vallée de la Papenoo, traverserait l'île très montagneuse avec des pentes abruptes et redescendrait sur la côte ouest à hauteur de Mataeia : en 2006, seule une piste construite récemment par l'armée permet d'effectuer une partie du trajet).

Tout appelle donc à la prudence. Ce cours permet de se faire une idée plus précise de la politique de la France à l'égard des sites

---

81 Jacques Foccart, Tous les soirs avec de Gaulle. Journal de l'Elysée, tome I, 1965-1967, Fayard, Jeune Afrique, 1997, p. 753.

d'essais nucléaires. Nous en tirons des conclusions très objectives d'une part. Mais d'autre part, rien n'interdit de formuler des hypothèses, à condition de bien utiliser un certain nombre de sources. En citant les paroles mêmes du Général (voir encadré), nous espérons que les hypothèses sur le sens de ses propos se fonderont sur le texte et non sur ce que la mémoire (défaillante) prend pour la vérité (ce qui arrive fréquemment quand on interroge des témoins d'événements déjà anciens, voire relativement récents).

En guise de conclusion

Retenons des considérations qui précèdent deux éléments.

1/ En août 1956, de Gaulle n'a aucune qualité pour décider quoi que ce soit.

2/ Rien n'empêche un promeneur solitaire de rêver, de rêver à la grandeur de la France qui implique - dans son esprit - la possession de l'arme atomique, de rêver qu'un jour il reviendra au pouvoir, de rêver qu'il lui faudra décider d'un lieu propice à des essais nucléaires. Il peut alors se laisser aller à quelques paroles obscures, histoire de prendre date. On ne sait jamais...

3/ Rien n'empêche de penser que de Gaulle, dans la douceur tropicale, se soit laissé allé à quelque prophétie sur un monde détruit et à reconstruire...
Et il y aura toujours des admirateurs (ou des détracteurs) pour dire que de Gaulle, décidément, était un visionnaire (ce qui est pour certains une qualité... et pour d'autres une véritable supercherie).

Complément (2014) :

Ci-dessus nous notions que de Gaulle se plaçait plutôt (une hypothèse donc) dans la perspective d'une troisième guerre mondiale qui verrait une grande partie du monde occidental détruit. Tahiti serait épargnée par les destructions et une renaissance de la civilisation pourrait surgir des îles lointaines. L'hypothèse était cependant insuffisamment étayée. Or, des archives mises à notre disposition fin 2012 puis en octobre 2013 apportent la confirmation de cette hypothèse. Le 6 novembre 1958, de Gaulle écrivit une note ultra confidentielle aux principaux responsables de la Défense :

> « Quoiqu'il arrive de la France à la suite d'un conflit mondial, la survie de la nation et de l'État ne serait imaginable que par l'ordre et l'organisation... Le caractère maritime et aérien de nos forces, combiné à l'existence de terres françaises situées au plus loin des océans, le fait que notre territoire nous offre des refuges montagnards et insulaires, peu sensibles à n'importe quels coups, nous mettent à même de le faire. Ainsi, grâce à la dispersion, surviendrait alors, l'élément grâce auquel le pays pourrait reprendre une première consistance...[82]. »

Ce document - inconnu des chercheurs jusqu'à maintenant - apporte donc une lumière nouvelle. Dans des documents ultérieurs de Gaulle renouvelle cette idée en précisant quelques-uns de ces points d'ancrage nommant Papeete et Nouméa. De Gaulle a tenu à garder la Polynésie dans l'orbite française dans l'idée qu'elle pourrait, avec la Calédonie ou d'autres points d'appui lointains, permettre une renaissance. Ce n'est plus à Londres qu'il faudrait se réfugier pour ressusciter la France, mais aux antipodes...

---

82 Archives nationales, AG(1)511.

EXTRAITS DU DISCOURS
DU GÉNÉRAL DE GAULLE

Papeete, 30 août 1956

Il y a bien des années maintenant que je souhaitais de toute mon âme me trouver ici à Tahiti. C'est vous dire combien grande est mon émotion, combien grande aussi est ma fierté et ma satisfaction d'être aujourd'hui parmi vous et combien j'ai été touché des preuves de profonde sympathie que vous m'avez témoignées déjà depuis l'instant où j'ai pris pied sur votre rivage.

Tahiti, quand la France roulait à l'abîme, Tahiti n'a pas cessé de croire en elle. Vous étiez dans cet océan aux antipodes de moi-même qui me trouvais comme un naufragé du désastre sur le rivage de l'Angleterre et en même temps, vous tous et moi, nous avons pensé et nous avons voulu la même chose. Nous avons pensé, et nous avons voulu que la France ne devait pas être serve, humiliée, honteuse, mais qu'il fallait lutter pour sa libération, pour sa victoire et pour sa grandeur.

Depuis, les années ont passé et par toutes sortes de moyens le monde change. Il n'est pas difficile maintenant de voir quels sont les traits nouveaux que notre terre est en train de prendre. Ces traits nouveaux les voici, comme je les vois.

D'abord, il y a la tendance de toutes les entités ethniques populaires et nationales à garder leur caractère propre et à disposer d'elles-mêmes. Il y a en même temps la nécessité primordiale de se rattacher délibérément à un grand ensemble économique, culturel, politique, sans quoi chaque territoire tomberait vite dans la misère, serait la proie de l'ignorance et servirait de champ de bataille à tous les impérialismes du monde.

Un autre trait du monde nouveau, c'est l'établissement tout autour de notre terre de ce grand réseau de communications aériennes, navales, aéronavales, qui enserrent le monde et sans lequel, de plus en plus, on ne peut plus imaginer de relations humaines, d'échanges ni d'activités.

Le troisième trait de notre monde nouveau, c'est le commencement du règne de l'énergie atomique qui apporte à tous les hommes à la fois d'immenses possibilités de progrès et une terrible menace.

Voilà bien, je crois, comment on peut exprimer les trois conditions nouvelles dans lesquelles va maintenant marcher, pour une période plus ou moins longue, notre terre.

Eh bien ! dans le monde tel qu'il devient, Tahiti jusqu'à présent lointaine, isolée au milieu des mers, Tahiti tout à coup voit s'ouvrir un rôle important, un rôle nouveau sur le globe terrestre. Il n'est que de regarder la mappemonde et d'y tracer les communications aériennes de demain pour voir que Tahiti est nécessairement pour beaucoup de ces communications une étape indispensable et capitale, et, d'autre part, il n'est que d'imaginer les périls que la menace atomique fait peser sur la terre pour voir que Tahiti, là où elle est, entourée d'immensités invulnérables de l'Océan, Tahiti peut être demain un refuge et un centre d'action pour la civilisation tout entière. Voilà comment la transformation du monde à laquelle nous assistons donne à votre île, et aux îles qui l'entourent, une importance tout à coup très grande.

Eh bien ! ce destin nouveau qui lui est ouvert, Tahiti y marchera avec la France ! Je sais bien que beaucoup aujourd'hui et les Français les premiers, s'irritent quelquefois et même souvent de l'affaiblissement apparent et momentané de la France.

Quand on pense à ce qui est arrivé récemment et même depuis très longtemps en fait d'épreuves et de sacrifices, on ne peut pas être surpris par la dépression momentanée de ce grand pays. Mais, moi, de la manière la plus désintéressée, je dis aux Tahitiens, je dis aux Polynésiens et je dirai aux Calédoniens, que la France, quelles que soient les apparences du moment, la France demeure un pays à la vie très profonde et très forte. La France a pu subir, et aujourd'hui encore parfois, recevoir des outrages de ceux-là même pour qui elle a fait le plus, mais la France n'en reste pas moins vivante et croyez-moi, tous les signes montrent que dans le lointain de l'avenir la France est appelée de nouveau à un très grand rôle mondial. Cela vous le savez, j'en suis sûr, et surtout vous le sentez, comme je le sens moi-même. C'est dire avec quelle confiance je suis venu vous voir. C'est dire avec quelle certitude je crois que votre pays doit continuer de faire la route avec la France vers le destin commun du progrès, du bonheur et de la grandeur.

Vive Tahiti, vive la République, vive la France

Supplément à la 2ème partie

LES ARMES NUCLÉAIRES

Les pages qui suivent permettront aux lecteurs de se familiariser avec les problèmes liés au nucléaire et aux politiques de Défense et aux négociations sur le désarmement.

Ce sont des définitions les plus simples possibles qui pourront apporter des précisions sur les chapitres qui précèdent.

Essais nucléaires sur l'île de Moruroa
Archipel des Tuamotus
Crédit photo : Ministère de la Défense

Les armes nucléaires

I/ Les armes :

- La bombe A : destructions par les effets de souffle* et la chaleur d'une part, atteintes aux vies humaines au cours des destructions, par la chaleur et par les retombées radioactives immédiates et résiduelles d'autre part (c'est donc aussi une arme biologique).

À Nagasaki par exemple, bombe de 21 kilotonnes à 500 m d'altitude : les maisons s'écroulent sur un rayon de 2 250 m à partir du point zéro.

* *l'effet de souffle va du point d'impact à la périphérie et, rapidement, en sens inverse.*

- La bombe H : pouvoir de destruction considérable (on estime qu'elle pourrait tuer jusqu'à 30 millions de personnes).

Une bombe thermonucléaire éclatant à 15 ou 20 km d'altitude provoquerait des incendies sur plusieurs centaines de kilomètres.

* *En cas de guerre nucléaire de grande envergure, il faudrait redouter* **« un grand hiver nucléaire »** : *les fumées des incendies, la poussière produite par les explosions constitueraient un voile opaque arrêtant chaleur et lumière solaires et détruirait en partie la couche d'ozone (bouleversements climatiques, famines, destruction de l'humanité).*

- Arme nucléaire tactique : bombe nucléaire miniaturisée, devenue une sorte d'obus et tirée par des canons (destructions comme celles d'un obus mais avec des retombées radioactives).

- Bombe à neutrons : (à partir de 1975). Elle devrait être tirée à courte distance. Effet de souffle et chaleur seraient réduits. Elle détruirait les hommes et l'environnement mais laisserait intacts les habitations, les usines, le matériel.

II/ Les vecteurs :

Comment sont acheminées les armes atomiques ?

- **les avions (bombardiers stratégiques)** : en 1945, ce furent des avions qui lancèrent les bombes sur le Japon. Il y a eu ensuite les avions américains **B 52** (rayon d'action de 8 500 km), les **Mirages** français...

- **les missiles** : Les missiles intercontinentaux ont une plus grande portée que les avions. Ils volent à 100 km d'altitude et leur vitesse rend la riposte difficile.

Les missiles de croisière sont plus lents mais plus précis et peuvent échapper aux radars (ils volent à très basse altitude).

Certains missiles peuvent être lancés à partir de véhicules automobiles.

- **les sous-marins lanceurs de missiles** : ils sont quasiment indétectables.

227

Exemples de missiles

- **ICBM (Intercontinental Ballistic Missiles)** :
  fusées d'une portée supérieure à 5 000 km

- **FNI (Forces nucléaires intermédiaires)** :
  missiles d'une portée de 1 000 à 5 000 km
  Entre 1987 et 1991, des accords ont abouti à la destruction de ces missiles.

- **FROG** : missile soviétique de courte portée (70 km) qui a été remplacé par les SS 21 à partir de 1978

- ***Hadès*** : missile d'une portée inférieure à 50 km

- ***Lance*** : missile américain de courte portée (130 km)

- ***Pershing*** : missile de l'OTAN de portée intermédiaire

Les missiles de courte portée ont été détruits en grand nombre depuis 1991

III/ Les stratégies :

- représailles massives :

Dans l'hypothèse d'une attaque de l'URSS contre les États-Unis ou un de leurs alliés – quels que soient les moyens utilisés –, les Américains étaient disposés à utiliser « massivement » des armes de destruction massives (donc nucléaires) sur le territoire soviétique. C'est ce qu'on appelle la **dissuasion nucléaire**.

Elle n'est que le prolongement de la stratégie déjà adoptée pendant la seconde guerre mondiale, avant l'utilisation de l'atome, lorsque les Américains détruisirent massivement des villes ennemies (par exemple Dresde en Allemagne et Tokyo).

- riposte graduée :

La réplique à l'agression se ferait selon des moyens à peine supérieurs à ceux utilisés par l'agresseur. Si l'attaque s'effectue avec des armes conventionnelles, la riposte se fait avec des armes identiques. Toutefois, si la riposte ne calme pas l'adversaire, les moyens nucléaires seront utilisés progressivement.

Cette conception de la guerre éventuelle a été adoptée par le président Kennedy et par l'OTAN en 1962.

IV/ Désarmement nucléaire et ses problèmes durant la période des essais français au Sahara et dans le Pacifique

Noms donnés aux différentes tentatives de limitation et de destruction des armes nucléaires :

- Négociations SALT (Strategic Arms Limitation Talks) à partir de 1969

Elles ont pour but de mettre fin à la course infinie entre armes offensives et armes défensives

SALT 1 : signé à Moscou le 26 mai 1972, il limite pour 5 ans le nombre de fusées intercontinentales basées sur terre et sur mer. Les bombardiers stratégiques ne sont pas concernés.

SALT 2 : signé à Vienne en 1979. Cet accord voulait limiter le nombre de lanceurs intercontinentaux. (non ratifié par le Sénat américain en raison de l'invasion de l'Afghanistan par les troupes de l'URSS). Malgré la non-ratification, ils ont été en partie appliqués entre 1980 et 1986.

- **Traité ABM (Anti-Ballistic Missiles)** : Après les négociations SALT, accords entre Américains et Soviétiques entrés en vigueur le 3 octobre 1972 qui limitent la possibilité de déployer ces systèmes de défense (car il donnerait à l'une des puissances une invulnérabilité, donc ne permettrait plus ce que l'on a appelé « l'équilibre de la terreur »).

Les États-Unis se sont retirés du traité le 13 juin 2002.

- **TNP (Traité de non prolifération nucléaire)** : il est ouvert à la signature le 1er juillet 1968. Il entre en vigueur le 5 mars 1970 (il est alors signé par 97 pays).

Contrôle confié à l'AIEA (Agence internationale de l'énergie atomique)

Le traité est reconduit en 1995.

La France, la Chine et l'Afrique du Sud, longtemps réticentes, l'ont signé.

Israël, l'Inde et le Pakistan ne l'ont pas signé.

La Corée du Nord pose un problème dans la mesure où elle se dérobe aux contrôles, tout comme l'Iran.

- **CTBT (Comprehensive Test Ban Treaty)** ou **TICE (traité d'interdiction complète des essais nucléaires)** : signé en septembre 1996, mais Israël, Inde, Pakistan, Libye, Bouthan ont voté contre et le Sénat américain ne le ratifie pas (octobre 1999).

- **Accords START** : pourparlers entamés en 1982 entre États-Unis et URSS sur la réduction des armements stratégiques

Les accords START 1, signés le 31 juillet 1991, prévoyaient une réduction des arsenaux de 30 %, des têtes stratégiques de 20 % et des dispositifs de lancement de 27 %.

Un second accord est signé en décembre 1992.

Troisième partie

FACE À LA FRANCE : S'IDENTIFIER

Chapitre unique

De OTAÏTI à TAHITI NUI
À la recherche d'un nom
pour le paradis terrestre

L'article qui va suivre est d'abord paru sous le titre « Tahiti, ÉFO., Polynésie française, Ao Maohi : quel nom pour ce territoire d'outre-mer ? Un essai d'onomastique politique », dans la *Revue juridique et politique, Indépendance et Coopération*, Paris, n° 3, septembre 1996, p. 296 à 309.

L'onomastique est la science des noms propres[1]. Elle permet, par exemple, d'appuyer les recherches sur les origines du peuplement d'une région en retrouvant dans les noms de lieux des traces de langues anciennes. Elle étudie la signification des toponymes, les évolutions de ceux-ci. En Polynésie, elle serait particulièrement utile pour mieux connaître l'histoire avant l'arrivée des Européens. La chronique que tient désormais John Marai dans *Les Nouvelles de Tahiti* du lundi correspond bien à cette vocation de l'onomastique.

Nous avions ajouté « politique » à onomastique, une sous-discipline dont nous avons inventé le nom, en forme de clin d'œil, mais non dépourvue de sens. En effet, donner un nom à un pays, à une terre nouvellement découverte, n'est pas dépourvu de signification. Dans le cas de la colonisation, le choix peut révéler des intentions profondes. Quand les populations s'éveillent à la vie politique, elles sont confrontées à une dénomination de leur terre qui peut leur être insupportable. Mais trouver une nouvelle appellation fait apparaître les tensions et les contradictions qui traversent les ethnies, les groupes sociaux, les régions et fait ressortir les regards différents portés sur l'histoire du pays.

L'exemple des îles que l'on connaît sous le nom générique de Tahiti (aujourd'hui la Polynésie française) illustre les luttes coloniales et les combats politiques passés et à venir. Nous appelons donc « onomastique politique », cette tentative d'expliquer, par le sens évident ou caché des noms propres, les objectifs politiques de ceux qui les proposent.

---

1 Baylon C., Fabre P., Les noms de lieux et de personnes, Nathan, Université, Information, Formation, 1982, 282 p. On lira avec intérêt le chapitre 17, «Onomastique et société«, p. 244 à 253.

Dix ans après la première parution de l'article, la question de l'appellation de nos îles s'est beaucoup enrichie et elle mérite de nouvelles réflexions.

On a beaucoup écrit sur cette île que ses habitants appelaient « Tahiti » et l'extraordinaire effet que sa découverte produisit en Occident[2]. Nous ne reviendrons pas sur cet aspect-là. Nous nous attacherons simplement à ce que les dénominations attribuées par les navigateurs révèlent sur le sens de leurs voyages. Nous étudierons comment la France a tenté de marquer sa présence en imposant des noms sans respecter le vœu des populations. Maintenant que les liens avec la métropole se distendent, quel nom les habitants souhaitent-ils donner à leur pays ?

En juin 1767, Samuel Wallis a baptisé l'île « Terre du Roi George III »[3]. Louis-Antoine de Bougainville, peu après, a donné aux îles (actuelles îles du Vent et îles Sous-le-Vent) le nom d'« Archipel Bourbon », auquel s'est vite substitué celui d'« îles de la Société » choisi par James Cook, ce qui a donné lieu à de nombreuses interprétations fantaisistes[4]. Les Espagnols, après leur expédition de 1772, ont appelé Tahiti, « Amat », du nom du vice-roi du Pérou[5].

---

2 Voir :
- Eric Vibart, Tahiti, naissance d'un paradis au siècle des Lumières, Editions Complexe, 1987, 254 p.
- Daniel Margueron, Tahiti dans toute sa littérature, L'Harmattan, 1989, 474 p.

3 Le capitaine Wallis écrit dans son journal : « M. Furneaux [son second lieutenant] planta un bâton de pavillon, arracha une motte de gazon et prit possession de l'île au nom de Sa Majesté, en l'honneur de laquelle elle reçut le nom de l'île du Roi George » (Christian Buchet, La découverte de Tahiti, France Empire, 1993, p. 126).

4 La plupart des auteurs écrivent que cette appellation a été donnée en l'honneur de la Société Royale de Londres qui a patronné l'expédition. Or, ce n'est pas du tout ce qui ressort de la lecture de Cook lui-même. Ce dernier écrit (9 août 1769) :

> To these six islands, Ulietea, Otaha, Bolabola, Huaheine, Tubai, Maurua, as they lie contiguous to each other, I gave the name of SOCIETY ISLANDS, but did not think it proper to distinguish them separately by any other names than those by which they were known to the natives (An account of the voyages undertaken by the order of this present Majesty for making Discoveries in the Southern Hemisphere, vol II, London, 1773, p. 270).

Malgré les mises en garde du Mémorial polynésien (vol I, 1978, p. 231), beaucoup d'auteurs continuent à répandre l'erreur. Notons que pour Cook, Tahiti ne fait pas partie des îles qu'il nomme îles de la Société. Mais dès le début du XIXème siècle, l'usage consacre le nom pour l'ensemble de l'archipel.

5 Maximo Rodriguez, Les Espagnols à Tahiti, 1772-1776, Publications de la Société des Océanistes, n° 45, Musée de l'Homme, Paris, 1995, p. 12 (préface de Claude Robineau). Sur les cartes espagnoles on pouvait lire « Isla de Amat y Otaheti » (d'après John Marai, Les Nouvelles, 20 mars 2006).

Les intentions se devinent facilement sans qu'il soit besoin d'insister. Mais Bougainville est sorti de ce cadre de référence aux métropoles et à leurs monarques. Un de ses compagnons, Commerson a d'abord utilisé « Utopie », reprenant ainsi le mot créé par l'humaniste anglais du XVIème siècle, Thomas More. Commerson a cru trouver à Tahiti les descriptions imaginaires de Thomas More vues par un homme du Siècle des Lumières : une vie communautaire qui assure abondance, loisirs et des mœurs qui n'ont pas été dégénérées par un usage abusif de la raison. Mais cette appellation d'« Utopie » est aussi lourde de sens, puisqu'en grec cela signifie un « non lieu ». Tahiti n'existerait donc pas vraiment. Peut-être d'ailleurs les découvreurs ont-ils pensé qu'ils n'étaient plus tout à fait sur la Terre. Toujours en référence à la Grèce, Bougainville, quant à lui, a appelé Tahiti la « Nouvelle Cythère », il est vrai, après avoir quitté le Pacifique[6]. Cythère est l'île qui abrite un temple d'Aphrodite, déesse de la beauté et de l'amour. Bougainville explique ce choix : « la douceur du climat, la beauté des paysages, la fertilité du sol partout arrosé de rivières et de cascades, la pureté de l'air [...] tout inspire la volupté ; aussi l'ai-je nommé la Nouvelle Cythère ». Ses compagnons de voyage donnent des versions plus prosaïques. Le nom aurait été donné parce que les habitants ne semblaient pas avoir de véritable religion. Les *Mémoires secrets* de Bachaumont sont plus directs : « [d'après Bougainville] hommes et femmes se livrent sans pudeur au péché de la chair : à la face du ciel et de la terre, ils se copulent sur la première natte offerte, d'où lui est venu l'idée d'appeler cette île, l'île de Cythère »[7].

Dès 1771, le *Voyage autour du monde* de Bougainville est paru en France, traduit en anglais la même année, avant que ne soient connus les récits de Wallis et de Cook. Du coup, dans l'esprit des contemporains - qui abandonnent vite cette appellation de « Nouvelle Cythère » - Tahiti est devenu synonyme de paradis. Quant aux autochtones, ils se sont vite pénétrés de ce mythe eux

---

6 Voir la thèse de Philippe Bachimon, publiée sous le titre : Tahiti, entre mythes et réalités, Éditions du Comité des Travaux historiques et scientifiques, Paris, 1990, 396 p.
7 Cité dans le mémoire de maîtrise de Réale Couchaux, La vahine : ange ou démon ? UPF/Bordeaux 3, 2003, p. 68.

aussi. Le nom est désormais magique aussi bien pour eux que pour les lointains visiteurs potentiels. Il est difficile d'établir le sens que les autochtones donnaient au nom Tahiti qu'ils avaient eux-mêmes attribué à leur île. Les ouvrages qui prétendent rapporter la tradition donnent des versions différentes. D'après les mémoires de Marau Taaroa, l'île s'appela d'abord Hiti nui lors de sa création par le dieu Taaroa. Ce serait un chef, Tetunae, qui aurait proclamé par « décret royal » que le nom de Hiti nui serait remplacé par Tahiti[8]. Teuira Henry livre d'autres traditions. Tahiti aurait été transplantée, venant de Raiatea, ce qui expliquerait le nom « Ta-hiti » qui signifierait justement « transplanté ». Teuira Henry dit aussi que le nom signifie « se porter au bord », sans doute parce qu'elle est l'île la plus à l'est de l'archipel. Hiti signifie aussi l'Est ou se lever en parlant du soleil. Les Maoris de Nouvelle-Zélande considèreraient que l'expression « Kei-Tawhiti » voudrait dire « au-dessus de tout », « admirable » ou « excellent »[9]. On comprend ainsi la réputation de l'île qui aurait donc précédé l'arrivée des Européens.

Les missionnaires ont eu l'habileté de ne pas débaptiser tous les toponymes. Mais ils n'étaient pas seuls et les colonisateurs n'avaient pas forcément leur respect pour certains aspects de la culture locale. Cependant, les rivalités entre les toponymies européennes ont facilité aussi la résurgence des noms donnés par les autochtones eux-mêmes. Quand les Européens ont fini par comprendre que l'île ne s'appelait pas, en langue *maohi*, Otahiti (écrit parfois Otaïti ou Otaheiti), mais Tahiti (Otahiti signifie « c'est Tahiti » et devrait s'écrire 'O Tahiti), ce dernier nom a triomphé. Seuls les archipels ont gardé des noms européens (à l'exception des Tuamotu, que Bougainville avait d'abord appelés « îles Dangereuses »), car les habitants des îles ne conceptualisaient pas la notion d'archipel[10]. Les missionnaires ont favorisé le développement de la royauté des Pomare. Les textes portent alors mention des noms de royaume de Tahiti et/ou des îles de la Société et dépendances, même si les Pomare ne possédaient pas toutes les îles de l'archipel.

---

8 Mémoires de Marau Taaroa, dernière reine de Tahiti, Publication de la Société des Océanistes, n° 27, Musée de l'Homme, Paris, 1971, p. 51 et 129-130.
9 Teuira Henry, Tahiti aux temps anciens, Publication de la Société des Océanistes, n° 1, Musée de l'Homme, Paris, 1993, p. 75.
10 Bachimon P., op. cit., p. 128 à 136.

Lorsque les Français sont venus s'implanter dans nos îles, il leur a fallu marquer leur empreinte. La concurrence avec les Anglais avait été vive. Nécessairement, le nom de la France devait apparaître, la nature de leur entreprise aussi. Dès 1842, la France annexe les îles Marquises, et institue un protectorat sur les Gambier et sur le royaume de la reine Pomare IV. Cela fait des possessions aux statuts divers. On parle alors de réunir sous l'autorité du gouverneur Bruat les établissements français de l'Océanie et le protectorat des îles de la Société. Le gouverneur Bruat signe ses arrêtés avec son titre : « Gouverneur des Établissements français de l'Océanie ». D'un nom commun, il a fait un nom propre[11]. Pendant une trentaine d'années, les actes officiels sont publiés au *Bulletin officiel des ÉFO et du protectorat des îles de la Société et dépendances*. De 1853 à 1860, les ÉFO incluent d'ailleurs la Nouvelle-Calédonie dont la France vient de prendre possession. Les textes développent le sigle ÉFO tantôt en Établissements français dans l'Océanie, tantôt de l'Océanie. Avec l'arrêté du 14 janvier 1860 qui sépare Nouvelle-Calédonie et ÉFO, ces derniers prennent désormais un sens plus limité géographiquement (les terres françaises en Polynésie orientale) et le nom précis d'Établissements français de l'Océanie. Les annexions successives des autres îles (Australes, îles Sous-le-Vent...) ne changent rien à l'appellation, pas plus que l'annexion de 1880[12].

L'absence de démocratie et la situation démographique catastrophique[13] ont empêché toute réflexion sur le nom à donner à la colonie. Mais il est clair que le seul nom connu dans le monde est celui de Tahiti, donné indistinctement à une seule île et à un nombre indéterminé d'îles.

---

11 Lechat P., Institutions politiques et administratives. Royaume de Tahiti et dépendances ; Établissements français de l'Océanie ; Polynésie française. Textes et documents, 1819–1988, Assemblée territoriale, Papeete–Tahiti, 1989, 522 p. dactylographiées.
12 Il faudrait qu'une fois pour toutes, soit retirée une erreur trop répandue : le nom ÉFO ne date pas de 1880 mais de 1842.
13 A l'arrivée des Européens, l'île de Tahiti avait entre soixante et cent mille habitants d'après les recherches effectuées par les démographes (il y avait un peu plus de 70 000 personnes selon Jean-Louis Rallu, Les populations océaniennes aux XIXe et XXe siècles, INED et PUF, 1990, p. 221 et 222). Mais, s'appuyant sur le récit de Cook, une majeure partie des Tahitiens est persuadée que la population dépassait deux cent mille habitants. Vers 1848, il ne reste plus que huit mille habitants à Tahiti même et moins de six mille en 1881. La récupération démographique ne commence réellement qu'après la Première Guerre mondiale.

Quand les Établissements français de l'Océanie sont devenus un territoire d'outre-mer (1946), ils ont aussi accédé à une première forme d'autonomie, très étroite en réalité[14]. Mais l'assemblée représentative du Territoire (1946-1952), l'ancêtre de l'assemblée territoriale, peut émettre des voeux (mais seulement des vœux, la concrétisation dépendant du pouvoir législatif à Paris) sur « toutes questions d'administration générale » (article 41 du décret du 31 août 1945). Les conseillers ont vite estimé que l'appellation ÉFO méritait d'être modifiée. Le mot « établissements » rappelait trop la colonisation, ressemblait aux fameux « Établissements français de l'Inde »[15]. D'« Établissements » à « comptoirs », il n'y a pas loin... C'est donc une question de dignité.

Certes, un conseiller de l'Assemblée de l'Union française (AUF) a pu faire valoir que le mot n'avait en soi rien de péjoratif et encore moins de colonialiste, puisqu'en bon français il signifie « le pied que prennent en une contrée une nation, un prince, un gouvernement ». Le terme aurait parfaitement correspondu « à la forme d'entreprise que conçut la Monarchie de Juillet dans les mers du Sud ». Selon l'orateur, le mot aurait même figuré « honorablement dans l'Histoire ». Mais l'orateur admet que « les établissements » cela a vieilli et que « les peuples ont acquis (grâce à la France) une plus grande conscience de leur personnalité ». Le vocable doit alors être abandonné[16].

Au cours de la session budgétaire de 1951, sous la présidence de Jean Millaud[17], l'assemblée représentative examine la possibilité de

---

14 Voir notre article, «Les Établissements français de l'Océanie après guerre : il y a cinquante ans, la colonie devient un territoire d'outre-mer«, Bulletin de la Société des Études océaniennes, Papeete, n° 269, 1996.
15 Voir l'intervention du député Maurice Lenormand - Débats parlementaires - Assemblée nationale, 2ème séance du 4 avril 1957, p. 2071.
16 Voir l'intervention de Georges Oudard (RPF), AUF, séance du 24 avril 1956, p. 391-392.
17 Jean Millaud (1906-1991), propriétaire foncier, éleveur est membre de l'assemblée représentative dont il devient président en 1949. Contraint à la démission en octobre 1951 après avoir attaqué l'autorité du gouverneur. S'oppose à Pouvanaa. N'est pas réélu. Revient à une vie politique active en 1965 en créant le E'a Api avec Francis Sanford. A toujours défendu l'idée que le Territoire devait disposer d'une large autonomie.

changer le nom des ÉFO. Le sénateur Lassalle-Séré[18] (qui n'est pas conseiller de l'assemblée locale) a proposé l'appellation « Océanie française ». Mais Alexis Bernast[19] soumet à l'assemblée celle de « Polynésie française ». Elle le serait donc par un métropolitain, installé à Tahiti, qui a été condamné pour activités pro-vichystes. Il semblerait que ce soit la première fois que l'expression ait été envisagée comme dénomination administrative. Jusque-là, l'expression existe, mais n'est employée qu'en littérature ou dans les journaux occidentaux[20] ou par des géographes.

Un vote départage les appellations concurrentes : sept voix pour « Polynésie française » et cinq voix pour « Océanie française » (douze conseillers sur vingt étaient présents à l'assemblée représentative)[21]. Le gouverneur appuie cette demande[22]. Si cela n'a pas de suite concrète, le débat se poursuit. Dans son premier numéro du 20 décembre 1952, le bulletin du RPF, *Te Ara O Oteania*, rappelle le projet. Le 18 janvier 1953, l'assemblée représentative fait place à l'assemblée territoriale et le RDPT[23] emporte dix-huit des vingt-cinq sièges. Sans tarder, le 30 mars 1953, le président de l'assemblée, Jean-Baptiste Céran-Jérusalémy[24], demande le changement de nom

---

18 Robert Lassalle-Séré (1898-1958), docteur en droit, inspecteur général des colonies depuis 1930, a été sénateur des ÉFO de 1949 à 1952.

19 Alexis Bernast est né à Roubaix en 1895. Ingénieur, il vient dans le Pacifique pour tenter de créer des plantations de coton. Expulsé de Wallis pour activités pro-vichystes (voir le chapitre sur Wallis pendant la guerre), arrive à Tahiti en 1942. Après guerre, donne une impulsion décisive au syndicalisme, au sein de la CGT en particulier. Conseiller territorial de 1949 à 1952. Retourne ensuite à Wallis (mai 1961) où il milite syndicalement et se fait élire conseiller territorial en 1962. Il décède en 1978.

20 Voir les reportages publiés dans Le Monde (octobre 1949) par A. T'Serstevens.

21 Procès-verbal de l'assemblée représentative (PV de l'AR), session budgétaire de 1951, p. 69.

22 Archives de la Polynésie française, 10 janvier 1952, 48 W 1449. Dans le même dossier, on trouve une note à l'attention du chef de cabinet du gouverneur considérant que dans les pays anglo-saxons, les ÉFO sont connus sous le nom de French Oceania. L'auteur de la note considère qu'il serait donc bon d'utiliser « Océanie française » et de ne pas s'encombrer de considérations ethnologiques (mot Polynésie). Quelqu'un a écrit sur la note : « cette remarque est pertinente, mais il y a un vœu de l'assemblée [...] et les Anglo-Saxons continueront à dire French Oceania » (9 janvier 1951).

23 Le Rassemblement démocratique des populations tahitiennes a été créé en 1949, après l'élection de Pouvanaa a Oopa à la députation. On peut le qualifier de parti nationaliste. Voir notre ouvrage (épuisé) : Te Metua. L'échec d'un nationalisme tahitien, 1940-1964, Editions Polymages, Papeete, 1996.

24 Jean-Baptiste Céran-Jérusalémy est né en 1921, à Tahiti. D'abord ouvrier imprimeur avant d'entamer une carrière politique et syndicale. Un des fondateurs du RDPT en 1949 et son

du Territoire et propose tout simplement « Tahiti ». Il conclut une intervention haute en couleurs par des formules dont il a le secret :

> « Établissements, c'est colonialiste et révolu. Polynésie française, c'est pédant, incomplet et inutilement soupçonneux... Vive Tahiti[25]. »

L'assemblée approuve par vingt-trois voix sur vingt-quatre. Un conseiller, Albert Leboucher, aurait préféré « Tahiti et dépendances ». Le gouverneur se range aussi à cet avis. Mais cette appellation rappelle l'ancien royaume des Pomare auquel les Français avaient donné ce nom lors du Protectorat. Le mot « dépendances » ne peut que déplaire aux habitants des autres îles du Territoire.

La Constitution de 1946 prévoit que le projet de changement de nom doit être soumis d'abord à l'Assemblée de l'Union française (ou AUF) qui le transmet éventuellement à l'Assemblée nationale, seule juge en définitive. Cette AUF est une assemblée peu connue qui a été prévue par la Constitution de 1946. Elle était composée par moitié de membres désignés par l'Assemblée nationale et le Conseil de la République (le Sénat) et par moitié de membres désignés par les assemblées des départements et territoires d'outre-mer. Elle doit être consultée sur les projets relatifs à l'outre-mer ou sur les résolutions présentées par ses membres. Son avis est simplement consultatif. Elle s'est réunie de 1947 à 1958. Les débats y ont été passionnants, mais son rôle a été finalement marginal. Nous évoquerons néanmoins les discussions qui s'y sont déroulées car elles apportent un éclairage intéressant sur notre sujet et aussi sur les mentalités à l'égard des ex-colonies.

C'est ainsi qu'avant même le vote de l'assemblée territoriale, l'AUF est saisie par l'Assemblée nationale d'une proposition de loi sur un éventuel changement de nom des ÉFO au profit de « Polynésie française ». Une commission s'est réunie pour en discuter et le

---

véritable organisateur, jusqu'à ce qu'il entre en conflit avec Pouvanaa a Oopa en 1958. Exclu du RDPT. A été à deux reprises président de l'assemblée territoriale. Conseiller à l'Assemblée de l'Union française de 1953 à 1958.
25 PV de l'AR, séance du 30 mars 1953, p. 280 à 284.

rapporteur, Jacques Roulleaux-Dugage, s'appuyant sur les travaux d'un de ses collègues de l'AUF, le célèbre historien Charles-André Julien[26], expose que le terme Polynésie ne correspond à rien, « ni ethnologiquement, ni géographiquement ». Le mot Tahiti a la faveur du rapporteur, d'autant plus que le représentant des ÉFO, Michel Coulon[27], a expliqué que les habitants des ÉFO, à quelque archipel qu'ils appartiennent, si on les interroge sur leur provenance, répondent tous « de Tahiti ». Cependant, l'AUF préfère le *statu quo*[28]. Pourtant, plusieurs membres de l'AUF soutiennent la proposition « Tahiti », d'autant qu'est parvenu le vœu de l'assemblée de Papeete. Le groupe Paysans (groupe parlementaire dirigé par Paul Antier, grand ami de Pouvanaa a Oopa) par la voix du conseiller Gallimand a proposé le nom de Tahiti. La députée communiste mademoiselle Lafon en fait de même et rappelle le préambule de la Constitution qui promet la libre administration des peuples, promesse que la France bafoue :

> « La population [de Tahiti] a sa langue propre, ses coutumes et une ardente volonté de liberté. Cette volonté de liberté et d'indépendance y est telle que les autorités administratives ont dû accepter que le drapeau tahitien flotte à côté du drapeau français sur les goélettes, comme à l'occasion des diverses manifestations qui se déroulent dans cette île. »

La députée admet que le changement de nom ne suffira pas à effacer le colonialisme, mais adopter Tahiti serait respecter le droit

---

26 Charles-André Julien (1891-1991) a été un historien de la colonisation. Son œuvre peut être considérée comme engagée. Adhérent au Parti Communiste au lendemain du congrès de Tours, il en est éliminé dès 1923 pour avoir voulu défendre l'esprit critique. Parmi ses nombreux ouvrages, citons Histoire de l'Afrique du Nord, Paris, Payot, 1931, œuvre qui fait considérer C-A. Julien comme un précurseur d'une histoire décolonisée.

27 Michel Coulon (1892-1980). Né dans l'Indre. Arrive à Tahiti en 1920. Installé à Raiatea, il gère un domaine agricole. Conseiller à l'assemblée représentative (1946-1952) et délégué à l'AUF jusqu'en 1953.

28 Néanmoins, le débat est intéressant : les assemblées doivent-elles se respecter l'une l'autre ou doivent-elles avoir une haute idée de leurs responsabilités et chercher à avoir leur idée propre sur chaque sujet ? Le conseiller Bichon (représentant de la Nouvelle-Calédonie) a fait remarquer que 20 000 km séparaient les assemblées et qu'à Paris on ne pouvait guère comprendre les motivations des habitants de ces terres lointaines. La sagesse aurait consisté, selon lui, à s'en tenir au vœu du Territoire concerné. Un conseiller lui réplique que l'Assemblée de l'Union française ne peut pas adhérer systématiquement aux propositions des assemblées locales de l'outre-mer.

du peuple à disposer librement de lui-même. Cependant, les conseillers préfèrent la prudence. Beaucoup sont méfiants, tel le conseiller Coquart pour lequel il serait gênant d'adopter une appellation supprimant la référence à la France, « d'autant qu'il semble exister là-bas de vagues courants nationalistes qui pourraient, peut-être trouver on ne sait quel stimulant dans l'abrogation officielle d'un tel terme ». En fait, l'AUF se range à l'argument consistant à dire que l'assemblée territoriale n'a pas été suffisamment claire sur la proposition de changement de nom et qu'elle a compliqué les choses en réclamant en même temps un nouveau statut de département[29]. Toutefois, l'AUF ne ferme pas la porte à une nouvelle discussion[30].

A l'assemblée territoriale des ÉFO, une nouvelle majorité s'est formée en octobre 1953, après une scission au sein du RDPT, et cette nouvelle majorité est beaucoup moins nationaliste que la précédente. Le 27 novembre 1953, l'assemblée confie à un « comité de toponymie », le soin de proposer une appellation[31]. Alfred Poroi[32] présente les conclusions du comité, le 15 décembre. Trois possibilités sont offertes : « Tahiti et archipels », « Polynésie française », « Océanie française ». Par six voix contre une, le comité a retenu la troisième appellation qui « signifie bien ce qu'elle veut dire et peut rester inchangée, quelles que soient les conjonctures politiques ou autres »[33]. Alfred Poroi précise encore que si l'appellation de « Polynésie française » n'a pas été retenue, c'est parce que d'autres îles françaises sont habitées par des Polynésiens, comme Wallis et Futuna qui ne dépendent pas du Territoire.
Le 19 décembre 1953, l'assemblée territoriale débat à nouveau du sujet. Elle prend connaissance d'une lettre du secrétaire général

---

29 Il est inexact que la proposition de l'assemblée territoriale ait été floue, mais vrai qu'il y a eu une demande de départementalisation. Voir Te Metua..., op. cit., p. 123-125.
30 Sur l'ensemble de la discussion à l'AUF, voir PV de la séance du 24 mars 1953. Les archives de l'AUF sont gérées par les archives de l'Assemblée nationale, boulevard Saint-Germain, à Paris.
31 Procès-verbal de l'assemblée territoriale (PV de l'AT), séance du 27 novembre 1953, p.36 à 39.
32 Alfred Poroi (1906-1994), homme d'affaires. Maire de Papeete de 1942 à 1966. Conseiller territorial de 1946 à 1967. Sénateur gaulliste de 1962 à 1971.
33 Procès verbal de l'assemblée territoriale, séance du 15 décembre 1953, p. 413.

adjoint de l'UDSR[34], Maître Hoppenstedt[35], qui souhaite conserver le nom en vigueur :

> « Depuis plus d'un siècle et demi, écrit-il, notre Territoire est connu sous le nom d'Établissements français de l'Océanie, tous les livres de géographie, tous les manuels scolaires en font mention ; quelles peuvent être les raisons susceptibles aujourd'hui de militer en faveur d'un changement de nom ?
> »

A ceux qui souhaitent l'appellation « Océanie française », il rétorque que cela comprendrait alors la Nouvelle-Calédonie. Il insiste sur l'absurdité qu'il y aurait, selon lui, à changer un nom prestigieux :

> « Pourquoi modifier le nom d'un Territoire, alors que celui-ci a connu la gloire sur les champs de bataille des guerres 1914-1918, 1939-1945, et est ainsi passé à la postérité? »

Maître Hoppenstedt, bien qu'appartenant à l'UDSR, se fait le héraut du capitalisme et ne renie pas le colonialisme, s'il profite aux élites locales. Les mots « établissements » et « français » ne peuvent que lui convenir. On comprend pourquoi l'assemblée passe outre. Par un premier vote, elle se prononce pour un changement de nom (seize voix contre huit) et par un second, adopte l'appellation « Tahiti, Océanie française » (dix-huit voix contre six)[36].

Jean-Baptiste Céran-Jérusalémy revient à la charge en 1955 et dépose à l'Assemblée de l'Union française dont il est aussi conseiller, une nouvelle proposition, approuvée par l'assemblée territoriale (la majorité vient encore de changer). Jean-Baptiste Céran-Jérusalémy a expliqué que le nom de Tahiti, pour l'ensemble du Territoire, se

---

34 Les partisans de la présence française à Tahiti n'arrivent pas à s'unir. On les trouve dans deux formations rivales, l'une rattachée au RPF et l'autre à l'UDSR de François Mitterrand. Ces rattachements sont de pure forme. Voir à ce sujet, la thèse d'Eric Duhamel, L'UDSR, Paris IV, 1993, 1 049 p.

35 Henri Hoppenstedt (1895-1964) est né à Papeete d'une famille d'origine allemande. Avocat depuis 1924. Avant la guerre, premier adjoint au maire de Papeete, vice-président de la chambre d'agriculture. Dirige l'UDSR et se présente sans succès aux législatives contre Pouvanaa, en 1951.

36 PV de l'AT, séance du 19 décembre 1953, p. 510.

justifie fort bien. Tahiti c'est 50 % de la population, 25 % de la surface du Territoire. C'est la même situation qu'à Hawaii. Ecarter la solution « Polynésie française » n'est pas, affirme-t-il, « une manœuvre anti-française »[37].

Mais à l'Assemblée de l'Union française, le conseiller RPF Georges Oudard, rapporteur de la commission de politique générale, démonte tous les arguments de Jean-Baptiste Céran-Jérusalémy[38]. Pour le rapporteur, le fait qu'un Marquisien dise qu'il relève de Tahiti, qui est le siège du gouvernement, ne signifie pas qu'il «souhaite être métamorphosé en Tahitien ». Quand bien même l'île de Tahiti serait cent fois plus grande, en raison de l'extrême éloignement des îles entre elles, donner à toutes le nom de Tahiti «serait une hérésie géographique si évidente qu'elle ne vaut pas d'être discutée ». Il serait faux, poursuit le rapporteur, de croire que dans le monde, le nom de Tahiti est donné d'emblée à toutes les îles des ÉFO. S'il y a des amoureux de Tahiti, suite au récit de Bougainville, ceux-ci seraient généralement bien incapables de citer les différents archipels des ÉFO. On ne donne donc pas un nom à des espaces géographiques que l'on ne connaît pas. La similitude avec Hawaï est rejetée sous le prétexte qu'il n'y a aucune similitude entre les deux cas. La raison réside essentiellement dans le fait qu'au moment où les États-Unis annexèrent l'archipel, il avait été unifié au début du XIXème siècle par le roi Kamehameha 1er et était déjà dénommé dans son ensemble « Hawaï ». Pour conclure, le rapporteur suggère que l'AUF adopte la dénomination « Polynésie orientale française ».

Quelques jours plus tard, le 24 avril 1956, en séance plénière, l'AUF examine la question. Le rapporteur de la commission des affaires culturelles n'est pas convaincu de la nécessité d'utiliser l'adjectif «orientale », puisque selon lui, il n'existe ni Polynésie occidentale, ni Polynésie septentrionale[39]. Il propose donc « Polynésie française » et

---

37 PV de l'AT, séance du 23 novembre 1955 et annexe 15 des documents de l'AUF pour l'année 1956.
38 Annexe 218 des documents de l'AUF de 1956, séance du 19 avril 1956.
39 A cette assertion, Georges Oudard réplique que l'appellation « Polynésie orientale » figure dans de nombreux documents d'archives. Quant à Charles-André Julien, avec humour, il

obtient l'approbation de Charles-André Julien. Georges Oudard signale à l'AUF que trois télégrammes ont été reçus de Papeete, demandant chacun l'adoption d'une appellation différente, et que cette inconstance des élus polynésiens justifiait que l'AUF ne tînt compte que de ses propres analyses. Un membre de l'AUF suscita quelques mouvements dans la salle quand il confia qu'il fut envisagé d'utiliser des noms comme « Polyno-Mélanésie » ou « Mélano-Polynésie ». Charles-André Julien craint que l'appellation Tahiti (tout court) ne sème une confusion dans les esprits. Il note que «Tahiti et dépendances » comme certains le voudraient introduirait des « hiérarchies dangereuses ». Le conseiller Héline, du groupe des gauches républicaines explique qu'il choisit « Polynésie française » parce que si l'on ajoutait «orientale » entre les deux, seuls les deux premiers mots finiraient par être utilisés et l'adjectif « française » disparaîtrait, ce qui serait préjudiciable à son sens. Quant à Jacques Chastenet, du groupe des républicains indépendants, il trouve que *Polynésie française* « a l'avantage d'être court, de bien sonner à l'oreille ». Jacques Rogué, élu du Tchad, aurait aimé suivre le vœu de l'assemblée territoriale des ÉFO mais, comme pèse le soupçon «de vouloir marquer [en supprimant l'adjectif français] un sentiment d'indifférence à l'égard de la mère-patrie », il ne peut pas être question « de prendre en considération toute autre proposition où ne figurerait pas le mot *français* ». Finalement, Georges Oudard se rallie à la proposition «Polynésie française » qui est adoptée par l'assemblée, alors que le groupe communiste soutient quant à lui le nom seul de Tahiti.

Le débat a été long et a semblé passionner l'auditoire. Jacques Foccart a éprouvé le besoin de consacrer un article sur ce thème dans sa lettre hebdomadaire à l'Union française. Il y précise que le mot Polynésie répond admirablement au « caractère essentiel et original de ces territoires : leur insularité, ou plutôt leur *pluri-insularité* »[40].

Cependant, le débat reste ouvert car l'Assemblée nationale ne s'est pas encore déterminée. Le député Pouvanaa a Oopa a déposé une

---

demande si un de ses collègues pourrait citer une seule île appartenant à la Polynésie occidentale.
40 Lettre à l'Union française, n° 331, 26 avril 1956, archives de l'Institut Charles de Gaulle.

proposition de loi relative à la composition de l'assemblée territoriale des ÉFO et en même temps réitère la demande d'un changement de nom en « Tahiti ». Il a voulu profiter des perspectives offertes par la loi-cadre de Gaston Defferre[41] qui n'a pas encore été appliquée en Océanie. Sa proposition, transmise à l'AUF pour examen suscite des protestations au cours de la séance du 16 octobre 1956. En effet, la formulation de celle-ci est peu conforme au droit, puisqu'il écrit : « proposition relative à la formation et à la composition de l'assemblée territoriale de **Tahiti** (en gras dans le texte), *actuellement dénommé Établissements français de l'Océanie* (en italique dans le texte) ». Le président de la commission de politique générale rappelle à l'ordre le député qui n'a pas respecté l'appellation encore officielle et l'assemblée refuse de prendre en considération l'ensemble de la proposition de loi.

La nouvelle franchit les océans et le 25 octobre 1956, à Papeete, les conseillers protestent unanimement et envoient une lettre à plusieurs personnalités, dont le Président de la République :

> « [...] l'assemblée de l'Union française, pour des considérations soi-disant d'ordre géographique, s'est prononcée pour l'appellation « Polynésie française ». Cet avis de l'assemblée de l'Union française ne nous satisfait pas. Des géographes adopteront vraisemblablement l'appellation « Polynésie française ». Quant à nous, représentants élus des dits Établissements français d'Océanie, en accord avec nos parlementaires, nous demandons avec insistance que « TAHITI » soit la seule dénomination du Territoire. TAHITI, dont la renommée a conquis le monde, rassemble sur son sol les différents aspects des îles qui la couronnent. Elle en est la synthèse[42]. »

Certes, quelques jours plus tard, Alfred Poroi rompt cette unanimité en déclarant :

---

41 La loi-cadre de Gaston Defferre tente de réaliser les promesses de la Constitution de 1946 en proposant une sorte d'autonomie interne aux TOM.
42 PV de l'AT, séance du 25 octobre 1956, p. 296.

> « Etant donné qu'à une très forte majorité, l'Assemblée de l'Union française a adopté l'appellation « Polynésie française » , je pense donc que l'assemblée territoriale, par déférence, devrait suivre cette décision de l'Assemblée de l'Union française[43]. »

Maintenant qu'il appartient à la minorité et qu'il redoute les sentiments hostiles à la France du RDPT, Alfred Poroi éprouve le besoin de renforcer les liens avec la métropole, par le biais du respect des assemblées de la République. Il y a toujours, à Tahiti, un jeu subtil, qui fait abandonner, puis reprendre des propositions, selon la conjoncture politique. Naturellement, les autres conseillers ne l'entendent pas ainsi. Depuis le 23 juin 1956, la loi-cadre (ou loi Defferre) laisse entendre que les pouvoirs des élus locaux seront étendus, d'où cette réplique à l'adresse d'Alfred Poroi :

> « À l'heure où le Gouvernement de la République, en vertu des dispositions de la loi–cadre, étend les attributions des assemblées territoriales, il est juste que notre avis en cette matière soit pris en considération et prévale sur celui de l'Assemblée de l'Union française. »

Il est vrai que les temps changent et que l'Assemblée nationale doit concrétiser la nouvelle politique du gouvernement de gauche qui a gagné les élections de janvier 1956.

Les choses sérieuses s'engagent à l'Assemblée nationale à propos de la nouvelle loi électorale (conséquence logique de la loi-cadre) à appliquer pour l'élection des conseillers territoriaux. Curieusement, c'est la rédaction du premier article de cette loi qui suscite de vives passions, puisque doit y figurer le nouveau nom du Territoire. Le président de la commission des TOM fait le point sur les diverses possibilités. On pourrait écarter la simple appellation de Tahiti afin de ne pas « pénaliser » les autres îles. Mais le président de l'assemblée territoriale, Walter Grand[44], a écrit en insistant pour que

---

43 PV de l'AT, séance du 30 octobre 1956.
44 Walter Grand (1917-1983) a été adjudant au Bataillon du Pacifique, croix de guerre et médaille militaire. Dirigeant du RPF. Conseiller à l'AT de 1953 à 1957. Président de l'AT de 1955 à 1957. Ministre de l'Éducation dans le gouvernement de Pouvanaa (fin 1957-oct. 1958).

le nom prestigieux de « Tahiti » , « universellement connu » soit utilisé comme argument de vente. Le tourisme, en effet, est appelé à se développer lorsque l'aérodrome de Faaa sera terminé[45]. Le député de Nouvelle-Calédonie, Maurice Lenormand[46], qui parle souvent au nom de Pouvanaa a Oopa, défend le terme « Tahiti » uniquement pour plaire à son collègue, mais laisse entendre que « Polynésie française » pourrait parfaitement convenir. Son intervention a été décisive. Les points de vue se rapprochent sur cette dernière appellation et le ministre de la France d'outre-mer, Gérard Jacquet, emporte la décision après avoir énoncé deux « arguments chocs » :

- dans ces îles très éloignées de Paris, soumises à des « influences étrangères de toutes sortes » , ne pas laisser subsister le nom de la France serait une erreur grave,

- ne garder que « Tahiti » indisposerait les populations des autres îles.

Seuls, quinze députés votent contre cette appellation, dont Pouvanaa a Oopa, Maurice Lenormand (qui après avoir contribué à cette appellation vote contre par solidarité avec Pouvanaa) et Paul Antier (l'ami de Pouvanaa). Le groupe communiste s'abstient[47].

La même scène se reproduit au Conseil de la République en l'absence du sénateur RDPT Jean Florisson[48]. Un sénateur fait remarquer :

---

45 Débats parlementaires - Assemblée nationale - 2ème séance du 4 avril 1957, p. 2069. C'est quelques semaines auparavant qu'a été prise la décision de créer cet aéroport international, ouvert en 1960.

46 Maurice Lenormand est né en 1913 à Macon. Il effectue son service militaire en Nouvelle-Calédonie, puis travaille comme chimiste dans le nickel. Participe à la campagne de 1940. Fin 1940, rentre à Paris faire des études de pharmacie. S'installe pharmacien à Nouméa en 1946. Appuyé par les missions protestantes et catholiques, il est élu député en 1951. Fonde un parti, l'Union calédonienne, dont le slogan est «deux couleurs, un seul peuple«. Réélu député en 1956 et 1959. En application de la loi-cadre, devient vice-président du conseil de gouvernement. En 1962, il est déchu de son mandat de député. Son histoire rappelle étrangement celle de Pouvanaa. Son parti finit par prôner l'indépendance en 1975. L'Union calédonienne existe toujours au sein du FLNKS. Il est décédé en septembre 2006.

47 Débats parlementaires - Assemblée nationale - 2ème séance du 4 avril 1957, p. 2 071-2 072.

48 Jean Florisson est né en 1901 dans les Landes. Docteur en médecine. Venu dans les ÉFO comme médecin engagé par la Compagnie des phosphates de Makatea. S'installe à Tahiti. Arrêté et incarcéré pour activités pro-vichystes. Conseiller territorial de 1957 à 1962. Sénateur des ÉFO de 1953 à 1958. Exclu du RDPT en 1961. Rentre ensuite en métropole. Décédé en 1996.

> « à l'Assemblée nationale on n'a tenu aucun compte des désirs exprimés par M. Pouvanaa. Nous en faisons autant [...] Nous ne tenons aucun compte des désirs exprimés par notre collègue Florisson[49]. »

Marius Moutet (ancien ministre des colonies sous le Front Populaire), rapporteur de la commission de la FOM au Conseil de la République, a aussi regretté qu'on ne tienne pas compte de l'avis des élus du Territoire :

> « Pouvanaa a Oopa aurait voulu que la dénomination de « Tahiti » remplaçât celle des ÉFO. Il invoquait que Tahiti est universellement connu et que ce seul mot est une propagande gratuite pour le lancement d'un mouvement touristique dans lequel le pays voit sa seule ressource nouvelle possible[50]. »

La loi-cadre s'applique finalement à Tahiti en vertu du décret du 22 juillet 1957 et mentionne encore le nom ÉFO. Quelques jours plus tard, la loi relative à la composition et à l'élection de l'assemblée territoriale, la loi n° 57-836 du 26 juillet 1957 – dite loi Hénault - donne aux ÉFO le nom de « Polynésie française » . Cette appellation est arrivée par le biais d'un article de loi qui évoque simplement «l'assemblée de la Polynésie française ». Il n'a donc jamais été déclaré solennellement : « désormais, les ÉFO s'appellent la Polynésie française »[51].

La nouvelle assemblée territoriale, élue le 3 novembre 1957, proteste à nouveau. Elle critique l'appellation « Polynésie française » car elle ne recoupe pas la réalité : d'autres îles françaises habitées par des populations polynésiennes sont rattachées à d'autres territoires. Est-il nécessaire d'adjoindre l'adjectif « français » ? On ne le trouve pas accolé au nom « Nouvelle-Calédonie » par exemple. L'assemblée renouvelle le voeu de prendre le nom de Tahiti pour le Territoire.

---

49 Débats parlementaires - Conseil de la République, 1ère séance du 18 juillet 1957, p. 1 580. (intervention du sénateur Fousson).
50 Débats parlementaires, Conseil de la République, 1ère séance du 18 juillet 1953, p. 1 579.
51 L'article 1 est ainsi rédigé : « L'assemblée territoriale du territoire de la Polynésie française, dénommée précédemment Établissements français de l'Océanie, est composée de trente membres... ».

Un conseiller des Australes, Matani Mooroa, souhaite « Tahiti-Océanie française », ce qui serait une façon de ne pas oublier les îles éloignées.

Rudy Bambridge[52], partisan de la formule « Tahiti-Polynésie française » se rallie néanmoins à la proposition de son collègue Mooroa. L'unanimité se rétablit alors sur cette transaction. La discussion ne s'arrête pourtant pas et quelques remarques savoureuses sont encore faites. Gérald Coppenrath[53] craint que, par facilité, on en vienne à abandonner la deuxième partie, « Océanie française ». Cet ardent partisan de la présence française a donc peur que l'usage soit plus fort que la volonté de transaction de l'assemblée. Rudy Bambridge intervient encore pour dire qu'entre Tahiti et Océanie française, il n'y a pas un tiret, « mais un trait d'union », symbolisant par là la volonté de la minorité de rester attachée indéfectiblement à la France[54]. A l'unanimité, l'assemblée décide l'envoi d'un télégramme au ministre de la FOM. Ce télégramme est expédié le 31 décembre[55]. Pendant quelques mois, les procès-verbaux de l'assemblée territoriale sont établis avec l'appellation : Tahiti-Océanie française.

Mais l'année 1958 est chargée de graves événements. Le référendum du 28 septembre 1958 ancre le Territoire à la France. Pouvanaa est arrêté peu après, jugé et exilé sous le prétexte qu'il aurait ordonné à ses partisans de brûler la ville de Papeete. Fin 1958, le statut issu de la loi-cadre est vidé de son contenu[56]. En 1962, le général de Gaulle décide de transférer le centre d'essais atomiques dans les Tuamotu.

---

52 Rudy Bambridge (1926-1982), avocat, s'engage en politique contre le RDPT. Conseiller territorial de 1957 à 1969. Membre du Conseil économique et social. Contribue à l'union des adversaires de Pouvanaa et devient président de l'UTD en 1958, puis de l'UT-UNR. Se retire progressivement de la vie politique au début des années 1970 pour laisser la direction de son parti à Gaston Flosse.
53 Gérald Coppenrath est né en 1922 à Papeete. Participe à la Résistance. Avocat à Papeete de 1948 à 1987. Conseiller territorial de 1957 à 1967. Sénateur de la PF de 1958 à 1962, inscrit au groupe UNR.
54 Procès-verbal de l'assemblée territoriale, 24 décembre 1957.
55 Voir le texte complet du télégramme in Encyclopédie de la Polynésie, vol. 7, Papeete, 1986, p. 49.
56 L'ordonnance du 28 décembre 1958 supprime les ministres et la vice-présidence du conseil de gouvernement. Le gouverneur redevient l'homme fort du Territoire.

Le RDPT, qui conteste cette décision et semble vouloir relancer le débat sur l'indépendance, est dissous le 5 novembre 1963. L'étau s'est resserré sur les territoires français du Pacifique[57]. Pour longtemps, changer le nom du Territoire n'est plus d'actualité.

Avant d'aller plus loin, il y a lieu de s'interroger sur l'appellation utilisée par Pouvanaa. Nous avons vu qu'il a réclamé « Tahiti » tout court. Pourtant, une photo (*Encyclopédie de la Polynésie*, vol. 7, p. 52) pose problème. Au cours de la campagne référendaire de 1958, le député fait campagne pour le « NON ». Sur la photo, on le voit assis avec devant lui une banderole légèrement repliée. Sur la ligne supérieure apparaissent les lettres « TAHITI NU », laissant supposer que le « I » caché par le pli manque pour faire NUI. Le *Metua* utilisait-il « Tahiti nui » ? John Martin qui traduisait ses allocutions à la radio témoigne que jamais il n'a entendu Pouvanaa utiliser l'expression, très peu usitée à l'époque sauf, parfois, pour désigner la partie de l'île la plus importante[58]. La photo traduirait-elle une idée profonde de Pouvanaa, un objectif pour le pays indépendant si le NON l'emportait ? Ne serait-elle qu'un épiphénomène ou une astuce de langage du *Metua* dans une période de grande confusion ? L'interprétation exacte ne nous paraît pas aisée.

L'expression Tahiti Nui aurait été utilisée par Alec Ata, alors directeur de l'Office du tourisme, au milieu des années soixante-dix, estimant que c'était ce qu'il y avait de plus efficace pour attirer les touristes. Le succès ne fut pas au rendez-vous[59].

---

57 En Nouvelle-Calédonie, à la même époque, le gouvernement français vide aussi le statut de son contenu. Voir notre ouvrage : Te Metua... op cit. Le témoignage de Jacques Foccart est intéressant à ce sujet. Il écrit :
«Dans les territoires du Pacifique, de Gaulle tenait à ce que toutes les dispositions fussent prises pour que nous restions très longtemps. Il était soucieux de tenir les étrangers à l'écart des installations nucléaires de Polynésie et des gisements de nickel de Nouvelle-Calédonie«.
         (Foccart parle, Entretiens avec Philippe Gaillard, Fayard/Jeune Afrique, 1995, p. 255)
58 Tel n'était pas l'avis de Maco Tevane, qui fut président de l'Académie tahitienne, pour lequel l'expression existait déjà avant l'arrivée des Européens et désignait Tahiti et les dépendances appartenant aux chefs tahitiens (cité par Sémir Al Wardi, Les Nouvelles de Tahiti, 8 juin 2006).
59 Les Nouvelles de Tahiti, 27 juillet 2005.

Lorsque l'État desserra l'étau institutionnel en 1977, il ne semble pas que le problème de l'appellation ait été publiquement soulevé, du moins les archives consultées ne révèlent-elles rien. Cependant, le statut d'autonomie interne de 1984, prévoyant que le statut est évolutif, autorisait bien des changements et des espoirs. Le Territoire avait droit à un drapeau, un sceau et un hymne, pourquoi pas à un nouveau nom ? Du coup, le débat sur la dénomination du Territoire fut relancé. Il y eut même de curieuses querelles grammaticales. Un article du *Toere* rappelle que lors de la discussion du statut de 1996, qui donna davantage dans le symbolique que dans un accroissement des compétences locales, des « officiels » du Territoire auraient tenté d'imposer l'écriture « Polynésie Française ». Pour le *Toere*, cela signifiait qu'avec la majuscule l'adjectif devenait un nom propre et cela hissait la Polynésie au rang des États souverains. Ainsi, sous couvert d'autonomie, les amis de Gaston Flosse et lui-même préparaient eux aussi l'indépendance, laisse entendre l'hebdomadaire du *Tavini*[60]. « Des échanges grammatico-diplomatiques ont eu lieu et rétabli le bon usage », précise l'hebdomadaire. Quoi qu'il en soit, l'appellation du Territoire révèle une hyper-sensibilité des esprits.

Si une quasi-unanimité se dégagea rapidement pour faire disparaître le nom de la France, on pouvait distinguer deux types de propositions : celles qui ne reniaient pas le nom de Tahiti et celles qui préféraient d'autres voies.

Dans le premier groupe se situa la démarche de Gaston Flosse qui proposa l'appellation de « *Tahiti Nui* ». L'idée semblait reprendre le projet de Pouvanaa a Oopa, mais pour ne pas contrarier les habitants des autres îles, on ajouta « *Nui* », ce qui signifie alors « le Grand Tahiti ». Cependant, il y a là une ambiguïté. L'île même de Tahiti est constituée de deux ensembles (deux anciens volcans plus ou moins circulaires rattachés par l'isthme de Taravao). Le plus petit s'appelle Tahiti Iti et le plus grand, Tahiti Nui (comme nous l'avons déjà signalé). Ainsi, le nom d'une partie de l'île pourrait devenir celui de tout le Territoire. Selon Alec Ata, il y a aussi une dimension

---

60 Toere, semaine du 26 juin au 2 juillet 2003, p. 8.

à retenir, celle des relations régionales du Pacifique. Il y a de nombreux États ou Territoires polynésiens et ceux-ci n'auraient pas apprécié que le mot Polynésie figurât dans le nom d'un seul Territoire, laissant entendre qu'il n'existait pas de Polynésiens par ailleurs.

Gaston Flosse tenta d'officialiser la nouvelle appellation. En juin 1993, un « mini scandale » éclata lors de la réunion du PIDP[61] tenue à Papeete. Les documents fournis aux participants substituèrent le nom de « Polynésie française » par celui de « *Tahiti Nui* » , au grand dam des autorités de l'État présentes à la conférence. Le nouvel hymne territorial, choisi après dix années d'hésitations, s'intitule *Ia Ora O Tahiti Nui* (adopté par l'assemblée territoriale le 10 juin 1993). Le premier vers est : « mon pays est né de Dieu » . Le laïcisme de l'hymne français n'a pas déteint sur le Territoire. Cela en dit long sur le fossé qui sépare les mentalités.

Dès 1985, des leaders politiques prirent une toute autre voie. Jean-Marius Raapoto[62] suggéra que la Polynésie de demain « pourrait s'appeler *Maohinui*, notre patrie ancienne et retrouvée, celle que nous léguerons à nos enfants et à leurs descendants » .

Les 2 et 3 novembre 1989, l'assemblée territoriale examinait l'avant-projet de loi qui devait « toiletter » le statut de 1984. Le rapporteur, Jacki Van Bastolaer, alors membre du parti *Ia Mana*[63], fit disparaître systématiquement (et volontairement?) l'adjectif « française » à chaque fois qu'il mentionnait la Polynésie.

Lors de son congrès du 14 décembre 1990, le parti indépendantiste

---

61 Créé en 1980, le Pacific Islands Development Program est une institution rattachée à l'East West Center. Tous les cinq ans, les chefs de gouvernement de nombreux petits États et territoires insulaires du Pacifique, se réunissent pour définir des programmes de recherche en vue d'accélérer le développement économique de la région.

62 Voir notre ouvrage : Des partis et des hommes en Polynésie française, 1er volume : Here Ai'a, Ia Mana, Tireo, Tavini, Editions Haere po no Tahiti, Papeete, mai 1995, 204 p.

63 Le parti Ia Mana te nunaa (= Que le peuple prenne le pouvoir) a été créé en 1975 et a cherché à répandre une idéologie socialiste, autogestionnaire, tiers-mondiste. Ce parti prônait l'indépendance, sans rupture avec la France. Son leader était Jacqui Drollet.

d'Oscar Temaru, le *Tavini Huiraatira*[64], envisagea de donner à la nouvelle République, le nom de « Ao Maohi », c'est-à-dire le Monde *Maohi*. Il semble que chez beaucoup d'intellectuels favorables à l'indépendance, le nom de Tahiti ait été trop galvaudé. Turo Raapoto - frère de Jean-Marius - l'avait souligné, déjà, en 1979 :

> « On me dit Tahitien, mais je refuse. Je ne suis pas Tahitien. Cette dénomination a essentiellement une vocation démagogique, touristique, snobinarde et poubelle [...] Tahiti, c'est un produit exotique fabriqué par des Occidentaux pour la consommation de leurs compatriotes.
>
> A bien regarder de près, qu'est-ce que Tahiti a été si ce n'est la putain du Pacifique, le port où matelots et vagabonds malades, véreux, syphilitiques, ces déchets de la civilisation occidentale venaient déposer les germes de leur bêtise et de leur méchanceté [...] Le produit « Tahiti » que l'Office du Tourisme vend au monde, n'est-ce pas un lieu de prostitution où les femmes sont faciles et ne coûtent rien? »

Après avoir critiqué l'emploi du nom de Tahiti et de ses dérivés, Turo Raapoto chercha à définir ce que *maohi* signifiait. Il décomposa d'abord le mot :

> « *Ma* signifie être libre du *tapu* [le *tapu* était un homme sacrifié sur les anciens sanctuaires]... Etre *ma*, c'est avoir sa place d'homme libre parmi les hommes libres... *Ma* signifie être propre, non seulement de corps, mais dans tout ce qui peut refléter la personnalité d'un individu...
>
> *Ori* [ou *ohi*] signifie reconstituer, remettre ensemble les parties d'un objet pour refaire un tout, donc restaurer. Il signifie aussi redonner vie, vitalité, faire revivre, ressusciter, créer...
>
> *Maori* [ou *maohi*], c'est cette tension vers l'unité, le vrai, dans un processus de renouvellement perpétuel comme une création qui ne serait jamais finie et qui serait toujours à refaire ou à parfaire[...] *Maohi*, c'est la communauté de tous ceux qui se réclament d'un même passé, d'une même culture, d'une même langue qui est leur tronc commun et qui auront un même destin... »[65] »

Le *Tavini Huiraatira*, dans sa volonté de rupture avec la France,

---

64 Créé en 1977, le Tavini Huiraatira (=servir le peuple), prônait l'indépendance immédiate. Depuis 1991, c'est la principale formation indépendantiste du Territoire.
65 Texte publié dans le Bulletin de liaison du parti la Mana te nunaa, n° 18, 1979.

adopta un projet de Constitution pour la future République de *Te Ao Maohi*[66], c'est-à-dire le *Monde maohi* ou « *L'espace vital Maohi* ». Dans un communiqué, le parti rappela comment Tahiti avait été conquis par la force, par « un brigandage d'État ». Ce sont les descendants de « ces pirates » qui appelèrent le pays Polynésie française[67]. Les nouveaux statuts adoptés au congrès du 24 novembre 2001 à Moorea mentionnaient encore dans l'article 2, alinéa 5, que « notre » patrie s'appelle *Te Ao Maohi*. Son espace géographique serait constitué par la *Polynésie française* et l'îlot dit de « Clipperton ».

Il était clair qu'à la fin du vingtième siècle, la plupart des formations politiques locales, voulaient, en changeant le nom « Polynésie française » ou bien exprimer le souhait d'une très large autonomie en ne gardant que des liens minimums avec la France, ou bien effacer ce qu'elles considéraient comme des marques du colonialisme. On remarque cependant qu'il existait un clivage entre ceux qui appartenaient au courant indépendantiste et ceux qui s'y opposaient. Pour ces derniers, il ne fallait pas renoncer au nom de Tahiti qui, loin d'être un signe infamant, était un titre de gloire. N'était-ce pas une différence d'appréciation sur le passé, les uns refusant les apports européens, les autres acceptant de reconnaître que Tahiti appartient à tous ceux qui lui ont assuré, pour le meilleur et pour le pire, sa réputation mondiale ? Une querelle des Anciens et des Modernes ? On pouvait aussi estimer que la nouvelle génération – même chez les pro-indépendantistes – se démarquait de Pouvanaa et de son époque. Si Pouvanaa et ses amis étaient fiers du nom Tahiti, les intellectuels autour de Duro Raapoto rejetaient cette appellation et le *Tavini* leur emboîtait le pas. On pouvait donc estimer que, si un jour le *Tavini*, seul ou avec des alliés, arrivait au pouvoir, le nom de Tahiti disparaîtrait. Lors de la première alternance (mai-octobre 2004), certains attendaient que le « *Taui* » produisît des effets dans tous les domaines : changement de l'hymne, changement de date de la fête territoriale et bien sûr changement du nom du pays. Seule la date de la fête fut réellement

---

66 Congrès du 14 décembre 1990.
67 Communiqué du 22 juillet 1992 sur les élections européennes, signé James [Salmon].

critiquée et le 29 juin boudé. Toutefois, dans son discours d'investiture, Oscar Temaru avait bien évoqué « *Te Ao Maohi*, notre pays ». Quelques semaines plus tard, il commençait un discours au Forum du Pacifique à Apia par cette adresse : « Notre pays, Tahiti Nui... ». Lors du retour au pouvoir, en mars 2005, il apparut vite que le nom Polynésie française n'avait pas les faveurs. Il faut dire que son rival, Gaston Flosse, avait bien préparé les esprits en usant de la formule Tahiti Nui en maintes occasions[68]. Au moins une chose rassemblait les deux hommes : l'attachement à la compagnie aérienne *Air Tahiti Nui*. Quelques documents, dont une dépêche de Radio-Australie, laissèrent à penser que le président du pays penchait désormais pour Tahiti Nui. Devant la presse, Oscar Temaru expliqua le 26 juillet 2005 que son souhait était bel et bien d'abandonner Polynésie française au profit de... « Tahiti Nui Te Vai Uri Ra'u ». Il précisa :

> « La Polynésie française, c'est institutionnel, c'est politique, ce n'est pas le nom de notre pays. La réputation de notre pays, c'est Tahiti, ce n'est pas la Polynésie. »

Quant à savoir s'il fallait considérer que l'appellation *Te Ao Maohi* était passée aux oubliettes, le président se contenta de dire qu'il fallait en discuter et qu'il n'imposerait pas un nom. Pour lui, l'État ne pourrait pas se froisser de la nouveauté, puisqu'il fallait simplement considérer la réalité historique[69].

A chacun de ses voyages à l'extérieur – ou presque – Oscar Temaru fait de nouvelles déclarations sur l'avenir institutionnel du pays, sur les relations avec la métropole ou sur le nom du pays. Que ce soit aux îles Cook ou en Californie (en mars 2006) il répète qu'il souhaite maintenant être appelé « président de Tahiti Nui », allant même jusqu'à insinuer qu'il ne saurait pas « ce qu'est la Polynésie

---

68 Dans un dossier, Frédéric Gouis, des Nouvelles de Tahiti, recensait les domaines dans lesquels était utilisée l'appellation Tahiti Nui, en plus des deux cas les plus célèbres : Tahiti Nui Télévision (TNTV) et Air Tahiti Nui. (3 août 2005). Une photo montre également la casquette qu'arborait Gaston Flosse lors de ses déplacements. Elle porte en écusson : « Président Tahiti Nui ».
69 Les Nouvelles de Tahiti, 27 juillet 2005.

française » (déclaration au *Cook Island Herald*). Oscar Temaru ne commentant pas ses propos, il est aventureux de les expliquer. Hasardons qu'il fait référence au fait que c'est le législateur qui a imposé l'appellation ou plus simplement à la colonisation qui aurait imposé sa présence aux populations contre leur gré.

Trouver un nouveau nom pour le pays est un sujet qui ne va pas manquer de connaître des rebondissements. Jacqui Drollet, vice-président du gouvernement, lors d'une conférence de presse, le 15 mars 2006, a confirmé qu'il y avait bel et bien la volonté du gouvernement du *Taui* d'abandonner Polynésie française. Il a indiqué qu'une consultation populaire pourrait avoir lieu et que plusieurs solutions pourraient être proposées. Il a ainsi fait état de sa propre préférence : *Fenua Maohi*.

Faut-il voir dans l'évolution d'Oscar Temaru – dans la mesure où l'on peut considérer, avec prudence, que son choix est arrêté en faveur de Tahiti Nui - le souci réaliste de prendre en compte le développement du tourisme, puisque le mot Polynésie n'est pas réellement connu du public (ou plutôt n'a pas forcément de lien avec Tahiti dans l'esprit des touristes potentiels) et le mot *Maohi* encore moins ? Est-ce une façon de trouver un consensus puisque Tahiti Nui est largement accepté[70] ? Faut-il affronter les autorités de l'État, leur déplaire en proposant un changement de nom ? Il semblerait que la démarche d'Oscar Temaru soit semblable à celle de Gaston Flosse. En abandonnant de plus en plus l'appellation Polynésie française et en utilisant celle de Tahiti Nui, la force des habitudes fera tomber la première en désuétude et l'État finira par reconnaître le fait. Certes, le haut-commissaire a fait valoir que depuis la réforme constitutionnelle de mars 2003, l'article 72 mentionnant parmi les COM la Polynésie française, tout changement de nom nécessiterait une révision de la Constitution.

---

70 Une enquête des Nouvelles de Tahiti, en mai 1999, révéla que la majorité des personnes interrogées souhaitait ce nom. Curieusement, une nouvelle enquête du même quotidien (8 juin 2006) souligne que 58 % des sondés n'approuveraient pas de donner aux accords entre le pays et l'État le nom d'accords de Tahiti Nui. Faut-il considérer que ce sont les projets d'accords qui sont désapprouvés ou l'appellation elle-même ? Une fois encore, les sondages impliquent des questions claires pour que leurs résultats soient crédibles ou analysables.

Sa lettre au président, publiée dans les quotidiens de Papeete le 13 mars 2006, dans laquelle elle lui reproche des propos en faveur de l'indépendance contient également une lourde charge sur l'utilisation de l'appellation Tahiti Nui. Il est étrange de constater ce mélange des genres. Gaston Flosse faisait clairement du changement de nom une revendication importante et il n'a jamais été rappelé à l'ordre par les autorités de l'État. Dire que la Constitution ne connaît que Polynésie française, c'est montrer que ce que la France donne d'un côté (le statut de large autonomie) elle en reprend une partie, comme en 1957, en limitant les évolutions des symboles distinctifs du pays. Il y a là bel et bien la recherche inutile d'un affrontement dans lequel l'État sera de toute façon un jour ou l'autre perdant. Peut-on imaginer un État s'arc-boutant sur un pointillisme juridique ? L'exemple de la Nouvelle-Calédonie nous a bien montré que pour résoudre les problèmes de l'outre-mer, s'accrocher à des principes ne mène à rien.

Toutefois, en proposant de revenir aux souhaits du RDPT, en choisissant de faire de Tahiti un nom générique, certains leaders politiques commettraient peut-être une erreur. En effet, les temps ont changé et dès qu'on s'éloigne de l'île de Tahiti, on entend des protestations contre le « centralisme excessif » qu'exercerait Papeete sur l'ensemble des archipels (la Polynésie, rappelons-le est grande comme l'Europe). Le nouveau nom proposé pourrait alors sonner comme une provocation et créer ou favoriser des tendances centrifuges. Aux îles Marquises, notamment, ce sentiment d'affirmer son originalité par rapport à l'île de Tahiti et à ce qu'elle représente, se développe et laisse présager de nouvelles difficultés politiques. Un courant de plus en plus fort conduit à remplacer le nom « Marquises » donné par les Espagnols en 1595, par *Henua Enana*, c'est-à-dire « Terre des Hommes » [71]. Lucien Kimitete qui cherchait constamment à défendre les Marquises dont il était un des représentants à l'assemblée de Polynésie s'inquiéta de la volonté de Gaston Flosse d'utiliser officiellement le nom de Tahiti Nui. Le président de l'époque dut le rassurer : l'appellation Polynésie

---

71 Voir l'ouvrage collectif : Marquises, Éditions Polyèdre Culture, Papeete, 1996, 298 p. - XXVIII et photos.

française demeurerait à côté de Tahiti Nui[72]. Certes, Lucien Kimitete n'est plus là pour être le gardien vigilant, mais d'autres Marquisiens pourraient prendre la relève.

Le renouveau culturel sensible dans l'ensemble du Territoire revendique une identité vis-à-vis de la France et vis-à-vis de Papeete. L'Histoire sert-elle à quelque chose ? La Polynésie pourrait-elle devenir une nouvelle Yougoslavie ? Il y a quelques années, c'était ce pays que le *Ia Mana* proposait comme modèle aux Polynésiens. Le parti indépendantiste, *Tavini*, annonçait qu'une solution fédérale devrait être envisagée après la conquête de la souveraineté. Le « monde *Maohi* » ne serait qu'un rassemblement de cinq archipels ayant chacun sa personnalité propre, donc aussi sans doute son nom particulier... qu'il faudrait choisir après un long débat.

On n'a pas fini de chercher un nom ou des noms pour le « paradis terrestre » . Personne encore (à l'exception d'une timide tentative de Bougainville) n'a proposé de l'appeler Eden. Il reste à souhaiter que, quel que soit son nom, il demeure un « pays » où il fait bon vivre.

Compléments 2014 :

1/ Jacques-Denis Drollet a été interrogé par Marie-Hélène Villierme sur les propositions de Pouvanaa a Oopa sur une nouvelle appellation du pays. Voici ce qu'il a déclaré :

> « J'ai beaucoup discuté avec Pouvanaa, à tête reposée, sur l'avenir de notre pays. Lui voulait sincèrement l'indépendance. C'est clair, il voulait l'indépendance. On a même poussé les discussions assez loin. Je lui dis : « oui, mais si tu as l'indépendance, quel nom tu vas donner à ce pays ? ». Alors, il m'a dit : « il ne faut pas prendre Tahiti, Tahiti Nui, parce qu'il y a les Marquises, les Australes, les Tuamotu. Il ne faut pas prendre Hawai'i parce que ça existe, il y a les Samoa, il y a Hawai'i – quoique nous pourrions revendiquer ce nom à cause de Raiatea – et une lumière lui est venue, et il a dit : « il faut que notre prochaine appellation de ce pays soit Havaiki. Ça n'existe nulle part ailleurs. Il y a Savai'i aux Samoa, il y a Hawai'i chez les

---

72 Débat à l'assemblée de Polynésie française, avril 1999.

Américains et Havaiki, c'est l'origine, c'est le proto-polynésien. Havaiki.

Il avait songé à tout, il avait pensé à tout et je trouvais ça bien. Au lieu de Tahiti Nui ou Te Ao Maohi, il veut appeler le pays Havaiki. Havaiki ou Havaiki Nui, si on veut, mais le Nui est superfétatoire dès l'instant où on s'appelle Havaiki. »

Aucun document et aucun témoignage portés à notre connaissance ne permettent de confirmer ce que rapporte J-D Drollet dont la mémoire est par ailleurs, souvent précieuse.

2/ Après sa défaite électorale de mai 2013, Oscar Temaru a proposé une réforme institutionnelle pour le jour où le pays serait souverain. Les cinq archipels constitueraient l'État fédéré de *Ma'ohi Nui* (TNTV, 26 mai 2013).

Ainsi, après diverses propositions, O. Temaru semblerait s'en tenir maintenant à *Ma'ohi Nui*.

Nul ne sait si cette appellation se concrétisera un jour. Ce qui est certain toutefois, c'est que l'océanisation des esprits est un mouvement sans doute irréversible et le besoin se fera fortement sentir plus ou moins tard (après les décisions prises au sujet de l'avenir de la Nouvelle-Calédonie ?) de s'imprégner d'un vocabulaire puisé dans les langues locales, comme cela a été fait pour la désignation des partis politiques. Déjà l'Église protestante a choisi d'ajouter le mot *ma'ohi* dans sa propre appellation. Elle a été critiquée pour cela. Cependant, le mouvement est lancé et il faut s'attendre à de nouvelles propositions de la part des acteurs politiques, voire des intellectuels locaux.

Conclusion

L'ÉVOLUTION DES LIENS DE LA POLYNÉSIE AVEC LA FRANCE DE 1842 À NOS JOURS

Au terme de ce premier volume, pour faire le lien avec le prochain volume, il nous a paru utile d'établir une synthèse sur ce qu'ont été les liens de la Polynésie avec la métropole. Ce texte - qui nous été demandé par l'Association A Taui Roa - tente d'en saisir à la fois la complexité et les lignes directrices.

Depuis que la France s'est intéressée au Pacifique, si la notion de présence coloniale est patente au moins jusqu'en 1945, après cette date la situation devient plus complexe. Il apparaît alors que l'attitude de l'État oscille entre promesse d'autonomie et dirigisme. Toute l'histoire est marquée par une totale absence de logique et de continuité.

Une période de centralisation accrue
1842-1940

En 1842, le Protectorat fut accepté, sans grand enthousiasme, par le gouvernement français qui ratifia les initiatives du contre-amiral Dupetit-Thouars aux Marquises et à Tahiti et répondait ainsi à l'appel de quelques chefs tahitiens (dont les intentions réelles restent obscures). Théoriquement, un protectorat concerne deux puissances souveraines, dont l'une juge utile de demander une protection (momentanée) à l'autre. Un partage des tâches se négocie avec l'État protégé qui consent à des abandons de souveraineté (là encore momentanés). Mais l'État protégé tient à garder la maîtrise des domaines qu'il s'est réservés, refusant les tentatives d'empiètement de l'État protecteur. Ainsi, la Reine Pomare souhaitait maintenir les chefs, garantir les propriétés des terres, les siennes ou celles des autochtones.

Il faut situer les événements dans leur époque. À Tahiti, la reine Pomare IV ne gouvernait qu'un royaume moribond : depuis l'arrivée des Européens, la population était tombée de soixante-dix mille habitants à moins de dix mille. Les représentants des puissances étrangères (français ou anglais) agissaient sur place comme des proconsuls, tentaient par tous les moyens d'influencer les autorités locales, jouaient plus ou moins habilement des rivalités internes. La Reine ayant rapidement dénoncé le Protectorat, c'est au prix d'une guerre (1844-1846) que la France reprit en main ses possessions. Elle replaça d'ailleurs la Reine à la tête du royaume, faute de moyens pour administrer cette terre lointaine. La petite administration coloniale, incapable d'assurer sa présence aux Marquises (en rébellion jusqu'en 1880), aux îles du Vent, aux Tuamotu et surtout aux Australes, s'arrangea pour appuyer tantôt la Reine, tantôt l'assemblée législative composée des chefs dont l'autorité avait pourtant été amoindrie. Ce qui frappe surtout, c'est l'absence de toute politique française bien définie. Mais, de mesure en mesure, avec des reculs parfois, la souveraineté tahitienne était rongée. Les affaires de terres, par exemple, furent de plus en plus traitées par les tribunaux français. En 1879, le ministre en charge des colonies reconnaissait que les prérogatives royales n'étaient plus que de pure forme.

C'est donc presque « naturellement » que la France passa à l'étape suivante : l'annexion de 1880 (possessions du roi), celle des îles Sous-le-Vent en 1888 (qui dut se concrétiser par des expéditions militaires) et celle des Australes (achevée au début du XXe siècle). Le roi Pomare V, sans doute avec beaucoup de candeur, exprima le souhait que la France respectât « les lois et les coutumes tahitiennes » . « Nous désirons, dit-il encore, que l'on continue à laisser toutes les affaires relatives aux terres entre les mains des tribunaux indigènes » . Or, de 1880 à 1940, la tendance fut au contraire (non sans contradiction) d'amener dans les ÉFO une législation étrangère aux coutumes locales. L'exemple des *Toohitu*, dernière juridiction indigène en matière foncière, est significatif. Cette institution fut vidée de son contenu et elle cessa de se réunir entre 1932 et 1934. Les tribunaux français eurent toute compétence pour régler les affaires de terres[73].

Le gouverneur devint l'homme fort de la colonie (décret de 1885), même si la durée de son séjour ne lui permettait généralement pas d'accomplir une oeuvre durable. Le gouverneur, malgré l'étendue de ses pouvoirs, ne disposait que de moyens limités. Sa toute-puissance s'expliquait sans doute par ce fait. À lui de faire face aux problèmes qui se posaient : telle était la consigne qui ressortait des « instructions » qu'il recevait de Paris. Si, dans certains domaines, la législation qui s'appliquait devenait de plus en plus métropolitaine, les droits élémentaires d'une démocratie ne furent pas étendus aux habitants des ÉFO, pas plus que dans les autres colonies. Les institutions locales (conseil général, puis conseil d'administration et enfin, délégations économiques et financières) n'étaient que des simulacres de contre-pouvoirs, éliminés dès qu'ils pouvaient avoir quelque efficacité. Autour du gouverneur, il y avait **un conseil privé**, organisme dont un ancien gouverneur (par intérim) des ÉFO et de Nouvelle-Calédonie, Henri Sautot, a dénoncé l'inutilité et le scandale qu'il constituait « dans l'Empire colonial d'une véritable démocratie ». A l'époque du conseil général (1880-1903), le gouvernement français avait institué un suffrage universel dans tous les archipels, y compris là où les électeurs n'étaient que « sujets » de la France et non citoyens français. Mais cette politique, apparemment généreuse, se heurtait aux réalités : souvent, les opérations électorales étaient une farce politique. Un décret limita les élections aux îles du Vent, puis un autre supprima le conseil lui-même. Si les Polynésiens continuèrent à voter pour élire les conseils de districts, l'administration estima (en 1931) qu'ils s'étaient montrés « parfaitement incapables d'exercer leur droit de suffrage ».

La vie politique ne concernait qu'une minorité d'individus et reflétait toutes les contradictions de la politique coloniale.

---

73 Saura B., «Les codes missionnaires et la juridiction coutumière des Toohitu aux îles du Vent (1819-1934)«, BSEO, Papeete, n° 272, décembre 1996, p. 35 à 61.

Les colons et leurs familles ne faisaient pas toujours bon ménage avec l'Administration. Quels intérêts défendaient-ils vraiment ? Les rivalités entre eux étaient plus fortes que leur solidarité face aux gouverneurs. C'est pourquoi ces derniers avaient vu, dans une politique assimilant le plus possible les ÉFO à la France, le meilleur moyen de contrecarrer la domination des colons et de leurs alliés sur les Polynésiens de souche. Etait-ce pour aider ces derniers à s'émanciper ? La volonté de « civiliser » existait sans doute, mais à condition que les dominés ne redressent pas la tête. Il faut, justement, évoquer le long silence de l'immense majorité de ces derniers et la lenteur avec laquelle se reconstitua la population, après les terribles crises démographiques. A la veille de la Deuxième Guerre mondiale, la population totale des ÉFO atteignait à peine cinquante mille personnes, dont une forte proportion de jeunes. Les hommes capables de prendre en charge l'administration étaient peu nombreux (on pourra toujours considérer que le colonisateur avait failli à sa mission) et ce prétexte n'avait pas manqué d'être utilisé pour limiter toute volonté d'émancipation.

Au cours de cette période coloniale, peut-on dire que les ÉFO c'était la France ? D'abord considérons que la présence coloniale ne signifiait pas une extension territoriale pure et simple. Les colonies bénéficiaient de la **spécialité législative** (particularité qui perdure dans en Polynésie française). Cela signifie que les lois françaises ne s'appliquent que partiellement, suivant un cheminement fort complexe. De ce fait, la législation dans les ÉFO était un mélange de rigueur, de mansuétude à l'égard des populations locales, de logique et d'incohérence. S'il y avait donc un « espace de liberté » pour que le gouverneur administrât à sa guise, il y avait ce même espace de liberté pour les élites locales. Celles-ci réclamaient alternativement, parfois simultanément (selon leurs intérêts du moment), un resserrement des liens avec la France, le maintien des « franchises » locales et l'extension des particularismes. Bref, les revendications d'autonomie avaient pris l'allure d'une défense des privilèges de ces élites. Mais les populations locales, par des mouvements de révolte (aux îles Sous-le-Vent à la fin du XIXème siècle par exemple), par leur passivité ou leur indifférence à l'égard des autorités, révélaient qu'elles ne se sentaient pas concernées par la présence d'une puissance étrangère. La France devait être une abstraction pour les autochtones et l'administration coloniale ne les concernait qu'exceptionnellement. Les hauts fonctionnaires passaient pour appartenir à la gauche anticléricale et/ou à la franc-maçonnerie : c'étaient vraiment des étrangers. Comme le note un administrateur en 1917 : « la population indigène est docile et ne serait pas difficile à administrer si ce n'était la force d'inertie qu'elle oppose dès qu'un ordre lui déplaît... » Cette population se reconnaissait sans doute dans la formule appelée à un bel avenir : « Tahiti aux Tahitiens » .

Des promesses qui tardent à se réaliser
1940-1957

Les Polynésiens, en se ralliant au général de Gaulle, dès le 2 septembre 1940, en envoyant des volontaires participer à des combats glorieux, pouvaient espérer une reconnaissance de la patrie française. L'environnement anglo-saxon rendait plus nécessaire encore une évolution. Au moment où se tint la conférence de Brazzaville (30 janvier- 8 février 1944), deux conseillers privés, Edouard Ahnne et Robert Charon rédigèrent un rapport réclamant de profonds changements institutionnels. Un collaborateur de Gaulle y répondit en promettant certaines satisfactions : la citoyenneté, la décentralisation, « une assemblée ayant une assiette populaire » .

Une première réalisation concrétisa ces promesses : l'ordonnance du 24 mars 1945 disposa que « les indigènes des ÉFO » qui ne l'étaient pas encore, étaient désormais citoyens français, ordonnance confirmée par la loi du 7 mai 1946 (dite « loi Lamine Guèye ») et par la Constitution du 27 octobre 1946 (article 80). Mais cet article précisait que « des lois particulières établiront les conditions dans lesquelles ils exercent leurs droits de citoyens » . Le législateur disposait donc d'une large marge de manœuvre. Il n'en fit qu'un usage limité, comme il ne fit qu'un usage limité du préambule de la Constitution pourtant si prometteur : « la France entend conduire les peuples dont elle a pris la charge à la liberté de s'administrer eux-mêmes et de gérer démocratiquement leurs propres affaires... » Cette lecture minimaliste des grands principes fut à la source de toutes les déceptions.

Certes, la Constitution ne reconnaissant plus l'existence de colonies, les ÉFO devinrent un territoire d'outre-mer (TOM). Mais on reprocha vite à la France d'avoir maintenu un lien colonial, même si officiellement le mot était banni du vocabulaire. Et l'on sait qu'aujourd'hui certains hommes politiques considèrent que le Territoire doit être « décolonisé ».

En apparence, il y a bien eu des avancées institutionnelles. Les ÉFO furent dotés d'une assemblée représentative, élue au suffrage universel. Mais quand on examine de près les compétences de cette assemblée, on constate que ses domaines d'intervention étaient très limités et que le gouverneur (avec son conseil privé) restait l'homme fort du Territoire. Les libertés fondamentales (libertés d'expression, de réunions, d'organisation syndicale) furent lentement et parcimonieusement accordées. C'est la raison pour laquelle, le RDPT de Pouvanaa a Oopa engagea un combat pour la démocratisation des institutions et une applications des lois sociales de la métropole. L'océanisation des cadres constitua une revendication largement partagée par les élus de toutes tendances et leurs électeurs.

Il fallut attendre une dizaine d'années encore pour qu'un ministre socialiste de la France d'outre-mer, Gaston Defferre, présentât une loi qui fut en conformité avec les promesses formulées.

Malgré ses insuffisances, la loi-cadre de Gaston Defferre et les décrets d'application qui suivirent apportaient une double satisfaction à la majorité locale RDPT : l'autonomie devenait une réalité et cette autonomie semblait préparer une indépendance prochaine (sur la nature de laquelle les leaders du RDPT n'arrivaient pas à s'entendre). Mais, tandis que le gouvernement français allait dans le sens de ce que voulait la majorité des Polynésiens, il laissait l'Assemblée nationale adopter une nouvelle appellation pour le Territoire dont la majorité ne voulait pourtant pas : Polynésie française.

L'autonomie ne dura même pas un an (décembre 1957-octobre 1958). Le gouverneur, sans son conseil privé, devait tenir compte de la volonté du conseil de gouvernement local, soutenu par la majorité de l'assemblée territoriale. Dans les nouvelles compétences accordées aux élus (ministres ou conseillers) il faut voir une volonté de préparer les responsables politiques à une gestion plus grande des affaires locales. Mais les ambiguïtés des textes statutaires permettaient des interprétations diverses, ce qui ne manqua d'arriver ; mais les textes ne prévoyaient pas comment régler d'éventuels conflits entre le gouverneur et le gouvernement.

Pouvanaa a Oopa prit en mains la direction des affaires locales au plus mauvais moment, car le retour au pouvoir du général de Gaulle allait avoir à Tahiti (et en Nouvelle-Calédonie) des conséquences inverses à celles qui intervinrent en Afrique. Alors que les anciennes colonies accédèrent vite à l'indépendance, la Polynésie perdit son autonomie si difficilement acquise.

Le recul de l'autonomie : 1958-1976

Le fait que Pouvanaa a Oopa ait recommandé le NON au référendum n'explique pas le retour en arrière des institutions. Les Polynésiens avaient finalement voté OUI, manifestant par là (mais en avaient-ils réellement conscience ?) qu'ils voulaient rester attachés à la France. Rien n'empêchait de doter le Territoire d'institutions très décentralisées. Au contraire, la volonté des nouveaux dirigeants français était de revenir sur les dispositions de la loi-cadre en Océanie, « une erreur sur laquelle il a fallu revenir » (note de Pierre Messmer du 19 juin 1995).

En fait, les instructions du ministre de l'outre-mer, en 1958, Cornut-Gentille, étaient qu'en aucun cas la Polynésie ne devait choisir le statut d'État de la Communauté. Ainsi, elle ne pourrait pas demander l'indépendance. Il est clair désormais que dès 1958, la Polynésie serait le champ d'expérimentation futur de la bombe.

Les dirigeants gaullistes ont cherché à « habiller » cette mise sous tutelle de la Polynésie et celle de la Nouvelle-Calédonie. Ils ont invoqué l'étroitesse de la population qui ne permettrait pas de conserver « une caricature d'État« , comme le dit Pierre Bas, en 1963. Or, l'étude de l'histoire des deux Territoires du Pacifique montre bien l'acharnement des gouvernements gaullistes à limiter l'autonomie et la marge de protestation des élus locaux. Il faut comprendre, en effet, que les majorités locales de l'époque étaient très autonomistes, voire indépendantistes sans l'avouer réellement. Or, de l'aveu de Jacques Foccart - responsable des affaires de l'outre-mer auprès de de Gaulle -, le Général tenait à ce que ces territoires restassent « très longtemps » français. Ce sont des raisons stratégiques (les essais nucléaires et le nickel) qui expliquent l'attitude des autorités françaises et leur politique délibérée de réduire la portée des institutions (l'autonomie) et d'écarter de la scène politique des partis et des leaders « dérangeants » (l'Union Calédonienne de Maurice Lenormand et le RDPT de Pouvanaa et John Teariki). Sous de Gaulle et sous Pompidou, les institutions locales restèrent donc très en deçà de ce que pouvaient espérer même les partisans du Général. L'installation du CEP était difficilement compatible avec toute autonomie locale.

Pendant dix-neuf ans, les autorités de l'État opposèrent donc des refus plus ou moins polis aux revendications statutaires. Georges Pompidou avait eu cette étrange formule : « la majorité [autonomiste] de l'assemblée ne représente qu'une faible fraction de l'électorat ». Le gouverneur Pierre Angeli, quant à lui, expliquait que le gouvernement français n'était pas disposé « à aller à l'encontre de ses propres sentiments, en imposant à une forte minorité, les vues d'une faible majorité » .
Les autonomistes se dotèrent pourtant d'un instrument de revendication efficace : le rapport établi par Daniel Millaud et Henri Bouvier en 1969 sur l'autonomie interne et approuvé par l'assemblée territoriale. Mais c'est le gouvernement français qui

décidait s'il avait besoin ou non de garder telle ou telle partie de ses territoires d'outre-mer, dès lors qu'il l'estimait utile pour assurer sa sécurité ou assumer ses responsabilités.

Depuis 1977 : vers une autonomie de plus en plus large

La décision du président Giscard d'Estaing - après bien des hésitations - d'alléger la tutelle de la France s'explique par une série de changements. Une nouvelle élite s'était formée dans les grandes écoles. L'arrêt des tirs aériens, en 1974, rendait l'autonomie moins dangereuse pour le pouvoir. La donne politique intérieure de la France, rendant fragile sa réélection, Valéry Giscard d'Estaing souhaitait se constituer une clientèle électorale outre-mer.

En 1977, le statut qu'on a qualifié d'autonomie de gestion se rapprochait des institutions de la loi-cadre, sans toutefois accorder le titre et les fonctions de ministres aux membres du conseil de gouvernement. Francis Sanford était-il l'homme de la situation ? Sa majorité était fragile et hétéroclite et elle fut mise à rude épreuve par plusieurs scandales. Les nouvelles élites allaient plutôt vers Gaston Flosse qui savait les attirer à lui. En 1980, Gaston Flosse devint le chantre de l'autonomie interne, alors qu'il l'avait tant combattue. La chance de Gaston Flosse avait été en 1981, la volonté de François Mitterrand d'accorder une large autonomie à l'outre-mer. Jacques Chirac aussi avait su lui apporter son soutien alors que jusque-là le RPR s'était opposé à l'autonomie. Il fallut plus de trois ans pour parvenir à l'autonomie interne, de nombreux responsables se méfiant de Gaston Flosse qui avait remporté les élections territoriales de 1982. Le secrétaire d'État aux DOM-TOM, Georges Lemoine, permit d'arrondir les angles et d'aboutir au statut d'autonomie interne de septembre 1984.

En même temps que s'était effectué le ralliement des formations politiques traditionnelles à l'autonomie, de nouveaux partis adoptaient un projet d'indépendance : le Front de Libération de la Polynésie (le futur *Tavini Huiraatira*) en avril 1977 et le *Ia Mana te Nunaa* en décembre 1978. En 1984, Gaston Flosse comprit que le statut ne pouvait être qu'une étape, que la contestation ne cesserait pas. Il s'engagea dans une voie qui pourrait se résumer dans cette formule : toujours plus loin dans l'autonomie pour couper l'herbe sous le pied des indépendantistes.

Le statut de 1984 insistait sur le caractère évolutif des liens avec la France et, dans cette perspective, Gaston Flosse et Alexandre Léontieff réclamèrent d'incessantes extensions des compétences locales.

Les représentants de l'État jouèrent-ils le jeu de l'autonomie ? Ils l'ont toujours prétendu, mais en revendiquant en même temps une marge de manoeuvre dans l'interprétation de leur fonction. Les rapports entre les dirigeants du Territoire et les représentants de l'État ont donc été généralement conflictuels.

La question qui se pose est celle-ci : magistrats et hauts fonctionnaires envoyés outre-mer, sont-ils préparés à cet état d'esprit très particulier qu'est l'autonomie d'un territoire, sont-ils débarrassés de leur culture politique et juridique ?

De 1984 à 2004, l'autonomie connut des approfondissements. Cependant, elle donnait de plus en plus de pouvoir à un homme, Gaston Flosse, qui s'affranchissait progressivement des règles élémentaires de la République, protégé qu'il était par Jacques Chirac, surtout après 1995. Dès lors, un « système » se mit en place qui permettait à l'équipe dirigeante de tout contrôler et – par un «clientélisme» poussé à l'extrême – d'attirer à elle la plupart des capacités et des richesses.

Au cours de cette période, la proposition du gouvernement Jospin de doter la Polynésie d'un statut qui s'inscrirait dans l'optique de l'Accord de Nouméa est atypique. Tournant le dos aux relations d'homme à homme, il entendait doter le Territoire d'un statut qui marquerait une étape importante dans la décolonisation. Seulement, il ne brisait pas le quasi monopole du pouvoir dont Gaston Flosse s'était emparé, voire tendait à le renforcer. Le projet exigeait une modification de la Constitution. Il ne fut pas présenté au Congrès, le président Chirac ayant annulé la convocation de celui-ci. Ce projet pourrait constituer une base intéressante de discussion dans de futures discussions avec l'État.

La préparation du statut de 2004 devait à la fois donner aux institutions une autonomie très large, et donner au président de la Polynésie française un pouvoir exorbitant, les contre-pouvoirs devenant inexistants.le suffrage universel ne répondit aux attentes ni de Gaston Flosse, ni du pouvoir central. Une nouvelle majorité s'installait aux commandes d'institutions qu'elle n'avait pas voulues, dans un « système politique, économique et social marqué par vingt ans de flossisme.

L'autonomie apparaît comme un habillage institutionnel qui a montré ses limites mais aussi ses imprécisions. Ce sera l'objet du second volume d'étudier son fonctionnement et de proposer des pistes de réflexion pour des relations rénovées entre la France et la Polynésie française.

Complément 2014 :
Sur l'évolution des relations avec la France, nous avons évoqué la nouvelle donne depuis 2012 avec l'élection de François Hollande dans un colloque à Paris. Nous en extrayons le passage le plus significatif

> En Polynésie, entre les anciens alliés socialistes et indépendantistes, le fossé se creusa. Il est vrai que les indépendantistes ne ménagèrent pas la France, notamment à l'ONU, même s'ils pouvaient arguer qu'ils n'attaquaient pas la France qui savait être généreuse, mais une conception centralisatrice... Les indépendantistes s'agacèrent de l'absence de révision de la « *loi Morin* »[74] et de ce que les amiraux commandant les forces armées tenaient le même langage que leurs prédécesseurs[75]. Lors des élections territoriales d'avril-mai 2013, le

---

74 Loi n° 2010-2 du 5 janvier 2010 relative à la reconnaissance et à l'indemnisation des victimes des essais nucléaires français.
75 Voir l'interview du contre-amiral Anne Cullerre, Les Nouvelles de Tahiti, 4 juillet 2013.

Gouvernement central donna le sentiment que la victoire de G. Flosse, malgré ses condamnations (passées et à venir), ne le dérangerait pas outre mesure. Après ces élections, des membres du Gouvernement se réjouirent même de ce que les Polynésiens avaient choisi les partis favorables à la présence française[76]. Le 17 mai 2013, la réinscription de la Polynésie sur la liste des pays à décoloniser fut ressentie comme une ingérence de l'ONU dans les affaires françaises.

Lors du colloque au Sénat, le 17 janvier 2013[77], l'attention fut attirée sur le fait que la France cherchait cette fois à définir le sens de sa présence dans le Pacifique Sud. Elle s'intéressait à nouveau à ses territoires du Pacifique pour leur importance stratégique et pour les ressources probables en cours d'évaluation[78]. Beaucoup d'arguments reprenaient de vieilles lunes en confondant les Pacifique Nord et Sud, mais l'impression se développa que le *«raidissement»* à l'égard des mouvements séparatistes s'expliquait par des enjeux nouveaux.

« *Si la France veut être une grande puissance maritime, il faut qu'elle soit présente, forte et active dans le Pacifique* » déclara Michel Aymeric, secrétaire général à la mer[79] et « *au-delà des eaux internationales, nos zones maritimes d'outre-mer et plus particulièrement dans le Pacifique présentent un potentiel pour différents types de ressources* [sulfures hydrothermaux, encroûtements de manganèse, nodules, terres rares...] »[80]. C'est pourquoi la France a lancé le programme Extraplac

---

76 Déclaration de J-Y. Le Drian, ministre de la Défense, au Forum Shangri-La Dialogue à Singapour, 2 juin 2013 (www.iiss.org).
77 Colloque au Sénat, 17 janvier 2013 : La France dans le Pacifique. Quelle vision pour le XXIème siècle ? Voir le compte-rendu : Sénat, n° 293.
78 Voir les interventions de MM. Julien Denègre, Frédéric Chino, Guy Fabre et Philippe Lemercier sur le « potentiel de richesses » des mers et celle de l'amiral Jean-Louis Vichot sur les enjeux stratégiques.
79 Aymeric M., in La France dans le Pacifique... p. 37.
80 Lemercier P., « Un potentiel de richesses qui nourrit l'innovation », in La France dans le Pacifique... p. 110.

qui permettrait d'agrandir son domaine maritime[81]. La conclusion fut sans ambiguïté : « *La France, au travers de l'outre-mer, peut ainsi assurer sa place dans le monde dans un futur où de nouvelles sources de matières premières seront essentielles à son économie* »[82]. L'exposé du vice-amiral Vichot préparait les conclusions du *Livre blanc* à paraître : le Gouvernement actuel, contrairement au précédent, « *avait compris l'importance du Pacifique dans l'économie actuelle de la France* »[83].

D'autres interventions au colloque mirent en avant les possibilités des énergies renouvelables et du tourisme. Le ministre Victorin Lurel conclut en soulignant : « *le centre de gravité du monde se déplace vers le Pacifique ; notre diplomatie et notre vision du monde doivent s'y adapter et même anticiper* ».

À Singapour, le 2 juin 2013, Jean-Yves Le Drian, en s'appuyant sur le *Livre blanc de la Défense*, dressa le tableau des ambitions de la France en Asie-Pacifique, région où sa sécurité se jouait également. Elle « *entendait rester un acteur à part entière* » en termes de sécurité et s'engager à lutter contre le terrorisme, la prolifération des armes de destruction massive, la menace cybernétique et la piraterie. Elle proposa une coopération de défense et « *des opérations d'assistance humanitaire* »[84].

En conseil des ministres, le 5 juin 2013, V. Lurel indiqua que la coopération régionale « *devait désormais combiner systématiquement ses intérêts [ceux de l'État] avec ceux des collectivités* ». La coopération régionale ne serait donc plus une façon pour la France de se désengager, mais de s'affirmer car elle toucherait aux intérêts de l'État. Le

---

81 Voir le site www.extraplac.fr
82 Denègre J., in La France dans le Pacifique... p. 115-116.
83 in La France dans le Pacifique... p. 41.
84 Le Monde, 2 juin 2013 et www.iiss.org (dialogue Shangri-La).

ministre répondait aussi à la réinscription de la Polynésie à l'ONU. Il serait faux d'opposer l'article 73 de la Charte des Nations unies qui pose le principe des intérêts des collectivités sur ceux de l'État et l'article 74 de la Constitution qui en proposerait l'inverse. La France dépasserait ce clivage pour ne plus apparaître comme une « *puissance administrante* » selon le vocabulaire de l'ONU.

Ainsi, la France semble vouloir maintenir sa présence, malgré l'évolution de la Nouvelle-Calédonie qui sera détachée institutionnellement de la France par un statut original à défaut d'indépendance et malgré la réinscription de la Polynésie à l'ONU. Fini le soutien qu'apportait le Parti socialiste aux indépendantistes et amabilités désormais à ceux qui proclament leur attachement à la France.

Enfin, nous renvoyons à notre ouvrage :
- *L'ONU, la France et les décolonisations tardives. L'exemple des terres françaises d'Océanie,* **Presses universitaires d'Aix-Marseille, 2013, 250 p.**

Postface

Réflexions sur la colonisation à Tahiti et en Océanie

Il est quelquefois difficile d'expliquer ce qu'a été la colonisation à Tahiti et dans les îles. Le mot est d'ailleurs peu employé, comme si le public ne voulait retenir que l'heureux mariage entre l'Occident et ce territoire d'Océanie. Au pays des mythes, on a peur d'utiliser des termes qui peuvent engendrer des conflits. Et pourtant, la colonisation a bien existé. Elle mériterait une longue étude. En guise de préparation à cette recherche, esquissons quelques traits significatifs.

Laissons de côté l'effondrement démographique des années 1767-1815 (à Tahiti même de 70 000 habitants à moins de 10 000). Ne parlons pas non plus de la dépossession des terres...

Plaçons-nous spécialement dans une optique culturelle et essayons de comprendre pourquoi aujourd'hui, tant de dysfonctionnements existent dans la société polynésienne.

Les Polynésiens avaient des mœurs, des religions dont on pourra penser ce qu'on voudra, y compris qu'il fallait les changer...
MAIS...
Voilà des hommes qui arrivent sur des bateaux et qui leur montrent qu'on devrait s'habiller autrement, abandonner les croyances et les lieux de culte. Fort bien.

Mais voilà d'autres hommes qui arrivent et leur expliquent que la religion apportée par les missionnaires anglais est une hérésie. Leur salut ne peut venir que de l'appartenance à l'Église romaine.

Mais voilà que d'autres hommes arrivent d'Amérique et leur expliquent qu'ils commettent des péchés s'ils n'observent pas le Sabbat et mangent du porc. D'autres Américains leur expliquent que la vérité est dans le livre de Mormon.

Les querelles religieuses de l'Occident sont exportées à Tahiti et divisent les habitants.

Mais il y a aussi ces *popa'a* qui leur expliquent que Dieu n'existe pas et que les Européens qui leur en ont parlé sont des obscurantistes, et qu'il faut combattre le « cléricalisme » et que le fin du fin est d'être « laïc ».

Et ce n'est pas tout.

Les Anglais leur apprennent le respect du roi d'Angleterre, mais les Français arrivent et leur disent que c'est le roi Louis-Philippe qu'il faut honorer.

Voilà le conflit France/Angleterre exporté d'Europe en Océanie.

Mais non, disent ces mêmes Français six ans plus tard, la royauté est un système dépassé : Vive la République ! Vive le suffrage universel et les droits de l'Homme, mais pas pour vous qui êtes des sujets de la France. Trois ans plus tard, on demande aux Tahitiens de crier : Vive l'Empereur !

Deux décennies plus tard, on apprend aux Tahitiens que le meilleur régime, c'est la République, un peu plus tard qu'elle doit être laïque. Un peu plus tard qu'elle doit combattre les Allemands et que ce serait bien si les Polynésiens partaient dans les plaines du Nord de la France ou en Grèce pour s'y battre.

Même chose en 1940.

En 1945 on leur dit qu'ils sont citoyens français.

On leur apprend aussi qu'il y a en France une droite et une gauche et qu'ils doivent eux, dans le Pacifique, désigner des députés qui participeront à ce combat droite/gauche.

On leur apprend que le suffrage universel est la meilleure des choses, mais on défait le résultat autoritairement - quand on ne l'a pas truqué - s'il déplaît aux autorités françaises...

Comment pourrait-on s'y retrouver et comment faire aimer les nations colonisatrices ?

Table des matières

Bibliographie

La bombe française dans le Pacifique, l'implantation : 1957-1964, Éditions Polymages-Scoop, Papeete, 1993, 186 p. (réédition en ligne, Au Vent des îles, 2014).

Des partis et des hommes en Polynésie française, 1er volume : *Here Ai'a, Ia Mana, Tireo, Tavini*, Éditions Haere po no Tahiti, Papeete, 1995, 204 p.

Direction d'un ouvrage collectif : *François Mitterrand et les territoires français du Pacifique (1981-1988) : mutations, drames et recompositions ; enjeux internationaux et franco-français*, Les Indes Savantes, Paris, 2003, 584 p.

Taui. Oscar Temaru - Gaston Flosse. Le pouvoir confisqué, Editions de Tahiti, 2004, 184 p. (épuisé)

Le pouvoir confisqué en Polynésie française, Paris, Les Indes Savantes, février 2005 (texte identique au précédent).

Direction d'un ouvrage collectif (avec Jean Baubérot) : *Relations Églises/autorités outre-mer*, Les Indes Savantes, Paris, 2007, 222 p.

Le Metua et le Général, un combat inégal, Éditions de Tahiti, 2009, 460 p. (avec Catherine Vannier).

Direction de l'ouvrage collectif *Nouvelle-Calédonie, 20 années de concorde (1988-2008)*, SFHOM, Paris, 2008, 228 p. (avec Viviane Fayaud), parution en anglais, *New Caledonia, Twenty Years on : 1988-2008*, Paris, SFHOM, 2011, 256 p.

Direction de l'ouvrage collectif *Images et pouvoirs dans le Pacifique*, SFHOM, Paris, 2010 (avec Viviane Fayaud).

Direction de l'ouvrage collectif *Destin des collectivités politiques d'Océanie*, 2 vol., Presses Universitaires d'Aix-Marseille (avec Jean-Yves Faberon et Viviane Fayaud), 2011.

Tahiti en crise durable. Un lourd héritage, Éditions de Tahiti, 2011, 128 p. (avec Sémir Al Wardi).

« La décolonisation en Océanie française : un processus inachevé », *in Les décolonisations au* XXème *siècle. La fin des empires européens et japonais* (sous la direction de Pierre Brocheux), Armand Colin, 2012.

L'ONU, la France et les décolonisations tardives. L'exemple des terres françaises d'Océanie, Presses universitaires d'Aix-Marseille, 2013, 250 p.